中国旅游地产发展报告
2014—2015

中国房地产业协会商业地产专业委员会　**主编**
EJU 易居（中国）控股有限公司

中国建筑工业出版社

图书在版编目（CIP）数据

中国旅游地产发展报告 2014—2015/中国房地产业协会商业
地产专业委员会，EJU易居（中国）控股有限公司主编. —北
京：中国建筑工业出版社，2015.3

ISBN 978-7-112-17850-6

Ⅰ.①中… Ⅱ.①中… ②E… Ⅲ.①旅游－房地产开发－研
究报告－中国－2014—2015 Ⅳ.①F299.233

中国版本图书馆CIP数据核字（2015）第040718号

　　2014年中国旅游地产，得力于政策的有利影响、房地产互联网金融的不断发展、
新型城镇化建设的推进，继续保持强劲的发展势头。《中国旅游地产发展报告2014—
2015》内容涉及中国旅游地产的发展概况、区域特征、开发企业、开发类型及趋势预
测等方面，客观真实地反映了2014年度中国旅游地产的发展情况，并在此基础上对中
国旅游地产未来发展走势进行了预测。本书有助于业内人士更好地了解旅游地产行业
市场情况、判断发展走势。

责任编辑：封　毅　周方圆
责任校对：李欣慰　刘　钰

中国旅游地产发展报告2014—2015

中国房地产业协会商业地产专业委员会
EJU易居（中国）控股有限公司 　主编

*

中国建筑工业出版社出版、发行（北京西郊百万庄）
各地新华书店、建筑书店经销
北京京点图文设计有限公司制版
北京云浩印刷有限责任公司印刷

*

开本：787×1092毫米　1/16　印张：16½　字数：305千字
2015年3月第一版　2015年3月第一次印刷
定价：78.00元
ISBN 978-7-112-17850-6
（27099）

编委会

编著单位
中国房地产业协会商业地产专业委员会
EJU易居（中国）控股有限公司

撰稿单位
克而瑞信息集团

学术支持
上海易居房地产研究院
中国房地产研究协会

编委会主任
蔡　云　周　忻　张永岳

编委会委员（排名不分先后，以姓氏拼音字母为序）
丁祖昱　胡晓莺　黄章林　黄子宁　刘文超
于丹丹　张　燕　张兆娟

总策划
丁祖昱　张　燕

主编
胡晓莺

执行主编
孙雪莹

撰稿人（排名不分先后，以姓氏拼音字母为序）
陈臻立　胡海亮　刘小燕　沈　虹　孙雪莹　尤辛杰

设计总监
金　涛

资深设计
杨　岚　荆瑞霞　丰　杰　陈　琦　陈侃元

执行团队
CRIC旅游地产事业部

前言
PREFACE

2014 年，中国旅游地产不仅延续了前几年的强劲发展势头，而且在更多崭新机会的作用下，发展转型正在各个层面悄然发生。

随着中国人民银行对于贷款政策的调整，以及国家对于旅游业的重视，未来旅游用地的比例将不断加大，新型城镇化建设的落实和农地改革的开展，乡村旅游、创意农业、特色旅游小镇等旅游地产形态受到开发企业的追捧。另一方面，在互联网思维的影响下，房地产行业的互联网金融产品跃跃欲试，互联网金融平台、众筹等方式层出不穷。在这种背景之下，2014 年的旅游地产活跃异常。

从具体的项目开发来看，随着旅游度假需求的复合化和深度化，旅游地产项目开发也逐步从"地产是核心、旅游为幌子"的地产开发思路向"地产与旅游兼顾，销售与运营并重"的综合体开发思路转变。云南城投就率先搭建了梦云南分时度假平台，成为房企自运营的典范。并由此引起了旅游地产项目在开发策略、产品结构、运营模式和盈利模式等各个领域的变化，如何经营好旅游产品已经逐渐成为旅游地产开发的重心。

为了客观真实地反映 2014 年度中国旅游地产的发展情况，以便业内人士更好地了解我国旅游地产行业的市场变化，更准确地判断发展走势，中国房地产业协会商业地产专业委员会、EJU 易居（中国）控股有限公司和克而瑞信息集团旅游地产事业部在总结《中国旅游地产发展报告 2013–2014》编撰经验的基础上，编著了《中国旅游地产发展报告 2014–2015》。

本报告内容涉及面广，很多问题目前还处于探索之中，有些内容还存在一定的局限和不足。我们衷心希望能够听到广大读者的意见，恳请大家批评指正。

本报告在编写过程中，得到了各大企业及有关领导和专家的大力支持，在此一并表示感谢！

《中国旅游地产发展报告 2014–2015》编委会

2015 年 2 月

Concents 目录

专业名词解释

01 旅游地产项目 本报告中的旅游地产项目是指依托旅游资源，以房地产开发为手段，整合各类资源，具有旅游、休闲、度假、居住等功能，集投资消费于一体的地产项目。

02 海南板块 本报告中是指我国行政地区划分的海南省，位于中国最南端，北以琼州海峡和广州划界，西邻北部湾与越南民主共和国，东濒南海和中国台湾省相望，东南和南边在南海中与菲律宾、文莱和马来西亚为邻。

03 西南板块 是我国常见的一个地域区划名词，根据不同的研究要求和表述需求，存在不同的地理概念。本报告中，西南板块是指中国西南部的广大腹地，包括重庆市、四川省、云南省、贵州省。

04 长三角板块 位于中国沿江沿海"T"字带，是中国最大的城市群，由沿江城市带和杭州湾城市群构成，本报告中的长三角板块包括：上海市、江苏省、浙江省。

05 环渤海板块 是指"C"字形环渤海的辽东半岛、山东半岛和华北平原，本报告所指区域内包括北京、天津、秦皇岛、大连、青岛、烟台、威海等多个城市。

06 两广板块 在本报告中指广东省和广西壮族自治区所在区域，主要包含广州、深圳、珠海、惠州以及广西壮族自治区内的北海地区等城市。

07 闽东南板块 闽东南地区地处福建沿海，本报告内所指区域包括福州、厦门、漳州、泉州、莆田5个城市。

08 容积率 又称建筑毛密度，是指一个地块的总建筑面积与用地面积的比率，计算公式为：容积率＝地上总建筑面积 ÷ 规划用地面积。

09 旅游用地 是一种复合型土地利用形式，指在土地生态系统中，由原生自然、人文景观共同组合而成的可供观赏、游览、娱乐、休憩，并能被旅游业所利用的风景游览用地、公共设施用地、未利用地和其他建设用地等。

10 驱动引擎 引擎的元素原意为发动机的核心部分，是动力的源头。本报告中的旅游地产驱动引擎是指特色的旅游产品，能够拉动旅游地产项目发展，主要有主题公园、高尔夫、温泉、游艇和酒店。

11 单一驱动项目 本报告中是指规模较小、开发周期短、前期投入少，适合资金预算紧或者单体资源优势突出的旅游地产项目。

⑫ **次复合驱动项目** 本报告中是指有 2～3 种引擎支撑，项目周边有一定旅游资源，中等开发规模，资金投入规模中等，功能配套具有可选择性，适合于中等规模、资源丰富、多功能休闲、中长期投资的旅游地产项目。

⑬ **复合驱动项目** 本报告中是指项目驱动引擎在 3 个以上的项目，适合于大规模、资金充裕、资源丰富、多功能及长期投资的旅游地产项目。

⑭ **分时度假** 分时度假就是把酒店或者度假村的一间客房或者一套旅游公寓，将其使用权分成若干个周次，按 10 至 40 年甚至更长的期限，以会员制的方式一次性出租给客户，会员获得每年酒店或者度假村住宿一定天数的一种休闲度假方式。

⑮ **主题公园** 是根据某个特定的主题，采用现代科学技术和多层次活动设置方式，集诸多娱乐活动、休闲要素和服务接待设施于一体的现代旅游目的地。

⑯ **滨海旅游地产** 本报告中滨海地产是指以滨海资源为核心，主要依赖于海景、沙滩、气候等自然资源来打造的度假物业产品，该类地产对气候、海岸地形、潮汐、风向的要求高。

⑰ **滨湖旅游地产** 本报告中滨湖类旅游地产是指包括依赖于天然湖泊、人工水库和人工湖泊等优美景观资源来打造的度假物业产品。

⑱ **山地旅游地产** 本报告中山地旅游地产是指以森林、林地、山地等资源为核心所开发的度假物业产品项目。

⑲ **温泉旅游地产** 本报告中温泉旅游地产是指将温泉服务与地产开发相结合的复合型主题地产项目，温泉休闲与度假居住为两项基本功能。

⑳ **高尔夫旅游地产** 本报告中的高尔夫地产是指将高尔夫体育运动与地产开发相结合的复合型主题地产项目，主要依赖于高尔夫球场的环境和高尔夫运动项目，高尔夫运动与度假居住为其两项基本功能。

㉑ **古镇旅游地产** 本报告中古镇旅游地产是指以古镇资源为核心，依赖于古镇的历史风貌、人文气息以及古镇的客流量资源来打造的度假物业产品。

统计范围

　　本报告的统计范围为全国 126 个旅游地产发展较好的地级市、直辖市及副省级市中售罄、在售、建设中但已出形象的旅游地产项目，不包括规划中、建设中但未出形象的旅游地产项目。需要特别说明的是，2014 年出版的《中国旅游地产发展报告 2013–2014》统计范围为 110 个优秀旅游城市，2015 年本报告的统计范围在这一基础上有所扩大，因此报告中关于各区域的项目增长量并不代表实际增长，多数是由于统计范围变化引起。

纳入本报告统计范围的城市一览表

区域	城市列表	城市数量
海南板块	保亭、昌江、澄迈、儋州、定安、海口、乐东、琼海、陵水、临高、三亚、文昌、东方、五指山、屯昌、琼中	16
西南板块	保山、成都、楚雄、峨眉、贵阳、景洪、昆明、腾冲、丽江、曲靖、大理、乐山、瑞丽、西双版纳、玉溪、重庆	16
长三角板块	安庆、宁波、扬州、常州、泰州、镇江、杭州、合肥、湖州、黄山、台州、衢州、嘉兴、金华、丽水、池州、上海、连云港、南京、绍兴、苏州、无锡、芜湖、徐州	24
环渤海板块	鞍山、保定、北京、承德、德州、大连、抚顺、葫芦岛、济南、廊坊、秦皇岛、日照、唐山、天津、威海、烟台、营口、泰安、青岛、石家庄	20
两广板块	北海、东莞、佛山、广州、桂林、惠州、南宁、清远、深圳、万宁、玉林、中山、珠海、肇庆、韶山	15
闽东南板块	福州、厦门、漳州、泉州、莆田	5
华中板块	郑州、洛阳、开封、长沙、岳阳、张家界、常德、武汉、鄂州、十堰、荆州	11
其他区域	白沙、白山、哈尔滨、呼伦贝尔、吉安、庐山、九江、景德镇、井冈山、南昌、湘西、太原、上饶、长春、宜春、西安、鹰潭、长沙、张家界	19

调研方法

　　本报告中所涉及的宏观数据主要来自 CRIC2014 数据库，具体项目信息由克而瑞信息集团旅游地产事业部于 2014 年 9 ~ 12 月的实地调查得到，客户需求信息由克而瑞信息集团旅游地产事业部于 2014 年 9 ~ 12 月通过随机问卷调研得到。

CHAPTER 1

第一章

2014年中国旅游地产
市场发展概况

中国旅游地产发展历程回顾

2014年中国旅游地产发展的政策环境

2014年中国旅游地产开发特征

2014年中国旅游地产市场需求特征

一、中国旅游地产发展历程回顾

我国的旅游地产起步于分时度假的发展。在 20 世纪 90 年代初，海南首先出现的分时度假酒店，被业内人士公认为是我国旅游地产发展的萌芽。这一时期，由于海南出现了大量房产空置的现象，分时度假受到了旅游饭店经营者和房地产开发商的普遍重视，并以旅游地产这一概念在行业内传播开发。但是，并没有得到良好的市场反应。

1999 年 "博鳌国家旅游休闲度假区"、"海南传说"、"南山文化旅游区" 等项目成功后，引起了极大的市场反响，旅游地产的概念也再度受到了市场关注，并最终形成现代意义的发展内涵。随后，旅游地产在我国掀起了一股发展热潮，北京、上海、广州等城市的旅游地产项目开发数量和市场需求量均直线攀升。但这一时期 产品形式仍然十分单一，多为产权酒店。

2003 年杭州 "打造休闲城市" 理念的提出，标志着我国旅游地产开发进入资源整合的全面开发阶段 ，功能复合的旅游地产项目开始起步。至此，旅游地产实现了从起步到发展壮大并最终形成规模的巨大蜕变。此后，"滨海、山地、温泉、高尔夫" 为主题的休闲度假住宅、别墅、酒店在沿海城市大量开发发展。深圳南山华侨城项目为这一时期的典范。

2006 至今，是我国旅游地产展的全面提升阶段。旅游地产开发不仅是在卖房子，而是与城市运营、产业结构调整等紧密结合，产业创新、服务提升、产品创新成为主流。典型项目如雅居乐清水湾、世茂御龙海湾。

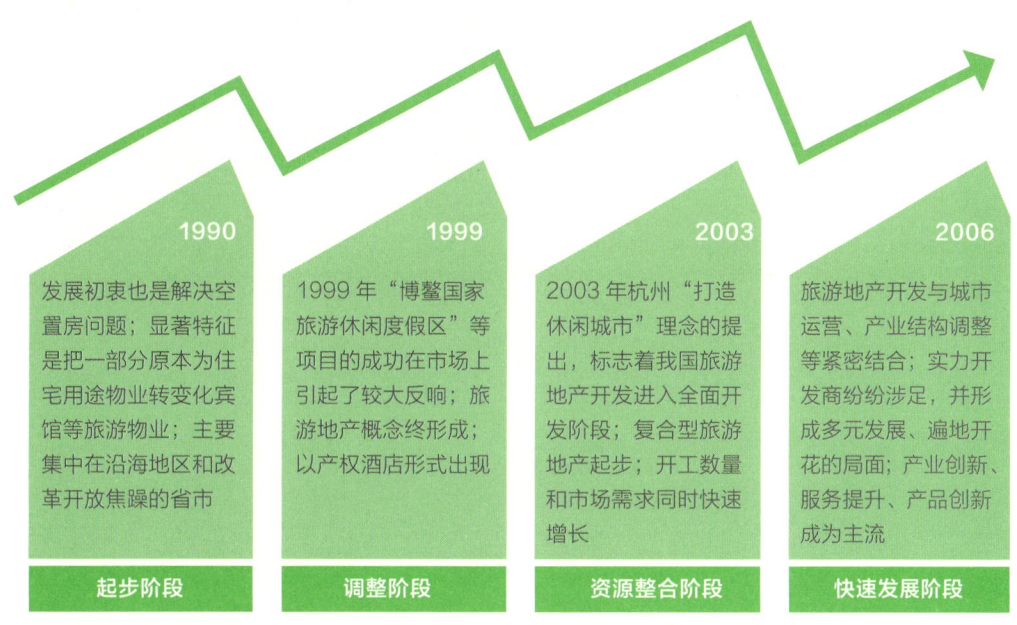

图 1-1　我国旅游地产发展历程

1990	**1999**	**2003**	**2006**
发展初衷也是解决空置房问题；显著特征是把一部分原本为住宅用途物业转变化宾馆等旅游物业；主要集中在沿海地区和改革开放焦躁的省市	1999 年"博鳌国家旅游休闲度假区"等项目的成功在市场上引起了较大反响；旅游地产概念终形成；以产权酒店形式出现	2003 年杭州"打造休闲城市"理念的提出，标志着我国旅游地产开发进入全面开发阶段；复合型旅游地产起步；开工数量和市场需求同时快速增长	旅游地产开发与城市运营、产业结构调整等紧密结合；实力开发商纷纷涉足，并形成多元发展、遍地开花的局面；产业创新、服务提升、产品创新成为主流
起步阶段	**调整阶段**	**资源整合阶段**	**快速发展阶段**

2014 年，房地产行业继续面临宏观调控的大背景，在上半年整体市场较为低迷的情况下，九月，央行放开贷款限制，对于拥有 1 套住房并已结清相应购房贷款的家庭，为改善居住条件再次申请贷款购买普通商品住房，银行业金融机构执行首套房贷款政策，至此，2014 年的房地产"救市文"发布，最后一季度整体房市好转趋势明显。在新一代领导集体上任、宏观政策走向逐渐明朗的条件下，旅游地产成为了众多企业突破瓶颈的最佳选择。

特别是在大都市城郊开发旅游地产成为 2014 年的新趋势，距离城市 1 至 2 小时车程，同时兼顾外地买家和本地需求的产品成为开发热点。如北京的龙湖长城源著项目，开盘当天，短短 90 分钟，龙湖·长城源著首批 400 套房源全部售罄，劲销金额高达 4 亿元，成为近年少有的日罄盘。

二、2014 年中国旅游地产发展的政策环境

旅游地产作为一个新兴事物，截至目前政府尚未出台以"旅游地产"为对象的政策。然而旅游地产关联面广，通常相关产业的政策出台会直接或间接地影响到旅游地产的发展走势。其中关系最为紧密的是房地产政策和旅游政策。

2014 年较之旅游地产可以算是政策的大年，无论是房地产、旅游产业，还是其他相关产业，均有一系列利于关于旅游地产发展的政策出台，利好消息甚多。楼市政策从之前的坚持全面调控逐渐宽松，央行对于首套房认定的放开，给旅游地产打了一剂强心针。旅游产业方面，国务院下发的《关于促进旅游业改革发展的若干意见》和我国首个修订并颁布施行的地方性旅游法规《云南省旅游条例》的正式颁布，开启了通过长效机制促进旅游相关产业发展的新时期，从根本上保证了旅游地产的健康发展。此外，《关于进一步做好住房金融服务工作的通知》、《养老服务设施用地指导意见》、《关于落实高尔夫球场清理整治措施的通知》等相关政策的发布和实施， 也为旅游地产提供了新的发展契机。

（一）房地产政策

2014 年是地房地产调控思路和重心转向的一年。纵观 2014 年的房价调控政策，调控逐步放松是其主旋律。

2014 年上半年，中央层面并未出台具体的调控政策，而是延续 2013 年底住建部会议"分类指导"的思想，由各地自行"双向调控"，在宏观经济环境整体偏弱的大背景下，全国商品房、商品住宅呈现量价下行，城市间市场分化显著。2014 下半年，调控的放宽成了主旋律，自 6 月 25 日呼和浩特第一个发文取消限购，如同多米诺骨牌效应一样，全国 46 个城市陆续加入到限购松绑或取消的队列中。直到 2014 年 12 月 31 日，这 46 个限购城市中仅剩北京、上海、广州、深圳和三亚 5 个城市未取消限购。

在这种新的房地产调控思路引导下，以旅游、养老、文化等满足国民新兴生活需求为核心的主题地产，因得到政策的认可而得到更大的发展空间。

土地政策方面，以推进城镇化为中心，出台《节约集约利用土地规定》。2014 年 6 月，国土资源部部长姜大明签署国土资源部第 61 号令，发布《节约集约利用土地规定》。这是

我国首部专门就土地节约集约利用进行规范和引导的部门规章，共九章 38 条，自 2014 年 9 月 1 日起实施。

《规定》针对当前土地管理面临的新形势，充分借鉴和吸收地方成功经验，对土地节约集约利用的制度进行了归纳和提升。具体内容包括：一是进一步加强规划引导。二是进一步强调布局优化。三是强化标准控制作用。四是充分发挥市场配置作用。五是突出了存量土地的盘活利用。六是完善了监督考评新机制。

放松限购方面，全国 46 个城市，大部分放松限购。之前在全国实施住房限购政策的 46 个城市中，已有 41 个城市解除或者放松限购。仅有 5 个未解除，包括北京、上海、广州、深圳四大一线城市以及三亚仍在坚持限购。

2014 年部分城市放松限购情况一览表　　　　　　表 1-1

序列	城市	程度	放开日期	政策调整的内容
1	江苏南京	放松	2 月 28 日	宁七条
2	广西南宁	调整	4 月 25 日	广西北部湾经济区内的北海、防城港、钦州、玉林、崇左市户籍居民家庭可参照南宁市户籍居民家庭政策在南宁购房
3	天津滨海	放松	4 月 28 日	只要滨海范围内无房，即可在新区购房。此外，还将推出共有产权模式购房政策，购房人交一成首付就能先住房
4	安徽铜陵	放松	5 月 1 日～12 月 31 日	契税补贴，公积金贷款比例下降，额度提高，商品房预售金监管调整。个人缴存住房公积金期限由过去连缴 6 个月以上，放宽为个人连续缴存 3 个月以上
5	江苏常州	放松	5 月起	停建安置房，拆迁户补贴购房款，公转商补息贷款提至 60 万元，全新的户籍改革制度人均 25 平方米可落户
6	河南郑州	放松	5 月 12 日	个人住房置业贷款，依法设立的住房置业政策性担保机构可以作为保证人，依据有关个人住房置业政策，为申请个人住房贷款的借款人提供保证，在借款人未按合同约定履行住房贷款偿还义务时，由担保机构代借款人偿还住房贷款债务
7	安徽宣城	放松	5 月 16 日	将住房公积金个人贷款最高额度从 20 万元调高至 30 万元，并将贷款条件由正常缴存住房公积金满一年以上调整为正常缴存住房公积金满 6 个月
8	江苏扬州	调整	5 月 20 日	公积金"又提又贷"政策恢复，公民申请公积金贷款时可同时提取本人配偶的住房公积金
9	江苏泰州	调整	5 月 27 日	提高住房公积金贷款最高限额，其中，借款人家庭有两名及以上成员复合贷款条件的，贷款最高额度调整为 40 万元；申请购买二套房贷款和借款人家庭只有一人复合贷款条件的，贷款最高额度调整为 30 万元
10	海南	调整	5 月 29 日	取消了购买商品房落户面积，缴纳养老保险等限制条件，实行了有合法房产为基本条件的落户政策，增加了参加养老保险为基本条件外来务工人员落户，技术工人、职业院校毕业生落户，原户籍在西宁市的特殊人群投靠亲属落户政策
11	西宁	调整	5 月 29 日	扩大落户政策，户籍制度调整
12	沈阳	放松	6 月 10 日	针对已拥有 2 套及以上住房的本市户籍居民家庭，及对本市户籍家庭拥有 2 套及以上住房的在二环内可以后买多套房

续表

序列	城市	程度	放开日期	政策调整的内容
13	广东	调整	6月12日	将全面调整城市户口迁移政策，进一步放宽直系亲属投靠条件，除广州、深圳两个特大城市的老人投靠子女有所控制外，其他各地直系亲属间相互投靠均全面放开，随时办理
14	武汉	放松	7月1日	武汉140平方米以上房屋放开限购，含新房、二手房
15	厦门	放松	7月	购买不限套数，且外地户口可以不用再交社保证明，岛内，外地户口购买一套住宅，但也无需再交社保证明，取消500万以上高端盘限购，此外260平方米以上住宅的限购也有所放松
16	济南	明确取消	7月10日	居民今后购买新建商品住房和二手房不再需要开具限购证明，全面取消限购
17	安徽合肥	明确放松	7月11日	合肥公积金可提取用于购买新建商品房、购买存量房（二手房）、还住房贷款等
18	南昌	明确取消	7月14日	从7月14日起，南昌市除东湖、西湖、青山湖、青云谱四区继续限购外其他区域全部放开限购
19	成都	放松	7月16日	据多家开发商证实，仅凭一张身份证就可以上传房管局资料，消费者可以直接买房
20	海口	明确取消	7月18日	中止执行商品房限购政策，不再要求购房者提供住房套数证明
21	江苏苏州	放松	7月19日	苏州已从7月19日起大尺度松绑限购，即90平方米以上的房源不再限购，90平方米以下的精装、酒店公寓、达二星绿建标准的房源也不再限购
22	长春	放松	7月19日	在长春购买第三套房的家庭，可以打印购房合同
23	江苏无锡	明确取消	7月26日	取消对90平方米（含）以上住房的限购。本地人及外地人在购买90平方米以上住房时，套数不再设上限
24	呼和浩特	明确取消	7月26日	取消商品房销售方案备案的制度。居民购买商品住房（含二手住房）在办理签约、网签、纳税、贷款及权属登记时。不再要求提供住房套数查询证明
25	西安	放松	7月28日	60平方米以下的住房和砖混结构二手住房可由居民家庭根据需要自主购买
26	石家庄	放松	7月28日	石家庄购房者无需再到房管部门开具"购房查询证明"
27	杭州	明确取消	7月29日	购买本地萧山区、余杭区住房（含商品住房、二手住房）不购买主城区140平方米以上住房，取消限购
28	浙江温州	明确放松	7月29日	在房屋交易登记时不再核查现有住房情况，在外温州人和新温州人在温购房享受与温州市户籍居民同等待遇
29	浙江宁波	放松	7月31日	购买宁波市各县（市）及北仑、镇海高新区等住房（含商品房、二手住房）不再需要提供家庭住房情况查询证明
30	江苏徐州	明确取消	8月1日	在徐州市区购买商品房不再提供购房查询证明，签订并打印商品房买卖合同时，不需要输入查询证明号
31	青岛	明确取消	8月1日	房产交易中心内部信息称：青岛市南市北四方李沧崂山取消144及以上的限购政策
32	广东广州	放松	——	"限价限售"政策放松

（二）旅游产业政策

2014年，旅游业依然受到中央及地方政府的重视。国务院下发的《关于促进旅游业改革发展的若干意见》和我国首个修订并颁布施行的地方性旅游法规《云南省旅游条例》的正式颁布是 2014 年旅游业的重要政策，也是 2013 年《国民旅游休闲纲要（2013-2020 年）》和《中华人民共和国旅游法》的继承，同样具有重要的意义。

国务院下发的《关于促进旅游业改革发展的若干意见》，为旅游地产发展提供更有力的市场保障。

8 月 21 日，国务院印发《关于促进旅游业改革发展的若干意见》（简称《意见》），部署进一步促进旅游业改革发展，提出到 2020 年，境内旅游总消费额达到 5.5 万亿元，城乡居民年人均出游 4.5 次，旅游业增加值占国内生产总值的比重超过 5%。

《意见》明确，促进旅游业改革发展，要创新发展理念，坚持深化改革、依法兴旅，坚持融合发展，坚持以人为本。要加快转变发展方式，以转型升级、提质增效为主线，推动旅游产品向观光、休闲、度假并重转变，满足多样化、多层次的旅游消费需求；推动旅游开发向集约型转变，更加注重资源能源节约和生态环境保护，更加注重文化传承创新，实现可持续发展；推动旅游服务向优质服务转变，实现标准化和个性化服务的有机统一。虽然《意见》中的内容更多为提纲挈领式的指导，但是也明确了重点任务分工及进度安排表，为之后的重点任务分工和进度明确了时间截点，为以后的工作提供了保障。

《关于促进旅游业改革发展的若干意见》重点任务分工及进度安排表　　　　　表 1-2

序号	工 作 任 务	负责单位	时间进度
1	稳步推进建立国家公园体制，实现对国家自然和文化遗产地更有效的保护和利用	发展改革委等	2015 年底前取得阶段性成果
2	完善旅游统计指标体系和调查方法，建立科学的旅游发展考核评价体系	统计局、旅游局等	2015 年 6 月底前出台具体措施
3	完善国家旅游宣传推广体系，采取政府购买服务等方式，逐步实现国家旅游宣传促销专业化、市场化。建立多语种的国家旅游宣传推广网站，加强国家旅游形象宣传	旅游局、财政部等	2015 年 6 月底前出台具体措施
4	研究促进外国人入境过境旅游签证便利化措施，推动符合规定条件的对外开放口岸开展外国人签证业务，逐步优化完善外国人 72 小时过境免签政策，推动外国人 72 小时过境免签城市数量适当布局合理。统筹研究部分国家旅游团入境免签政策，优化邮轮出入境政策。为外国旅客提供签证和入出境便利，不断提高签证签发、边防检查等出入境服务水平	公安部、外交部、海关总署、旅游局等	2015 年 6 月底前出台具体措施
5	推进整形整容、内外科等优势医疗资源面向国内外提供医疗旅游服务。发挥中医药优势，形成一批中医药健康旅游服务产品。规范服务流程和服务标准，发展特色医疗、疗养康复、美容保健等医疗旅游	卫生计生委、旅游局、中医药局等	持续实施
6	建立旅居全挂车营地和露营地建设标准，完善旅居全挂车上路通行的政策措施	公安部、交通运输部、旅游局、体育总局等	2015 年 6 月底前出台具体措施

序号	工 作 任 务	负责单位	时间进度
7	加强乡村旅游精准扶贫，扎实推进乡村旅游富民工程，带动贫困地区脱贫致富	发展改革委、旅游局等	2015 年底前取得阶段性成果
8	加强对研学旅行的管理，规范中小学生集体出国旅行	教育部、发展改革委、旅游局等	2015 年 6 月底前出台具体措施
9	抓紧制定老年旅游服务规范，推动形成专业化的老年旅游服务品牌	旅游局、全国老龄办等	2015 年 6 月底前出台具体措施
10	实施中国旅游商品品牌建设工程，重视旅游纪念品创意设计，提升文化内涵和附加值，加强知识产权保护，培育体现地方特色的旅游商品品牌	旅游局等	2015 年 6 月底前出台具体措施
11	研究完善境外旅客购物离境退税政策，将实施范围扩大至全国符合条件的地区	财政部、海关总署、税务总局、商务部、旅游局等	2014 年 12 月底前出台具体措施
12	完善加油站点和高速公路服务区的旅游服务功能，加快推进高速公路电子不停车收费系统（ETC）建设。将通往旅游区的标志纳入道路交通标志范围，完善指引、旅游符号等标志设置	交通运输部、商务部等	持续实施
13	建立严重违法企业"黑名单"制度，加大曝光力度，完善违法信息共享机制	旅游局、工商总局等	2015 年 6 月底前出台具体措施
14	利用风景名胜区、自然保护区、文物保护单位等公共资源建设的景区门票以及景区内另行收费的游览场所、交通工具等项目价格要实行政府定价或者政府指导价，体现公益性，严格控制价格上涨	发展改革委等	持续实施
15	将带薪年休假制度落实情况纳入各地政府议事日程，作为劳动监察和职工权益保障的重要内容，推动机关、企事业单位加快落实职工带薪年休假制度	人力资源社会保障部、全国总工会等	持续实施
16	在教学时间总量不变的情况下，高等学校可结合实际调整寒、暑假时间，中小学可按有关规定安排放春假，为职工落实带薪年休假创造条件	教育部等	2015 年 6 月底前出台具体措施
17	编制全国生态旅游发展规划，加强对国家重点旅游区域的指导，抓好集中连片特困地区旅游资源整体开发，引导生态旅游健康发展	发展改革委、旅游局、环境保护部、住房城乡建设部、林业局、扶贫办等	2015 年底前完成
18	中央政府要加大对中西部地区重点景区、乡村旅游、红色旅游、集中连片特困地区生态旅游等旅游基础设施和生态环境保护设施建设的支持力度	发展改革委、旅游局等	持续实施
19	抓紧研究新形势下中央财政支持旅游业发展的相关政策，做好国家旅游宣传推广、规划编制、人才培养和旅游公共服务体系建设	财政部、发展改革委、旅游局等	2015 年 6 月底前出台具体措施
20	改革完善旅游用地管理制度，推动土地差别化管理与引导旅游供给结构调整相结合	国土资源部、旅游局等	2015 年 6 月底前出台具体措施
21	编制和调整土地利用总体规划、城乡规划和海洋功能区规划时，要充分考虑相关旅游项目、设施的空间布局和建设用地要求，规范用海及海岸线占用	国土资源部、住房城乡建设部、海洋局、旅游局等	2015 年 6 月底前出台具体措施
22	编制全国旅游人才中长期发展规划，优化人才发展的体制机制	旅游局等	2015 年底前完成
23	建立完善旅游人才评价制度，培育职业经理人市场。推动导游管理体制改革，建立健全导游评价制度，落实导游薪酬和社会保险制度，逐步建立导游职级、服务质量与报酬相一致的激励机制	人力资源社会保障部、旅游局等	2015 年 6 月底前出台具体措施

从具体内容来看，我们认为有一项内容将会对旅游地产的发展起到直接的促进作用：

明确"优化土地利用政策"，即推进旅游产业用地。

坚持节约集约用地，按照土地利用总体规划、城乡规划安排旅游用地的规模和布局，严格控制旅游设施建设占用耕地。改革完善旅游用地管理制度，推动土地差别化管理与引导旅游供给结构调整相结合。编制和调整土地利用总体规划、城乡规划和海洋功能区规划时，要充分考虑相关旅游项目、设施的空间布局和建设用地要求，规范用海及海岸线占用。年度土地供应要适当增加旅游业发展用地。进一步细化利用荒地、荒坡、荒滩、垃圾场、废弃矿山、边远海岛和石漠化土地开发旅游项目的支持措施。在符合规划和用途管制的前提下，鼓励农村集体经济组织依法以集体经营性建设用地使用权入股、联营等形式与其他单位、个人共同开办旅游企业，修建旅游设施涉及改变土地用途的，依法办理用地审批手续。这一政策的下发，使得一直以来困扰旅游地产开发商良久的旅游用地问题有待解决，具体的落实还要看未来各个城市的执行情况。

我国首个修订并颁布施行的地方性旅游法规《云南省旅游条例》的正式颁布的颁布和实施，将促进其他城市紧跟步伐，推出地方性的旅游条例。

2014 年 3 月 28 日云南省第十二届人民代表大会常务委员会第八次会议通过，2014 年 5 月 1 日由云南省政府颁布实施。《云南省旅游条例》于 5 月 1 日起施行，这是我国继《旅游法》出台后首个修订并颁布施行的地方性旅游法规。《云南省旅游条例》的出台，不仅是对《旅游法》地方性细化，更重要的是地方政府的决策性跟进，为其他城市的旅游条例出台做了榜样。

对于旅游地产来说，《云南省旅游条例》的指导意义将体现在：关于环保旅游的倡导和旅游资源的保护规定将促使旅游地产发展加快从资源依托向产品和服务依托转变。

第二十三条指出，开发旅游资源和建设旅游设施，应当遵守有关环境和资源保护的法律、法规，依法进行环境影响评价。鼓励旅游经营者使用新能源、新材料，创建绿色环保旅游企业，开发生态旅游产品，倡导旅游者采用低碳、环保方式旅游。

第二十四条指出，以自然景观为主的旅游景区，应当加强对自然资源和生物多样性的保护，保障资源的可持续利用。利用民族文化资源、历史建筑和历史人文资源开展旅游经营的，应当保持其民族特色、传统格局和历史风貌。涉及文物保护的，按照有关规定办理批准手续。重点旅游城镇的新区规划和旧城改造，应当对旅游功能统筹规划；建筑规模和风格应当与周围景观相协调。

从条款规定可以看出，未来稀缺旅游资源的利用和开发难度较大，成本将更高。旅游地产开发企业在具体开发过程中，需要更加谨慎地对待传统旅游资源。

我国历史与旅游地产开发相关的旅游法规一览表 表 1-3

文件名称	发布机构	发布时间	文件属性
风景名胜区规划规范	中华人民共和国建设部	1999	国家标准
旅游发展规划管理办法	中华人民共和国国家旅游局	2000	部门规章
国家生态旅游区管理暂行办法	中华人民共和国国家旅游局	2001	部门规章
国家旅游度假区评定标准	全国旅游标准化技术委员会	2001	行业标准
旅游规划通则	全国旅游标准化技术委员会	2003	行业标准
旅游区（点）质量等级的划分与评定	国家质量监督检验检疫总局	2003	行业标准
旅游资源分类、调查与评价	国家质量监督检验检疫总局	2003	行业标准
旅游饭店星级的划分及评定	国家质量监督检验检疫总局、国家标准化管理委员会	2010	行业标准
国民旅游休闲纲要（2013-2020 年）	国务院办公厅	2013	部门规章
中华人民共和国旅游法	全国人大常委会	2013	国家综合法

（三）其他相关政策

除了房地产调控政策和旅游政策以外，2014 年金融、养老服务、高尔夫等方面也都出台了各类与旅游地产发展的相关政策。

1. 金融政策：重新定义首套房，明确贷款利率下限为基准利率的 0.7 倍

2014 年 9 月 30 日，中国人民银行、中国银行业监督管理委员会《关于进一步做好住房金融服务工作的通知》的"9·30"新政，对拥有 1 套住房并已结清相应购房贷款的家庭，再次申请贷款购买普通商品住房，银行业金融机构执行首套房贷款的政策，贷款最低首付款比例为 30%，贷款利率下限为贷款基准利率的 0.7 倍。这一政策发出后，10 月份开始市场信心全面恢复，住房成交出现快速回升，半数以上的银行已将首套房的贷款利率调整为 9 折。

该政策一方面可以进一步刺激改善性市场需求的释放,另一方面也为旅游地产物业的销售执行提供了操作空间。

2. 养老相关政策:明确养老服务设施用地

为贯彻落实《国务院关于加快发展养老服务业的若干意见》精神,大力支持养老服务业发展,国土资源部 4 月 23 日对外公布了《养老服务设施用地指导意见》。《意见》围绕保障养老服务设施用地供应、规范养老服务设施用地开发利用管理、大力支持养老服务业发展,明确提出九条意见。

国土资源部明确界定了养老服务设施用地范围,专门为老年人提供生活照料、康复护理、托管等服务的房屋和场地设施占用土地,可确定为养老服务设施用地。老年酒店、宾馆、会所、商场、俱乐部等商业性设施占用土地,不属于此次政策明确的养老服务设施用地。《意见》的出台为现阶段市场上的养老地产确定了具体定调,养老地产市场逐渐明确。

3. 高尔夫相关政策:明确全国高尔夫球场综合清理整治工作的时间节点

2014 年 7 月 1 日,国家发改委、国土部等中央 11 个部委联合下发《关于落实高尔夫球场清理整治措施的通知》。要求各地开展高尔夫球场综合清理整治工作,并在 2015 年 6 月底前,将本地区所有球场名单及违规球场清理整治情况进行汇总并上报国家发改委。

这份标明"特急"的文件指出,近期一些地方无视 2004 年国务院办公厅《关于暂停新建高尔夫球场的通知》(下称《通知》)和国务院有关文件要求,违规建设高尔夫球场,占用大量耕地和林地资源,造成了极坏的社会影响。为保护耕地和林地资源,坚决制止违规建设高尔夫球场现象,经国务院同意,在全国开展高尔夫球场综合清理整治工作。

此次整治的对象包括:《通知》印发前(即 2004 年以前)未按规定履行立项、规划、用地和环境影响评价等建设审批手续建设的高尔夫球场;《通知》印发后开工建设的高尔夫球场。该政策的实施可以遏制高尔夫球场一哄而上、粗制滥造的现象,进而促进高尔夫球场开发与运营的健康发展。

三、2014 年中国旅游地产开发特征

2014 年，中国房地产企业均在限购政策下寻找转型，因此旅游地产成了众多房企的新目标。2014 年，全国新增旅游地产项目 2666 个，截至 2014 年年底，旅游地产项目已增至 7965 个之多。

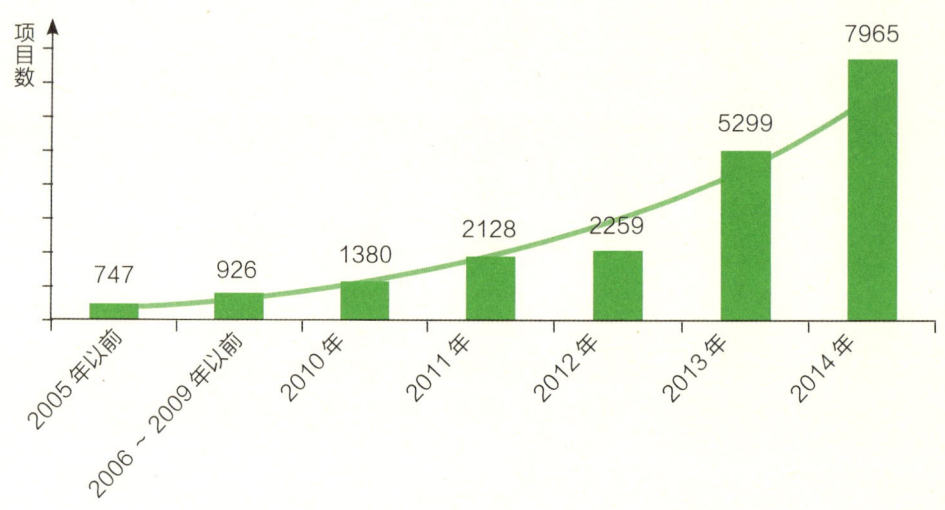

图 1-2　我国旅游地产项目数量增长情况

纵览 2014 年的旅游地产开发分布，长三角、环渤海、海南区域依旧保持为旅游地产项目集中区域前三甲，此三个区域所占比重已超过全国旅游地产项目数量的一半。西南和两广区域旅游地产较其他区域，虽然起步稍晚，但借助其区域优势，2014 年，该区域旅游地产的比重均有 2 ～ 5 个百分点的增长，相信后期会有更多的开发商看到其潜力所在。而除了上述 6 个传统的旅游地产发展重点区域以外，华中五省（湖北、湖南、河南、安徽、江西）等区域的也逐步纳入到旅游地产发展的重要版图之内。

图 1-3　2014 年我国旅游地产发展格局示意图

　　从开发主体来看，旅游地产的开发军团也还在继续壮大的过程中。截至 2014 年年底，全国已有 5324 个来自不同领域的企业涉足旅游地产开发，相比 2013 年新增了 1766 家。当然，在这支庞大的旅游地产开发大军之中房地产企业仍然是主流，从各企业开发的旅游地产项目规模来看，排名前 10 的均为实力雄厚的房地产开发企业。

2014 年旅游地产开发项目规模排名前 10 的企业列表　　　　　　　　　　　　表 1-4

排名	开发商	占地面积（㎡）
1	碧桂园地产	40910159
2	中信地产	26635894
3	雅居乐地产	22078331
4	恒大地产	18301402
5	万达集团	17512891
6	龙湖地产	15087909
7	世茂地产	12860623
8	万科地产	12212497
9	绿城地产	7450876
10	鲁能地产	2698260

　　从单体项目体量来看，旅游地产开发商多选择体量相对较小的项目。2014 年的旅游地产项目体量集中在 20 万平方米以下，其占比超过七成。全国近 30% 的旅游地产项目体量为

5 万平方米以下。2014 年土地市场低迷，为保证资金链安全，开发商更青睐总价低、面积小的地块，现阶段房企相对务实，面积相对较小的土地将受追捧。

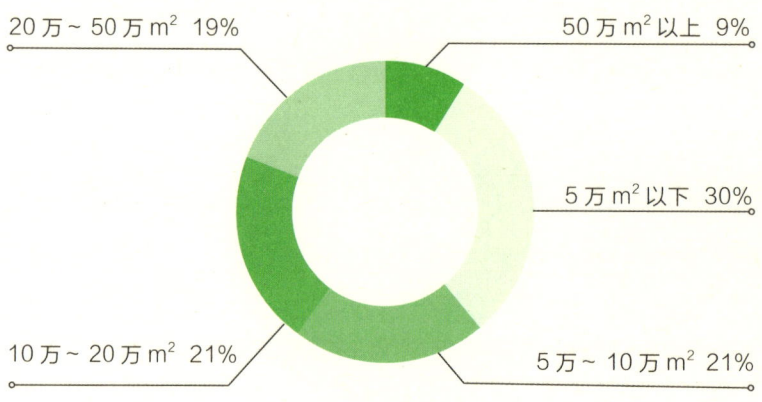

图 1-4 2014 年我国旅游地产项目单体占地规模情况

从项目依托的核心资源可以发现，2014 年旅游地产项目中，超过一半的项目是依托滨湖和山地资源来打造，稀缺的自然资源成了旅游地产项目关注的焦点。相对自然资源，依托需要高成本开发运营的温泉和古镇旅游地产项目却不足一成。开发商更多会选择可以借景借势、成本回收快的旅游地产项目。

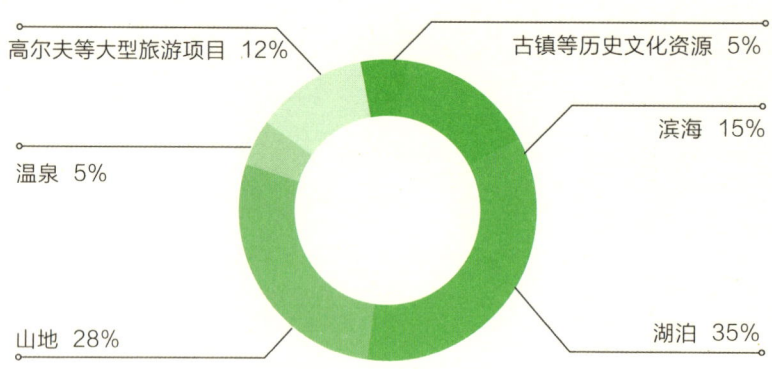

图 1-5 2014 年我国依托不同资源的旅游地产项目占比情况

四、2014 年中国旅游地产市场需求特征

2014 年，随着旅游地产的升温，市场上的旅游地产产品也是多种多样，客户在购置旅游地产时，会有更多的需求与调整，各方面相比 2013 年均发生明显变化。

CRIC 旅游地产于 2014 年 9 月 ~ 12 月在全国重点旅游城市进行了大范围的抽样问卷调研发现：

出行目的：超过三分之一的受访者表示出行主要为观光旅游和休闲度假，已逐步超越传统观光旅游，成为我国民成最主要的出行目的。

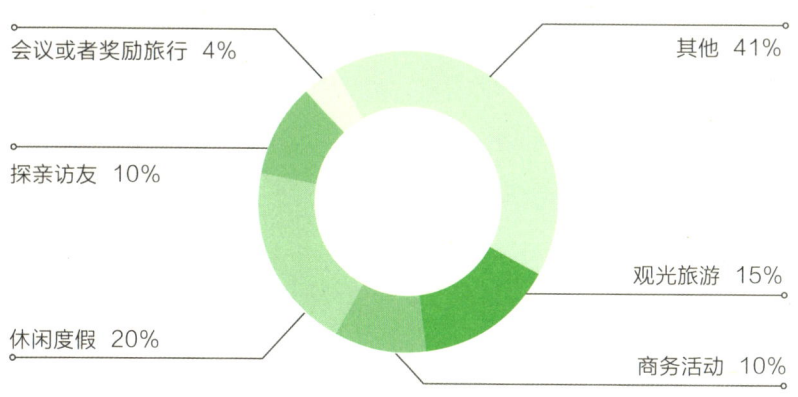

会议或者奖励旅行 4%　　　　　其他 41%

探亲访友 10%

观光旅游 15%

休闲度假 20%　　　　　商务活动 10%

图 1-6　2014 年我国居民出行目的调研统计分析

旅行方式：超过七成居民旅行会选择结伴同行，或与家人，或与朋友，这也与目前旅游目的地越来越注重家庭休闲度假产品开发的特征基本相符。

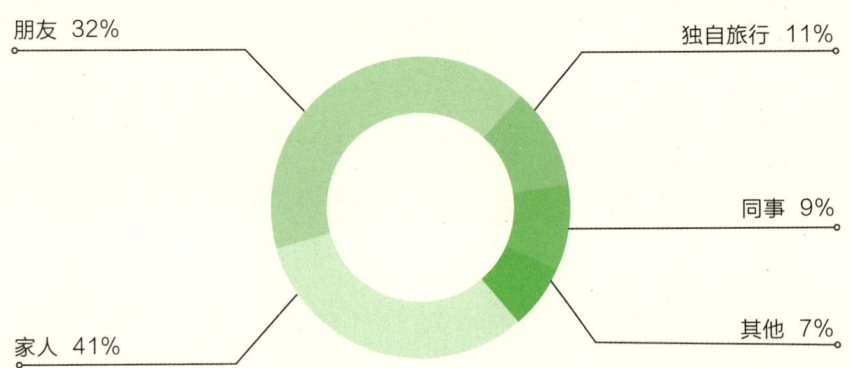

朋友 32%　　　　　　　　　独自旅行 11%

同事 9%

其他 7%

家人 41%

图 1-7　2014 年我国居民的主要旅行方式

旅游目的地偏好：相对于 2013 年的数据，2014 年全国受访者选择海南和西南地区度假，其所占的比例略有下滑；闽东南是近两年最兴的热点旅游目的地，28% 受访者表示喜欢这里休闲度假。此外，随着西北区域旅游业的兴起，其他的大部分受访者选择的是西北（宁夏、甘肃、青海等）区域。

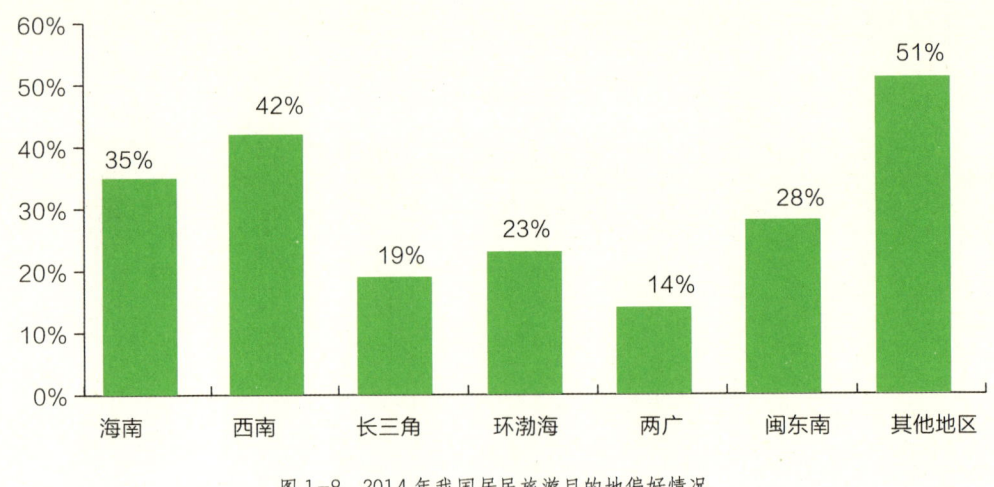

图 1-8　2014 年我国居民旅游目的地偏好情况

旅游地产置业倾向：2014 年，购买旅游地产的潜在客户正在大增，数据显示，在随机抽样的受访者中近期就有购买旅游地产的人员占 8%，两年内有购买旅游地产打算的人员占到 17%，相较前一年，分别有 2 个有 5 个百分点的提升。

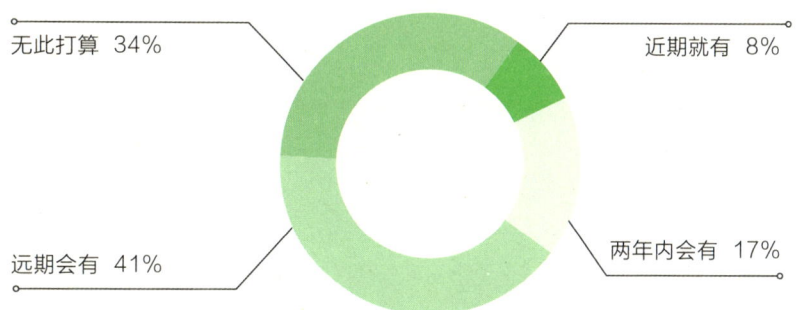

无此打算 34%

近期就有 8%

远期会有 41%

两年内会有 17%

图 1-9　2014 年我国居民旅游地产置业倾向

旅游地产置业目的：对有购买旅游地产物业的受访者作进一步了解，发现基于旅游地产的增值保值性，接近三分之一的人员表示购买旅游地产用以投资。

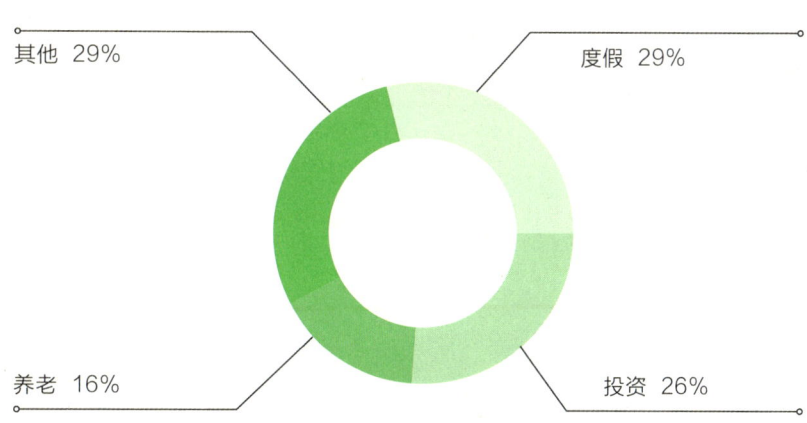

其他 29%

度假 29%

养老 16%

投资 26%

图 1-10　2014 年我国居民旅游地产置业目的

旅游地产置业区域偏好：闽东南虽然为受访者最为偏好的旅游目的地之一，但在此购买旅游地产的意愿并不强烈。

虽然在偏好的旅游目的地中海南、西南呈下跌趋势，但是在购置旅游地产度假物业时，超过 50% 的受访者还是会选择海南、西南等旅游地产发展较为成熟的区域。其中海南区域占到 28%。相较 2013 年，选择两广区域的人员比例下滑了十多个百分点。

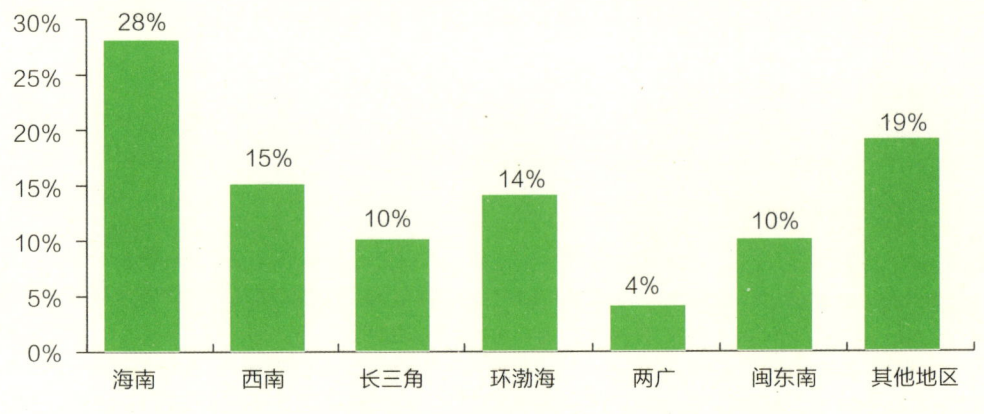

图 1-11　2014 年我国居民旅游地产置业区域偏好

核心资源偏好：从资源的偏好来看，湖景、海景、山景一直都是旅游地产项目的重大卖点，所占比例分别为：42%、31%、24%，但相对于 2013 年，受访者选择这三个资源的比例均下降。市场上会陆续推出新的旅游地产产品配套，比如休闲生态农业等。

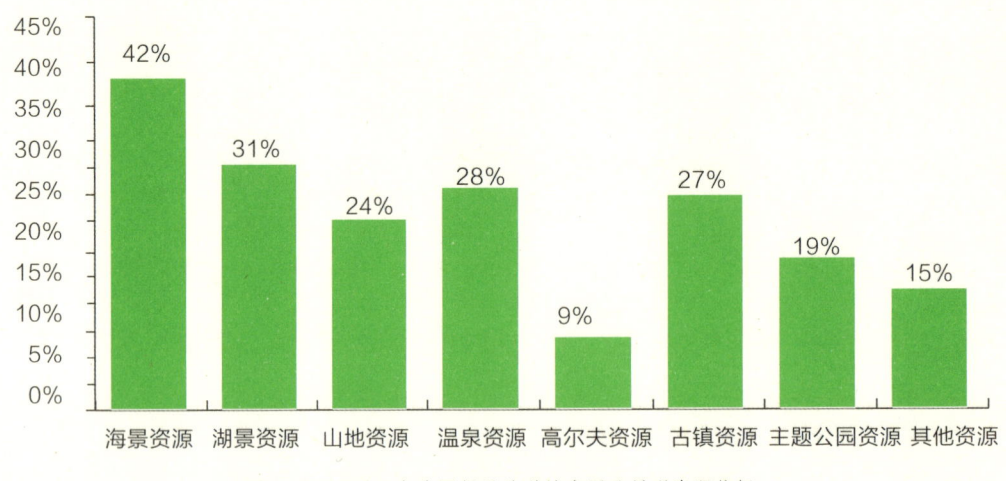

图 1-12　2014 年我国居民旅游地产置业景观资源偏好

配套设施敏感性：从数据来看，受访者比较关注旅游度假物业配套的吃、穿、玩，餐饮和购物配套还是稳居首位，其比例分别为 49% 和 35%。同时，数据还显示，旅游地产置业客户也比较关注旅游地产的物业配套和度假配套。

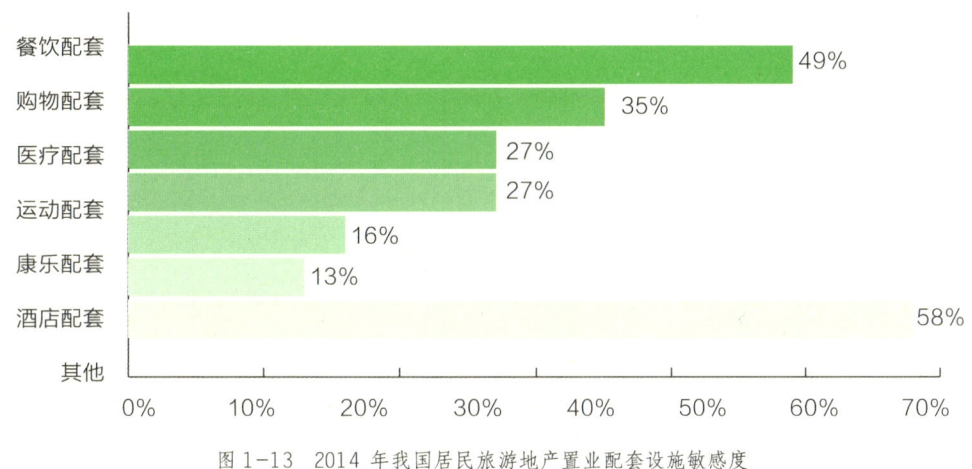

图 1-13　2014 年我国居民旅游地产置业配套设施敏感度

物业类型偏好：在物业类型的选择上，别墅产品仍然是多数意向置业者的选择。在公寓产品中自住和度假功能兼有的公寓是最受意向置业者欢迎的产品，相较于 2013 年有了一个大的提升，2014 年比例占到 47%，而选择公寓、洋房、产权式公寓的比例相差不多，分别为：15%、18%、12%。

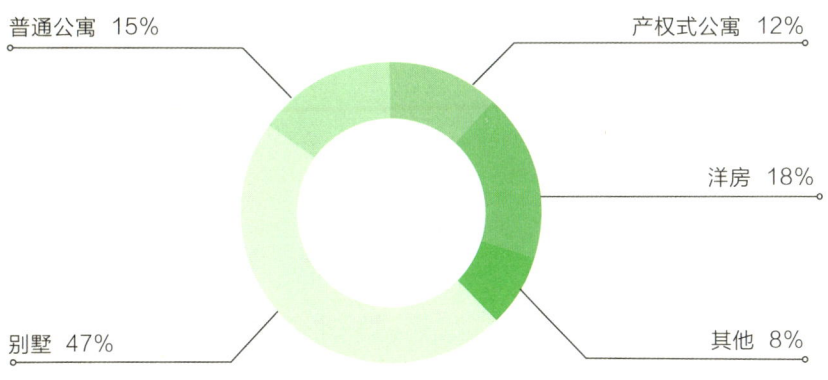

图 1-14　2014 年我国居民旅游地产置业物业类型偏好

面积段偏好：对于度假物业的选择，70 ~ 120 平方米的中小户型依旧是置业客户的首选，而面积大于 250 平方米的物业虽然选择者较少，但较前一年而言，已经有 2 个百分点的提升。

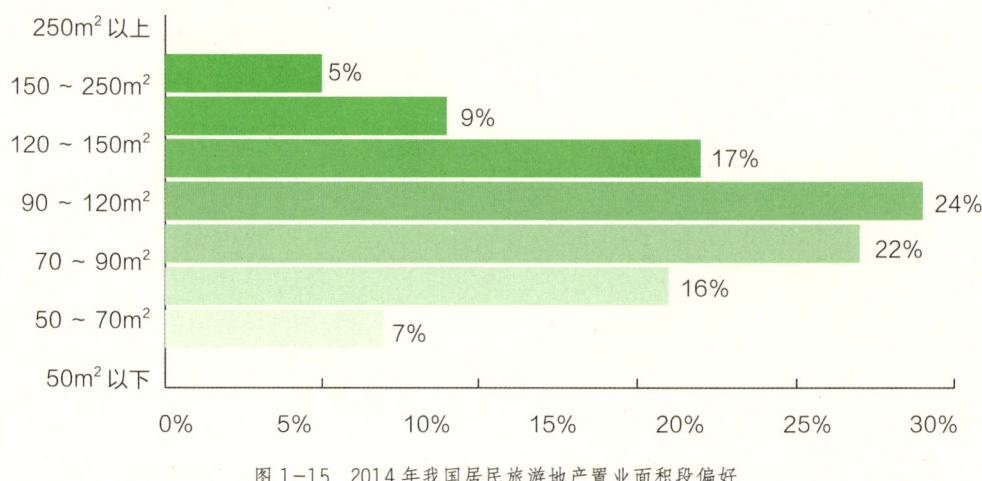

图 1-15　2014 年我国居民旅游地产置业面积段偏好

价格承受能力表现：在置业价格的接受能力上，目前我国居民更青睐低总价的产品，选择 100 万元以下的旅游地产比例占 57%。值得一提的是，较 2013 年而言，2014 年能够接受500 万元以上豪宅的客户群已经占到 5%。

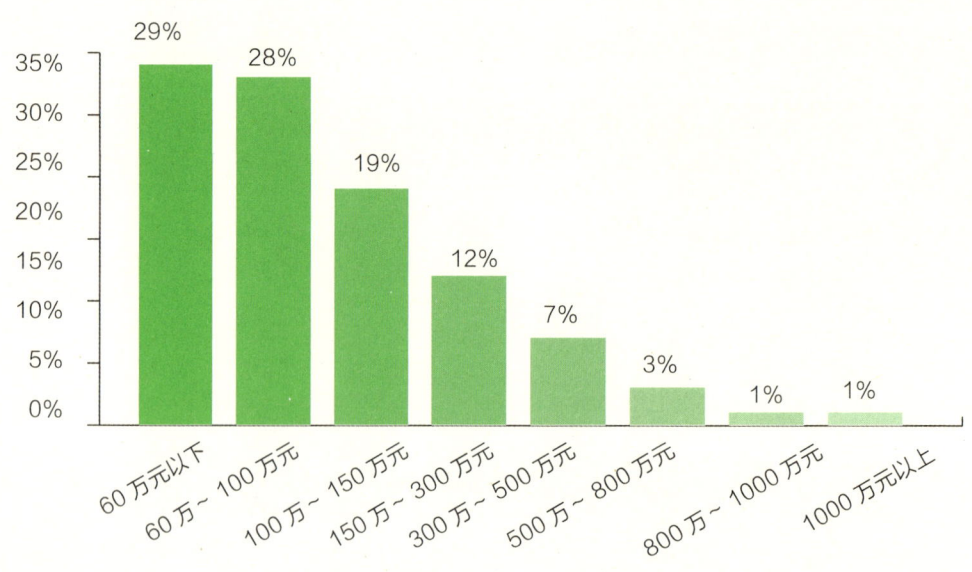

图 1-16　2014 年我国居民旅游地产置业价格承受能力

　　信息获取渠道： 纸质的旅游地产项目信息传播作用最小，受众群所占比例极小，而相对的网络宣传效果会有一个大的提升，其中网络广告占到 33%。

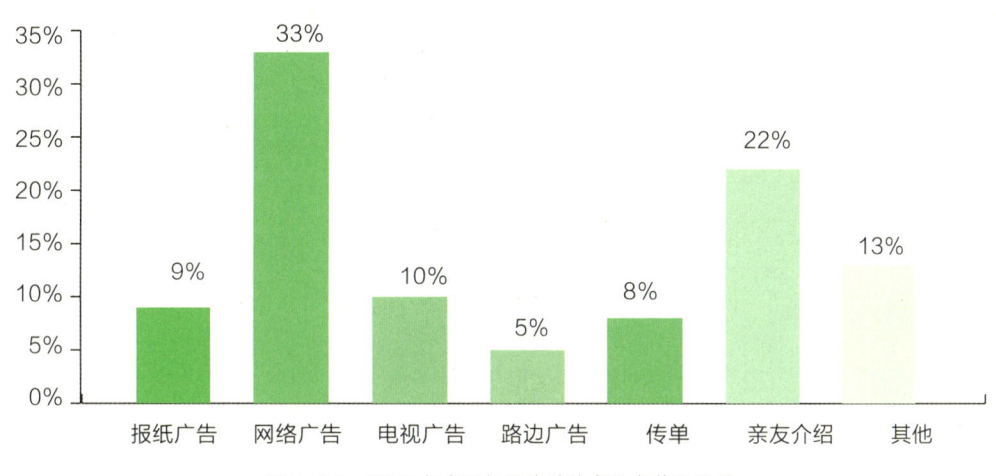

图 1-17　2014 年我国居民旅游地产信息获取渠道

　　度假物业企业品牌偏好： 数据显示潜在置业者在购买度假物业时，大部分人会受到开发商企业品牌的影响，甚至有 21.6% 的受访者表示只会购买某些特定企业开发的旅游地产。

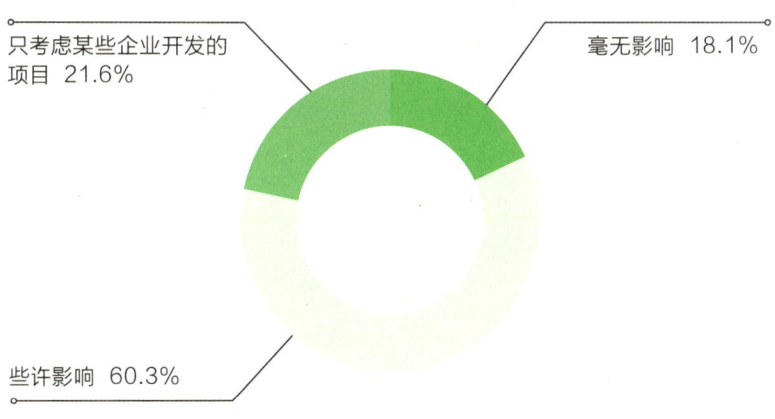

图 1-18　2014 年我国居民对旅游地产度假物业购买的企业品牌偏好

分时度假概念知晓度：全国范围内，曾经买过分时度假房子的客户仅为5%，而听过分时度假概念的人接近60%，这说明分时度假在当下的旅游地产环境中会越来越有市场。

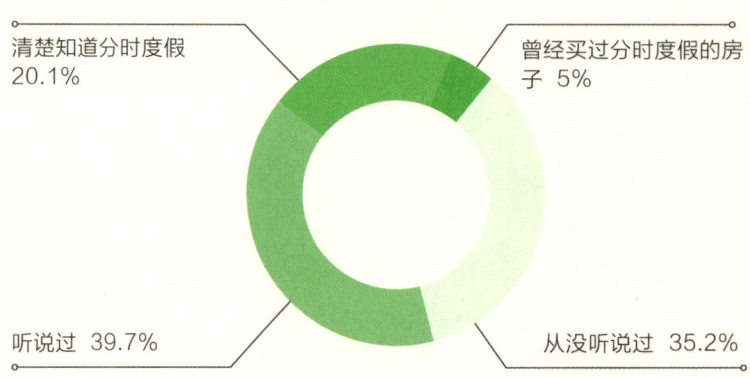

清楚知道分时度假 20.1%

曾经买过分时度假的房子 5%

听说过 39.7%

从没听说过 35.2%

图 1-19　2014 年我国居民对分时度假概念了解程度

分时度假产品偏好：调查显示，受访者在对于购买分时度假产品偏好上，有31.4%的人表示想要购买分时度假产品会员卡，紧随其后的是购买分时度假产权物业，占比达到28.9%。

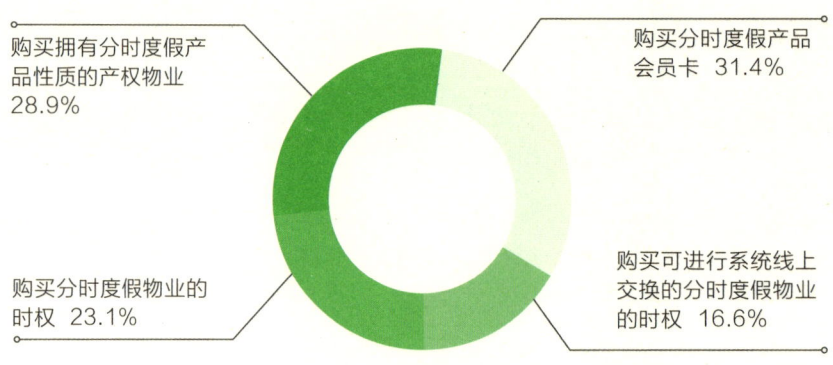

购买拥有分时度假产品性质的产权物业 28.9%

购买分时度假产品会员卡 31.4%

购买分时度假物业的时权 23.1%

购买可进行系统线上交换的分时度假物业的时权 16.6%

图 1-20　2014 年我国居民对分时度假产品偏好

CHAPTER 2
第二章

2014年中国旅游地产
区域特征

海南板块

西南板块

长三角板块

环渤海板块

两广板块

闽东南板块

　　根据 CRIC 对旅游地产项目所属区域的统计与分析，发现海南、长三角、环渤海三大区域的旅游地产项目分布最多，这三大区域的旅游地产项目数量约占全国总数的 50% 以上。虽然闽东南旅游业发达，但该区域旅游地产项目占比最少，仅为 3%。

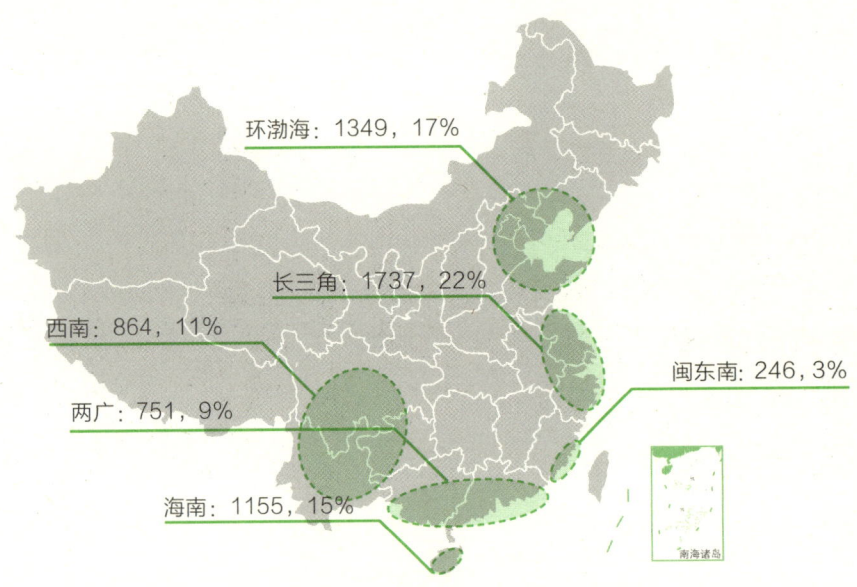

图 2-1　2014 年中国旅游地产项目区域分布特征

　　相比较于 2013 年，2014 年旅游地产的区域分布集中程度有所改变，传统六大区域的旅游地产项目数量占全国旅游地产项目数量的比例下降了 12%。海南区域的旅游地产项目数量占比下降程度最大，下降了 30%。而西南、长三角、两广三个区域，旅游地产所占比例均有不同程度的上升：截至 2014 年底，西南上升了 5 个百分点，长三角区域旅游地产项目数量全国占比，由 2013 年的 19% 上升至 22%，两广也提升 2 个百分点。

图 2-2　2012～2014 中国旅游地产重点区域项目占比变化

一、海南板块

2014 年海南旅游地产面对的仍然是"高库存"的问题,在市场压力加大,消费者回归理性的背景下,2014 年海南房地产开发投资额相较于 2013 年,仅增长 5.5%,为 1431.65 亿元。

图 2-3　2006 ~ 2014 年海南省房地产开发投资情况(数据来源:海南省统计局、CRIC2014)

(一)2014 年海南旅游地产市场供给特征

截至 2014 年底,海南共有 1155 个旅游地产项目,其中海口旅游地产项目数量占海南区域的 50% 以上。从旅游地产用地规模来说,截止 2014 年底,海南旅游地产用地规模达到 9060 万平方米,其中海口、三亚和文昌规模较大, 分别为 1730.1 万平方米、528.4 万平方米和 574.4 万平方米。

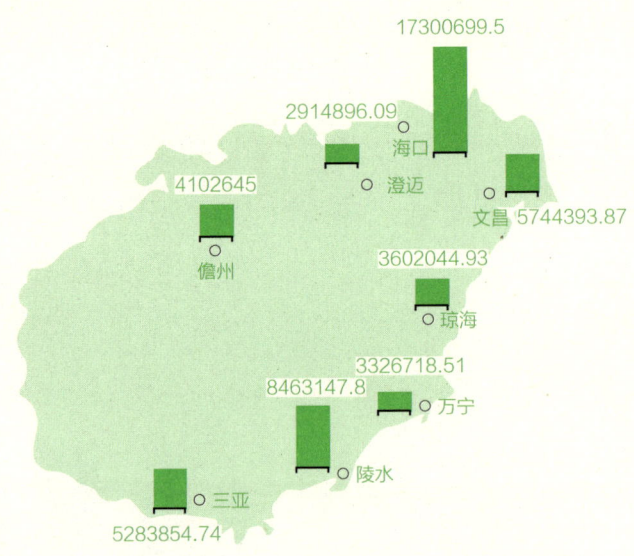

图 2-4　截至 2014 年海南重点城市的旅游地产用地规模（单位：㎡）

2014 年，海南区域重点城市中，陵水、万宁、文昌的旅游用地出让均价均有增长，相对而言，陵水和文昌的土地出让均价涨幅较大，分别为 66.1% 和 40.4%。海口和三亚旅游地产起步时间早，持续时间长，旅游地产项目众多。海南区域的高空置率势必会影响到开发商在这些旅游地产项目云集城市拿地的积极性。

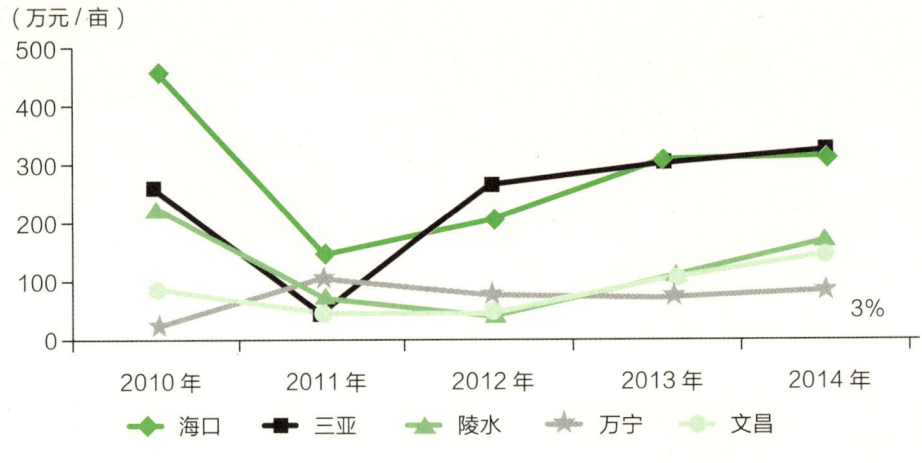

图 2-5　2010～2014 年海南重点城市旅游用地出让均价变化

2014 年海南旅游用地数据显示海口依旧是旅游用地出让面积最多的城市，2014 年，海南重点城市旅游用地累计出让量为 214.7 万平方米，与 2013 年相比，有所下降，2014 年海南重点城市旅游用地出让总价为 66.6 亿元。2014 年，旅游用地出让单价最高的并非三亚，但最高单价地块位于三亚，该地块单价达到 1354.5 万元 / 亩。

2014 年海南重点城市旅游用地出让情况　　　　　　表 2-1

	城市	出让面积 （万 m²）	平均容积率	出让总价 （万元）	出让单价 （万元 / 亩）	最高单价 （万元 / 亩）	最低单价 （万元 / 亩）
第一梯队	海口	90.8	2.2	441248.0	321.6	1000.8	38.6
	三亚	38.9	0.7	144793.3	321.2	1354.5	152.5
第二梯队	文昌	2.50	2.0	5800.0	152.0	152.0	152.0
	陵水	13.0	0.5	34201.3	175.6	762.4	127.6
	万宁	1.2	0.7	1581.6	84.9	106.9	60.2
第三梯队	琼海	60.9	0.8	33661.3	36.9	91.3	17.1
	澄迈	7.4	1.6	4669.0	41.9	87.9	21.4
合计	合计	214.7	—	665954.5	—	1354.5	17.1

（二）2014 年海南旅游地产市场成交特征

据统计，2014 年海南省四大重点城市海口、三亚、文昌、陵水，商品房成交达到 85340 套，比 2013 年提升了 7.6 个百分点。其中 2、3、4、5 月市场上出现了供不应求的状态。从 4 月份开始，商品房成交均价有缓慢上升趋势。

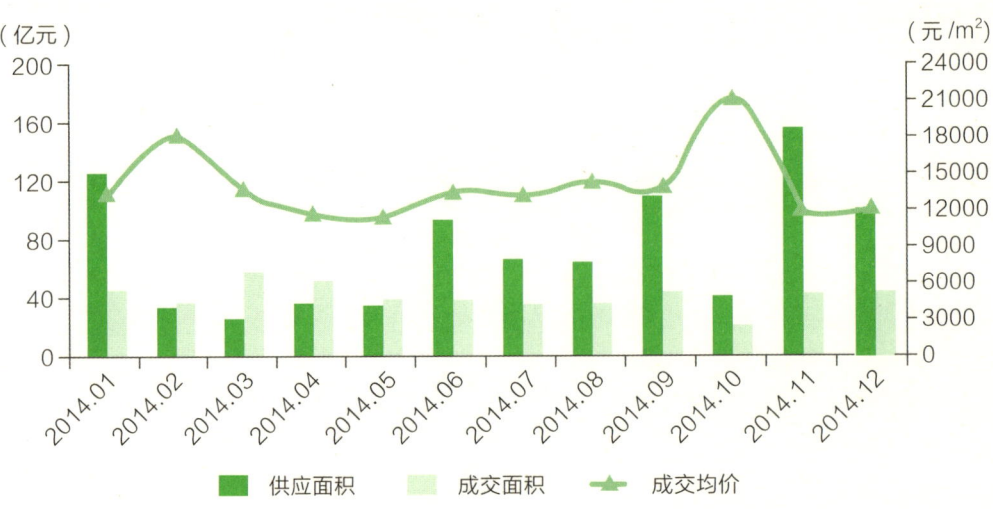

图 2-6　2014 年海南四大市县城市（海口、三亚、文昌、陵水）商品房成交量价表现

　　2014 年 7 月，海口取消限购，这对海口的旅游地产无疑是一福音，自 2014 年 7 月以来，海口的商品房成交面积均在 30 万平方米左右。鉴于海南高库存的大环境下，海口也保持以价格换取销量的策略，2014 年海口商品房成交均价处于 8000 元 / 平方米左右。

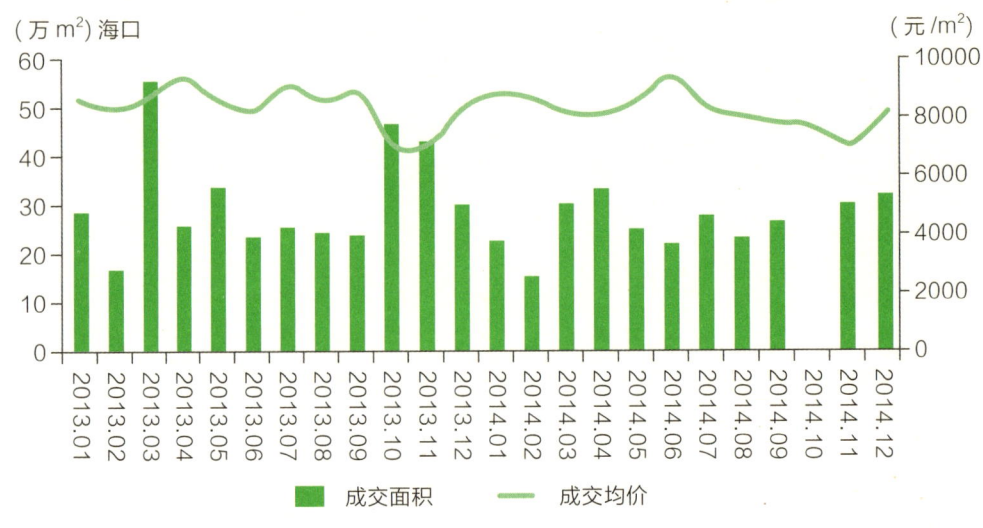

图 2-7　2013 ~ 2014 年海口商品房成交量价表现

2014 年，房地产政策一改过去限购、限贷、限价等政策全面束缚，回归市场主导常态。三亚的商品房交易市场价格也有所波动，2013 ~ 2014 年，两年来成交均价最高值出现在 2014 年 7 月，均价最高值为 31701.89 元 / 平方米。

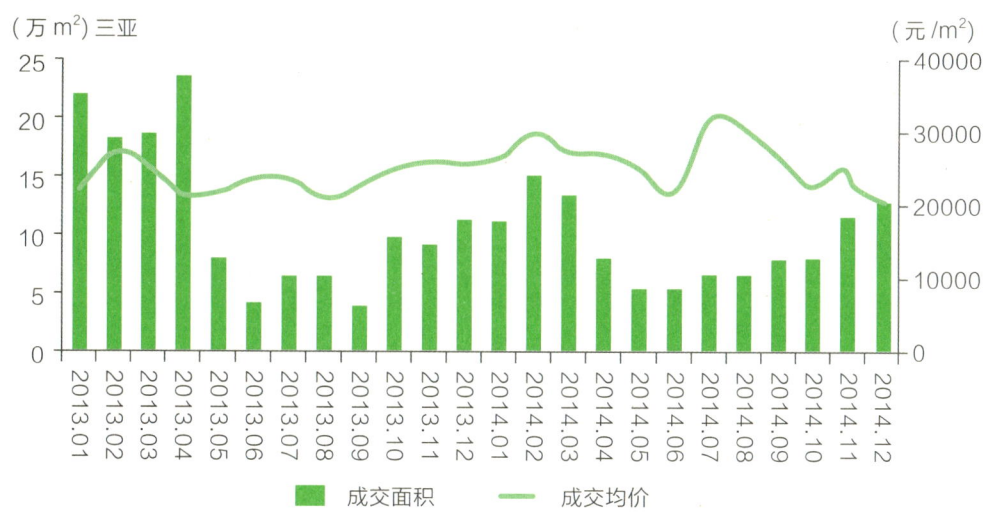

图 2-8　2013 ~ 2014 年三亚商品房成交量价表现

2014 年海南房地产市场的销售冠军（按成交金额排定）依旧是雅居乐·清水湾，同比 2013 年的成交金额，上涨了 22.5%。同时中海九号公馆、金隅汇景苑两个项目也表现不俗，2014 年累计成交金额分别达到 61.6 亿元和 59.3 亿元，跃居海南区域销售排行第二、第三位。

2013 ~ 2014 年海南单体项目销售金额排行榜 表 2-2

排名	项目名称	成交金额（万元）	成交面积（万 m²）	排名	项目名称	成交金额（万元）	成交面积（万 m²）
	2013 年 1 ~ 12 月成交金额排名				**2014 年 1 ~ 12 月成交金额排名**		
1	雅居乐·清水湾	507521	22.34	1	雅居乐·清水湾	621808	31
2	半山半岛	437971	10.65	2	中海九号公馆	615867	11.6
3	鲁能·三亚湾新城	237805	9.94	3	金隅汇景苑	592716	27
4	碧桂园金沙滩	220000	32	4	半山半岛	562226	14.9
5	海口海航城	157586	31.44	5	花果园	556452	124.9
6	翠屏·凤凰水城	145779	5.28	6	臻园	520089	11.3
7	华润石梅湾	145000	6.6	7	花木绿城锦绣兰庭	483266	8.5
8	陵水富力湾	136112	7.61	8	绿城·上海御园	436645	9.6
9	和泓·假日阳光	128526	8.73	9	佳兆业城市广场	397527	17.1
10	中信·半岛云邸	123120	3.59	10	北城世纪城	387165	78.8

（三）2014 年海南旅游地产市场项目特征

截至 2014 年年底，海南共 1155 个旅游地产项目，海南兆南地产仍旧是海南的开发商之首，至 2014 年，兆南地产在海南旅游地产已经达到 9 个。其次是佳元地产和鲁能地产，佳元累计开发 8 个项目，鲁能累计开发 7 个项目。

海南主力开发商开发项目数一览表 表 2-3

序号	开发商	项目数
1	兆南地产	9
2	佳元地产	8
3	鲁能地产	7
	中信地产	7
	金手指地产	7
	城建设地产	7
	昌茂地产	7
4	宝安地产	6
	大兴地产	6
	海航地产	6
5	衍宏地产	5
	昌达地产	5
	金福隆地产	5

从单体项目占地规模来看，海南板块的旅游地产偏好于较小规模的项目。据统计，截至2014 年底，有 57% 的项目占地面积段在 5 万平方米以下。而 50 万平方米以上项目所占比例微小，仅为 2%。

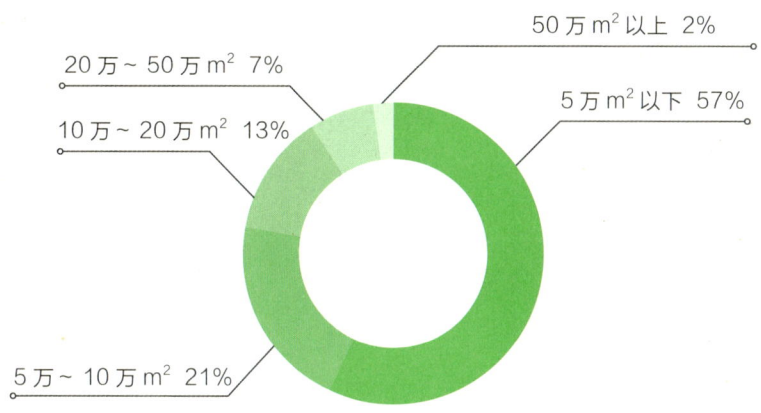

图 2-9 2014 年西南单体旅游地产项目不同规模占比

从项目引擎来看，海南超过一半的旅游地产项目以单一引擎为驱动。但随着旅游地产产品的激烈竞争，单一的引擎已经不能满足旅游地产客户需求，复合驱动引擎项目数量占比较2013 年上升了 4 个百分点，达到 18%。

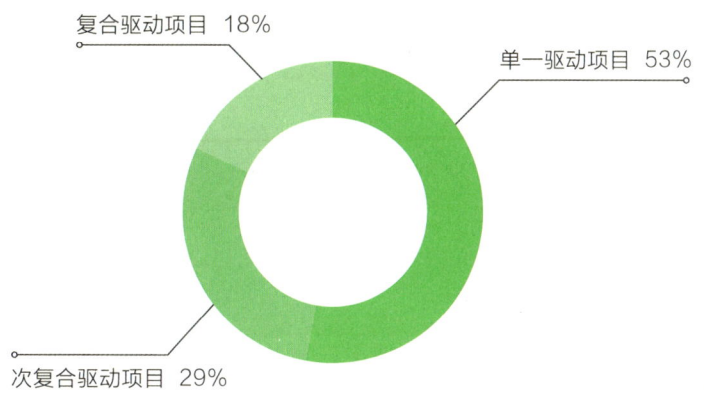

图 2-10 2014 年海南旅游地产项目类型结构

海南本身的旅游资源丰富，2014年，海南区域项目引擎的应用最多的是酒店，截止到2014年底，项目数量达到278个。与此同时，海南区域以高尔夫作为引擎的旅游地产也有所增加，达到95个。

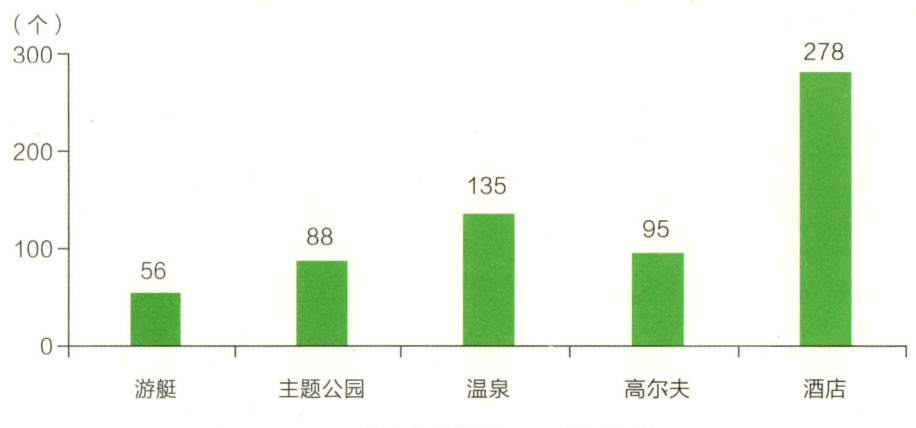

图 2-11　2014年海南旅游地产项目引擎利用情况

海南区域打造的旅游地产多以公寓为主，共计961个，而别墅比例只占到23%左右。由此可见，在海南这样一个发达的旅游城市，容积率高的旅游地产项目更符合市场需求。

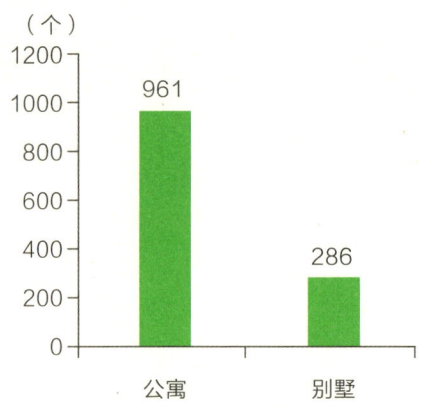

图 2-12　2014年海南旅游地产项目物业结构

（四）2014 年海南旅游地产市场客户特征

客源结构： 海南的房地产置业者一直是以三北著称，即东北、北京、西北，这些老牌的客群仍然是海南的主力客群。大三亚地区作为海南旅游地产发展的主力，其客源结构在海南极具代表性。2014 年大三亚地区置业客群中东北三省客户占比达 39%，相对于北方寒冷的气候，三亚的舒适宜人成了东北三省客户休闲度假的不二选择。另外，环渤海和长三角区域客户共计占比为 26%。

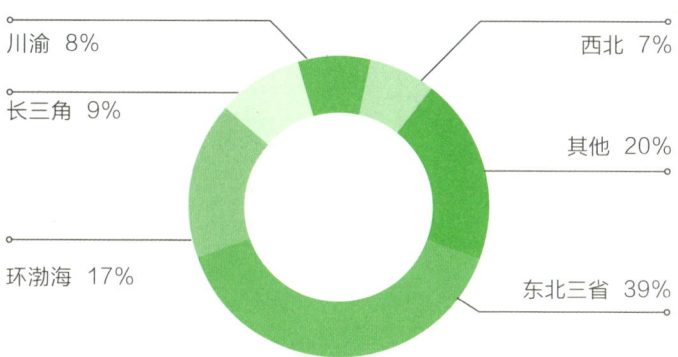

图 2-13　2014 年海南大三亚旅游地产置业客户区域分布特征

置业目的： 旅游地产不仅仅只有旅游度假的作用，2014 年，很多客户看中海南旅游地产的投资价值，2014 年，购置海南旅游地产作为投资作用的占 19%。

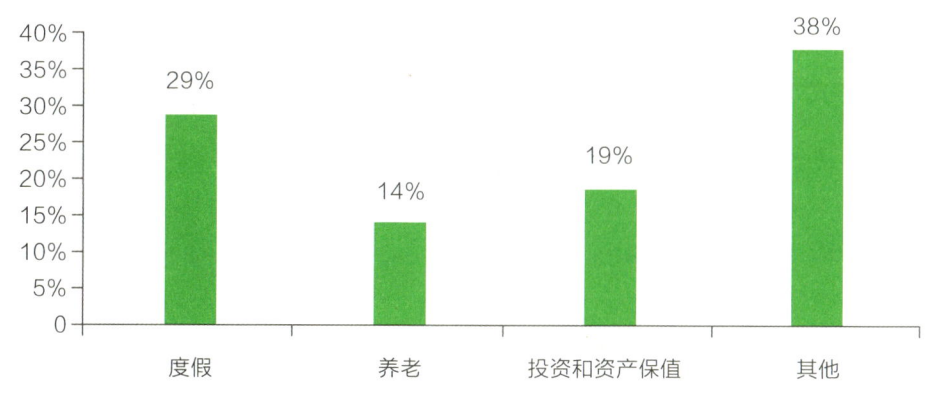

图 2-14　2014 年海南旅游地产意向置业者置业目的分析

置业关注配套资源：海南旅游地产配套资源中，选择海景的超过 50%。除了海景资源，有 30% 的置业者会考虑温泉资源，这对海南旅游地产来说，产品的丰富多样性是客户想看到的。

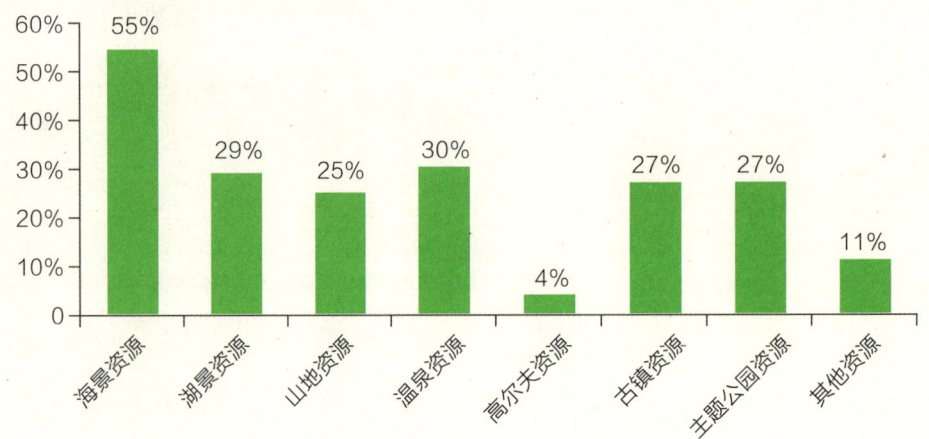

图 2-15　2014 年海南旅游地产意向置业者置业目的分析

物业类型：根据统计，2014 年的海南旅游地产比较受欢迎的物业类型是别墅，所占比例几乎接近一半，为 48%。产权式公寓的比例占到 11%，对于海南旅游地产的高空置率，产权式公寓的前景会较为明朗。

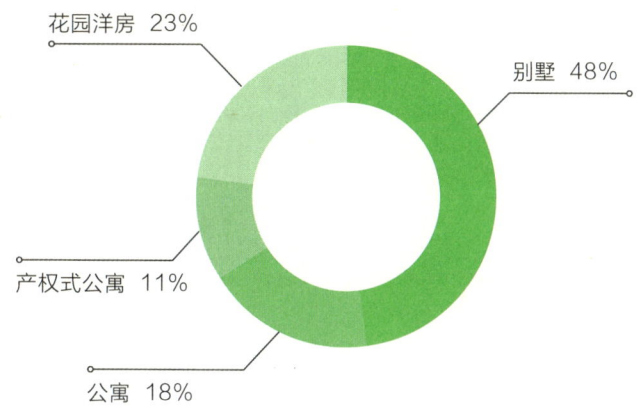

图 2-16　2014 年海南旅游地产意向置业者户物业类型偏好

　　价格偏好：潜在客户对于海南的旅游地产，更能接受的价格为 100 万元以下，其比例占 71%。潜在客户的物业类型偏好由公寓转到别墅，但是真正考虑到价格问题，可能会做不同选择。

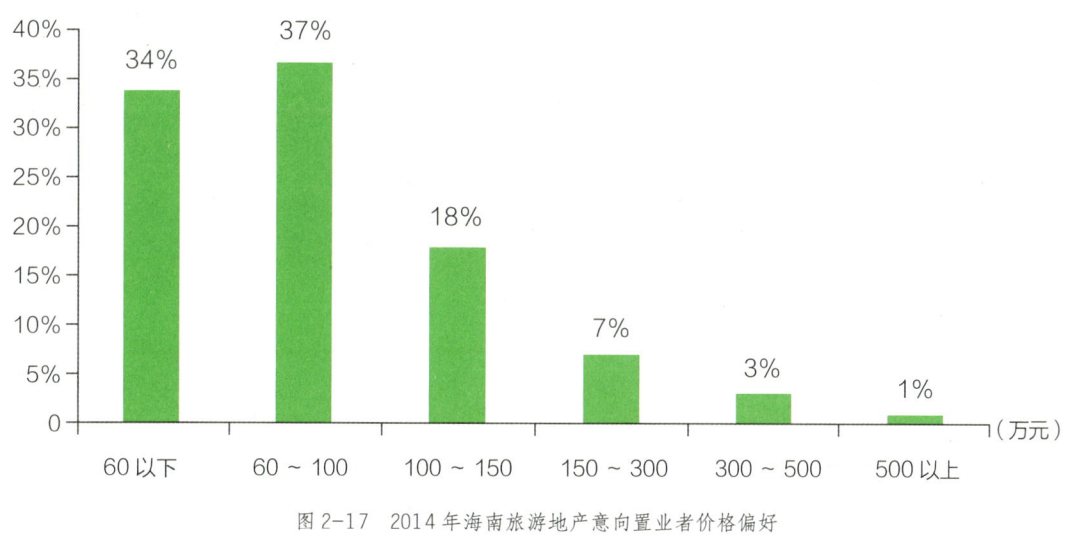

图 2-17　2014 年海南旅游地产意向置业者价格偏好

　　面积段偏好：不管是度假还是投资，面积段在 70 ～ 150 平方米的户型颇受客户偏好，比例为 70%。而太小或者太大的面积段，客户选择的较少，总计占比仅为 12%。

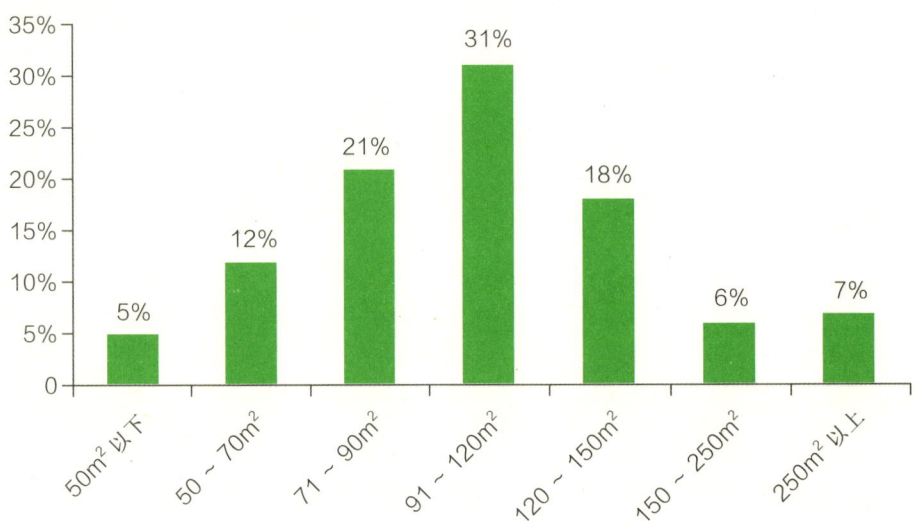

图 2-18　2014 年海南旅游地产意向置业者面积段偏好

（五）海南典型项目——世茂·怒放海

　　海南作为旅游地产发展成熟的区域，2014年，海南众多旅游地产项目中，世茂怒放海是一个不得不提的项目，该项目不管是外部海景资源还是内部度假配套均可圈可点。项目依托月亮湾国际旅游度假区，打造为集星级酒店、旅游度假区、生态社区、康体养生和青年智谷等多种功能业态于一体的滨海旅游度假社区，也标志着世茂"旅居地产"模式正式进入了海南市场。

世茂怒放海项目概况 　　　　　　　　　　　　　　　表 2-4

项目位置	海南省文昌市龙楼镇月亮湾北部	物业类型	别墅、洋房、公寓、商铺
占地面积	833333m²	建筑面积	590000m²
开盘时间	2013 年 12 月	内部配套	名车俱乐部、18 洞高尔夫球场、网球俱乐部、9 个五星级酒店、熙康疗养中心、商业区
容积率	0.75	绿化率	40%
开发商	文昌世茂置业有限公司	物业公司	上海世茂南京物业服务有限公司

区位交通：世茂月亮湾地处海南文昌市的东海岸，与海上仙境七洲列岛隔海相望，东面是美丽的月亮湾，西侧为亚洲最大的航天城和国家体育运动公园，南临铜鼓岭国际化生态旅游区。

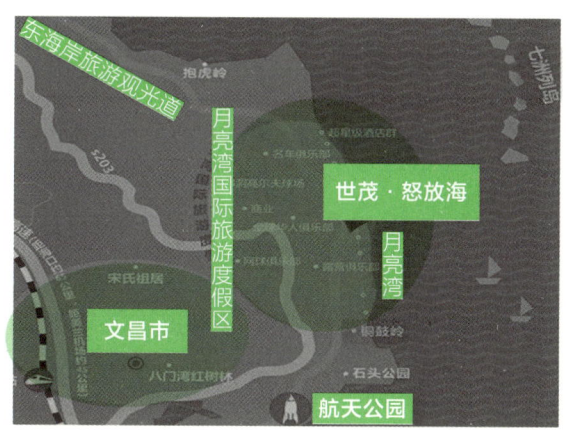

图 2-19　世茂·怒放海项目的区位交通图

整体规划：世茂·怒放海被定位为旅居地产，规划包含旅游资源配套设施区和居住区。世茂·怒放海项目占地 1250 万亩，分为四期开发，一期已于 2012 年 5 月开始开发，预计 2015 年 12 月竣工，剩余正在规划中。

图 2-20 世茂·怒放海项目总体规及分期示意图

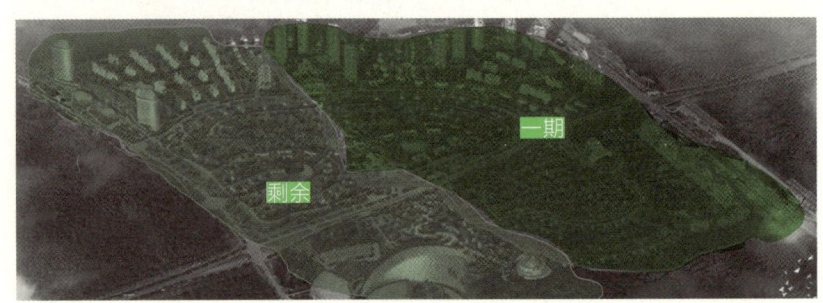

图 2-21 世茂·怒放海项目一期规划图

配套规划：项目配套设施包含名车俱乐部、18 洞高尔夫球场、网球俱乐部、9 个五星级酒店、全球华人俱乐部、网球俱乐部及露营俱乐部。

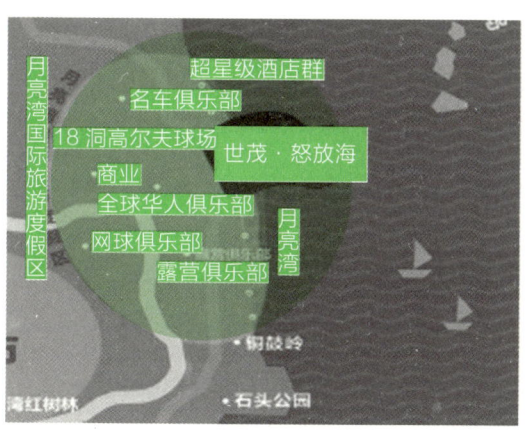

图 2-22　世茂·怒放海项目配套规划图

项目一期产品：项目一期占地 445.04 平方米，建筑面积 36.6 万平方米，产品共有 3500 户，产品组合包括多层、高层、洋房、别墅。

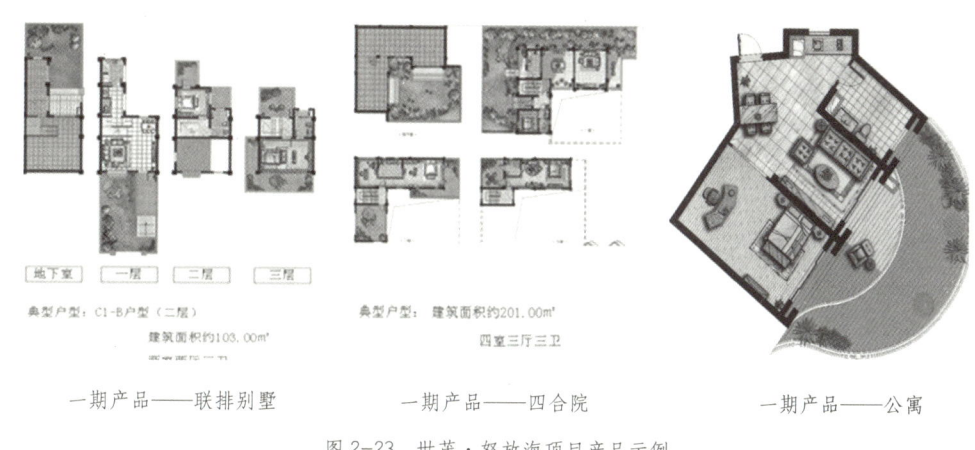

一期产品——联排别墅　　　　一期产品——四合院　　　　一期产品——公寓

图 2-23　世茂·怒放海项目产品示例

世茂文昌怒放海远离城市喧嚣生活但交通便捷，项目旅游资源丰富，在世茂的精心打造下成为 "海居生活圈"、旅居地产代表、文昌海岸新生活的地标。

（六）2014 年海南值得关注的旅游地产项目一览表（排名不分先后）

2014 年海南值得关注旅游地产项目　　　　　　表 2-5

项目名称	总建面（万㎡）	项目特色
世茂·怒放海	59	开启旅游度假 3.0 版旅居生活
鸿坤·山海墅	24	海南首个以禅意文化为主题的高端度假功能社区
亚龙湾·龙溪悦墅	11.4	别墅区的容积率仅有 0.28
恒大棋子湾	20	200 亿打造全国最大的 3000 亩海上运动中心，63 类深度玩海项目
中南林海间	8.4	海南罕有的原生态"山林海"阶梯式独特观景视角
海口恒大外滩	55	300 米超高城市综合体，海景最高楼
荣昱月亮湾	18	重金打造 6000 平方米奢华会所； 引入水疗酒店行业标杆——OSOTTO 水疗服务
恒大海口文化旅游城	138	项目规划包括 5 国特色温泉馆、6 国特色风情酒店
山湖海	26.6	强调与自然的融合、渗透采用滨湖环境设计
观澜湖新城	26.4	打造首家高尔夫概念度假酒店——丽思卡尔顿酒店

（七）专家看市场

海南旅游地产市场 2015 年终总结——海南的"两极化"

2014 年很难用数据去解读海南市场，因为皆为一片下降态势，无论是土地的供应成交规模，还是商品房的成交规模，与 2013 年相比都有较大下浮。但这种下降态势该如何解读呢，是否就代表海南旅游地产市场又一次进入了下行通道吗？笔者的答案是否定的。

我们纵观海南以往的数据起伏，会发现海南市场存在一个 2 ~ 2.5 年的短周期规律，在经历过一个成交小高峰后，市场均会在接下来的 2 年左右时间内有一个下行，但这种短周期的波动幅度伴随着海南旅游地产市场的逐步成熟而有所减缓。故此，在经历过 2013 年以"度假刚需"为支撑的小阳春市场后，2014 年以来度假刚需市场的后续力量有些薄弱，导致市场的持续下行。这样的市场状况便产生了 2014 年海南市场的三大现象，即：政策频出、两极分化、市场扩容。而这三大现象也充分体现出了海南市场在 2014 年所表现出的不同层面的"两极化"。

首先是市场结构的"南北两极化"。2014 年的海南市场可谓是"政策大年"，并且呈现出了琼北与琼南地区的冰火两重天现象。年初三亚停建"小房子"（限制 80 平方米以下小户型），10 月在全国一片放开限购的大势下，三亚特立独行"不取消"，都充分显示了三亚决心打造高端度假目的地的目标，在一定程度上抑制和影响了"度假刚需"市场。而与三亚相反，海口在 2014 年紧跟国家政策，做到了最及时的反应，通过购房入户、取消限购、重新划定学区房等政策手段，充分挖掘了海口的刚需市场潜力，有效推动了海口市场的稳定。这种南北迥异的现象主要根源于海口和三亚两地截然不同的市场结构，也即我们所说的南北两极化现象，伴随市场的演变，刚需市场在琼北地区的聚集度和重要性日益突出，而度假地产则进一步聚集到琼南地区。这种不同市场结构的聚集则产生了两个板块供应量呈现北增南降的态势。

其次是高端及中低端市场的急剧分化。虽然从总体数据来看，海南 2014 年是一个小年，但高端度假物业的成交则表现得一枝独秀，由于有良好的老客户资源和优越的稀缺性资源，海南的高端物业在一片市场萎缩中坚挺前行，表现尤其突出的则是亚龙湾及海棠湾区域。而中低端物业则受到 2014 年以来经济环境下行的影响，成交表现平平，甚至出现停滞的状态。这种态势将会伴随开发企业销售政策的调整以及整体楼市回暖的趋势而有所减缓，但在以三亚为核心的琼南地区，高端与中低端物业的分化将持续深化，其核心的原因是土地成本的持续走高，以及传统滨海度假区域的日益稀缺。

而第三个现象是市场扩容，这一现象所带来的则是"快速开发"与"缓慢开发"两种开发策略的分化。为何在市场萎缩时会出现市场扩容呢？核心原因是政策驱动和企业发展的内在需求。自 2013 年开始，海南深入执行闲置土地清理政策，促使大量闲置土地需要在两年内陆续开工入市，这将极大推进市场的供应量。但面对这样的政策压力，开发企业本身则会根据自身的资金实力和战略目标，选择"快速开发"与"缓慢开发"两个不同的策略来应对政府。但无论怎样，在政府的清理压力下，大部分项目都会从沉睡中苏醒，逐步走向市场，这个规模不容小觑。另一方面造成市场扩容的原因则是众多大型开发企业将海南上升为企业的战略发展要地，如恒大、绿地等，均在海南开启"大盘模式"。高举高打的开发模式，急速推进了海南的供应量，同时也推动了大型开发企业在海南拓展土地储备的节奏。由于海南东线市场土地的日益稀缺、进入壁垒，西线滨海区域日益成为开发企业的土地储备热土，这样的储备进程，必将导致市场的进一步扩容，同时也将推进"东西线市场"的分化。

2014 年对于海南地产市场而言是一个"现象年"，我们相信在上述三大现象的推进下，2015 年海南市场将持续进入"分化"时代，而非"下行"时代。

观点来源：CRIC 旅游地产事业部海南机构总经理 沈虹

二、西南板块

随着高速交通网络、高铁网络的全面铺开，西南地区交通可达性迅速提升。旅游地产兴起已经不是海南、东北的专利，西南板块旅游资源优厚，文化根基悠久，旅游地产正在迎头赶上，优厚的旅游资源开始吸引大批旅游投资商。各一线开发商争相在此布局，实现新的旅游地产战略。

（一）2014 年西南旅游地产市场供给特征

截至 2014 年底，西南共有 864 个旅游地产项目，其中成都和重庆旅游地产项目比例占到 66%，成都旅游地产项目为 277 个，重庆旅游地产项目为 297 个。重庆作为西南区域的重点城市之一，截止到 2014 年底，旅游地产项目用地量最大，达到 7961.2 万平方米。

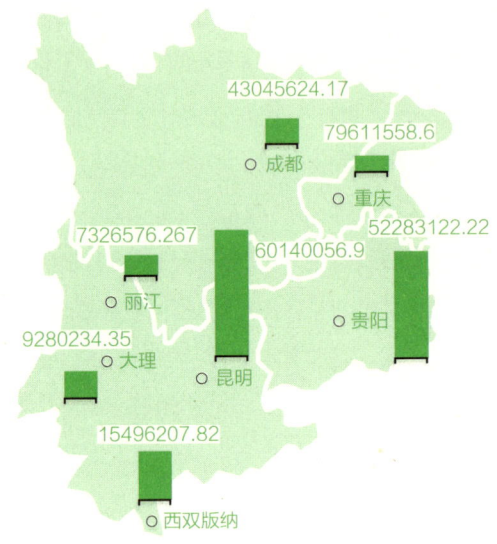

图 2-24　2014 年西南重点城市的旅游地产用地规模（单位：m^2）

2014 年西南旅游地产的土地出让均价变化幅度较大，2014 年，房地产行业很多面临转型，企业拿地尤为谨慎。近年西南的旅游地产很火，但是该区域重点城市的成交均价有不同程度的下调。除重庆之外，成都旅游用地成交均价下降 6.7%，贵阳旅游用地成交均价下调13.5%，昆明旅游用地成交均价下调 24%。

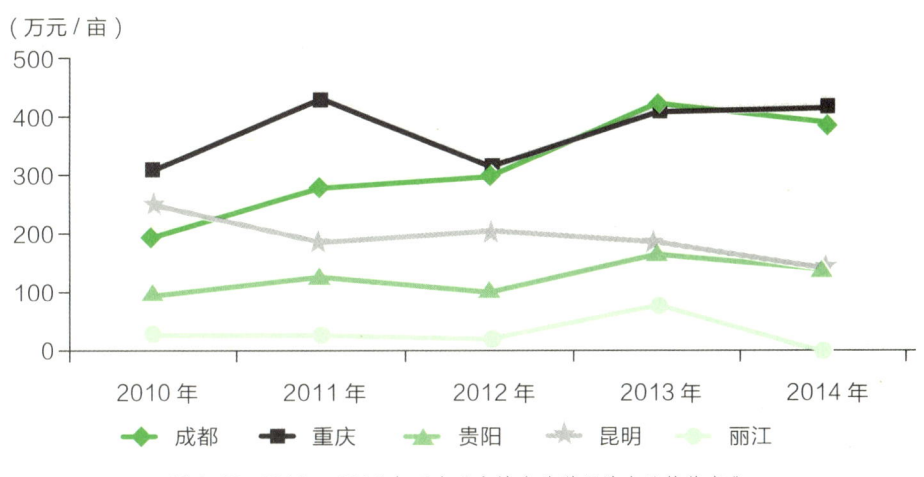

图 2-25　2010 ～ 2014 年西南重点城市旅游用地出让均价变化

从 2014 年旅游出让用地情况可以看出，西南区域重点城市旅游出让用地共计 3116.4 万平方米，出让总价达到 1578 亿元，而重庆是西南板块旅游用地出让均价最高的城市，其次是成都和贵阳。

2014 年西南重点城市旅游用地出让情况　　　　表 2-6

	城市	出让面积（万㎡）	平均容积率	出让总价（万元）	出让单价（万元/亩）	最高单价（万元/亩）	最低单价（万元/亩）
第一梯队	成都	1251.2	3.1	7396694	394.1	4131.2	74
	重庆	1，077	2.5	6737759	417	367	16.8
第二梯队	贵阳	186.2	2.8	413254	148	3168	17.6
	昆明	578.2	1.8	1224546	141.2	2929.6	11
第三梯队	曲靖	23.7	0.9	7629.79	22.2	33	12.7
	总计	3116.4	—	15779882	—	4131.2	11

（二）2014 年西南旅游地产市场成交特征

2014 年，西南旅游地产四大重点城市商品房的成交面积累计为 5469 万平方米，商品房成交均价为 6769 元 / 平方米。从成交均价波动来看，西南区域重点城市的商品房成交均价于 2014 年 8 月达到最高值，8 月商品房成交均价为 8016.3 元 / 平方米。

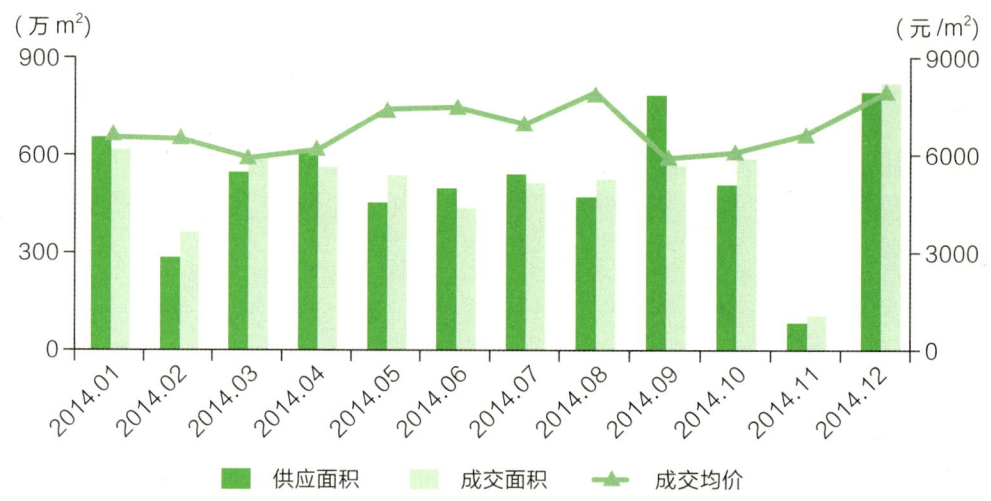

图 2-26 2014 年西南旅游地产重点城市（昆明、重庆、成都、贵阳）商品房累计成交情况

从西南板块重点城市来看，昆明总体上的成交量与历史高位的 2013 年相比基本接近，甚至存在超越的可能，这也透露出楼市已经被近期利好局部激活的局面。而成都的商品房成交均价呈稳中有小的上升的趋势。2014 年，重庆商品房成交面积每月总体呈上升状态。

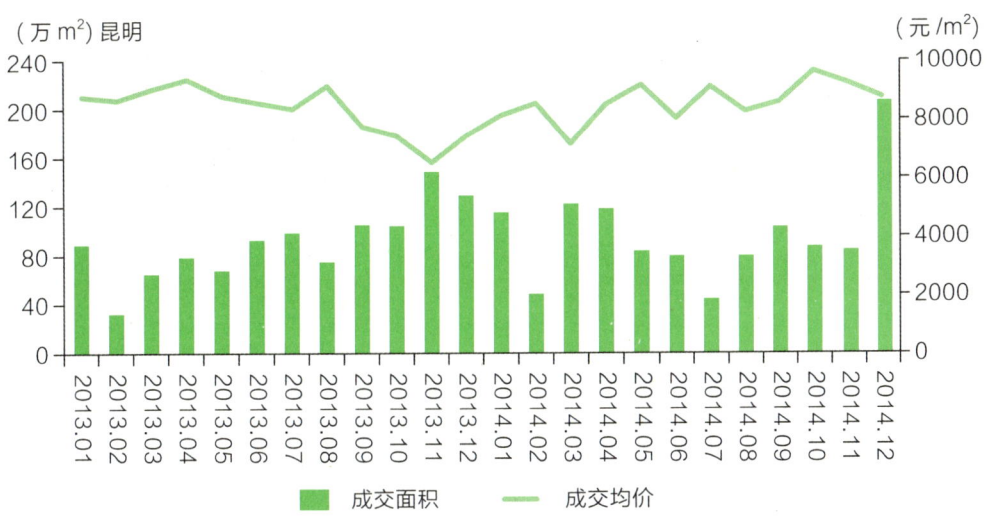

图 2-27 2013 ~ 2014 昆明市商品房成交量价情况

图 2-28 2013 ~ 2014 成都市商品房成交量价情况

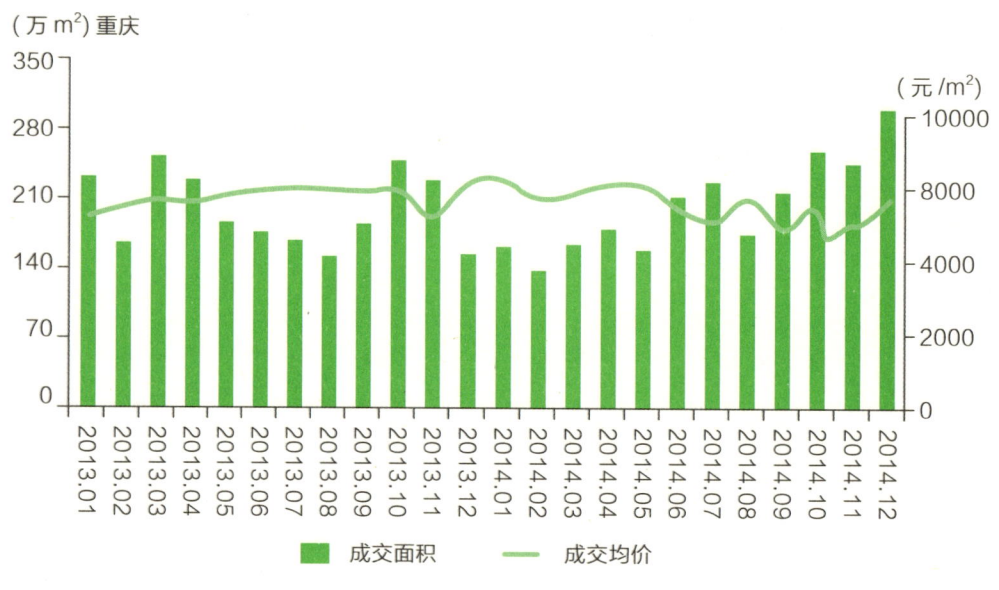

图 2-29　2013～2014 重庆市商品房成交量价情况

从典型项目成交情况来看，销量较佳的项目在面对 2014 年房地产市场的严峻形势下，各自施展，以达到年度销售目标。首铸千禧河畔是通过以价换量的方式来主导，而花果园和天宇澜山项目对产品大有信心，通过价格提升，达成销售目标。

2013 年与 2014 年西南单体项目成交面积均价对比　　　　　表 2-7

	首铸千禧河畔 （成都）		庆隆南山高尔夫 （重庆）		花果园 （贵阳）		天宇澜山 （昆明）		乐湾国际 （贵阳）	
	面积 （万 m²）	均价 （元/m²）	面积 （万 m²）	均价 （元/m²）	面积 （万 m²）	均价 （元 m²）	面积 （万 m²）	均价 （元/m²）	面积 （万 m²）	均价 （元/m²）
2013 年 1～12 月	10.6	5934	13.6	10073	329	4286	26.6	3364	7.2	11503
2014 年 1～12 月	10.7	5809	9.3	9959	124.9	4453	9.15	7375	4.7	9156
涨幅	0.94%	-2.1%	-31.6%	-1.1%	-62%	3.9%	-65.6%	119%	-34.7%	-20.4%

（三）2014 年西南旅游地产市场项目特征

2014 年西南地区的旅游地产项目有 864 个。保利地产在西南区域开发的旅游地产项目已累计至 16 个项目，排名第一；其次是万科和龙湖；作为房地产业的佼佼者，万科在西南的旅游地产项目有 11 个；龙湖紧跟其后，在西南区域有 10 个旅游地产项目。

	西南板块主力开发商开发项目个数一览表	表 2-8
序号	开发商	项目数
1	保利地产	16
2	万科城投	11
3	龙湖地产	10
4	城投地产	9
5	金科地产	8

从单体项目占地规模来看，53% 西南的旅游地产项目规模在 10 万平方米以下，2014 年的房地产开发商在项目的选择上偏好于面积适当的项目。而相较于 2013 年，50 万平方米以上的下降了 4 个百分点。

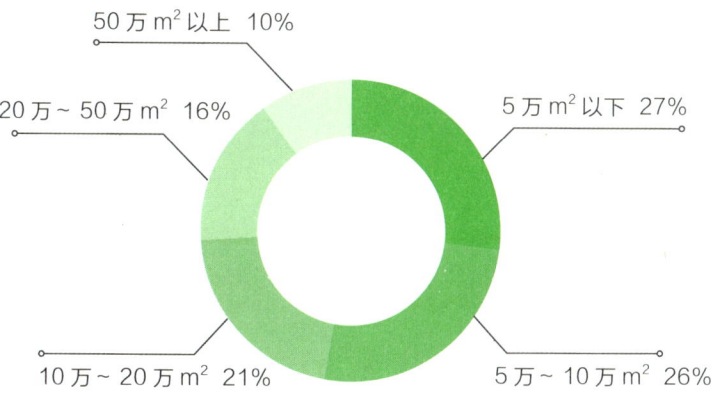

图 2-30 2014 年西南旅游地产不同规模项目占比

从项目类型来看，西南旅游地产的驱动引擎以单一驱动项目为主，占到66%。2014年，房地产市场风云变幻，开发商在投资选择上着实谨慎，选择复合驱动的只占1%。

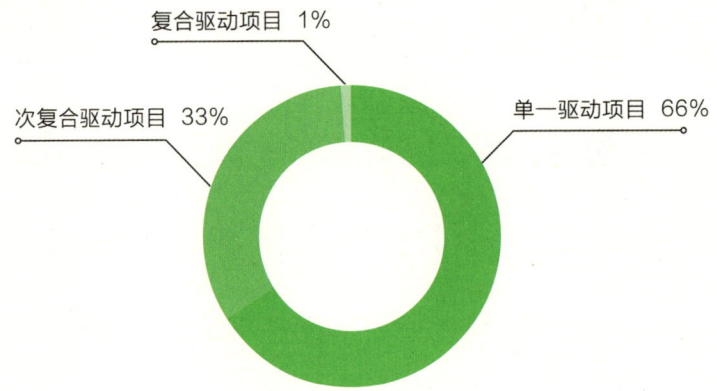

图 2-31　2014 年西南重点城市旅游地产项目类型结构

从常用引擎产品的应用情况来看，西南区域的以酒店做为内部引擎的占到47%。此外，以高尔夫为引擎的项目数量也在递增，增至57个。

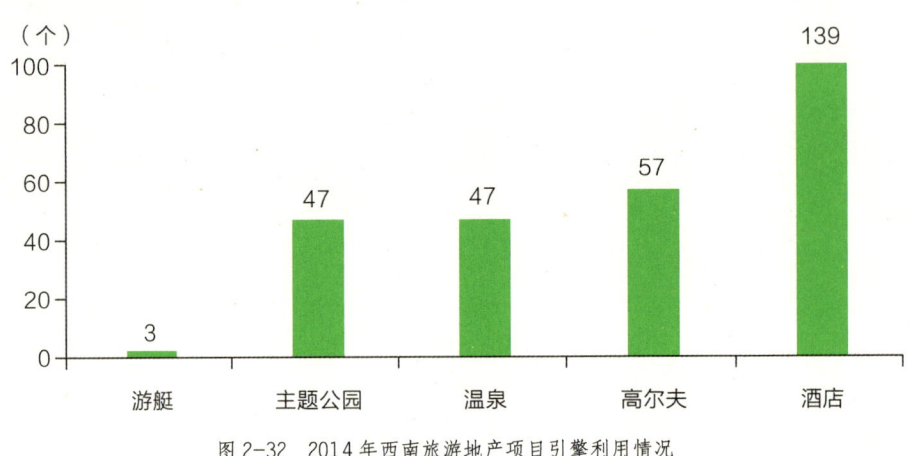

图 2-32　2014 年西南旅游地产项目引擎利用情况

从物业类型看，西南区域开发旅游地产以公寓物业类型为主，2014 年，物业类型为公寓的旅游地产项目占三分之一左右。西南区域旅游地产正在高速发展，相信后期的别墅物业比例会有所增加。

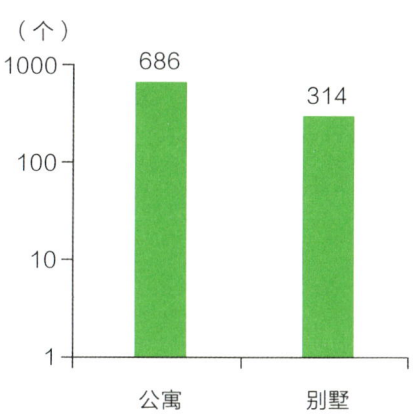

图 2-33　2014 年西南旅游地产项目物业结构

（四）2014 年西南旅游地产市场客户特征

客源分布：西南区域的客户来源分布极广，西南地区凭借着优厚的自然资源吸引的是全国各地的旅游地产置业者。

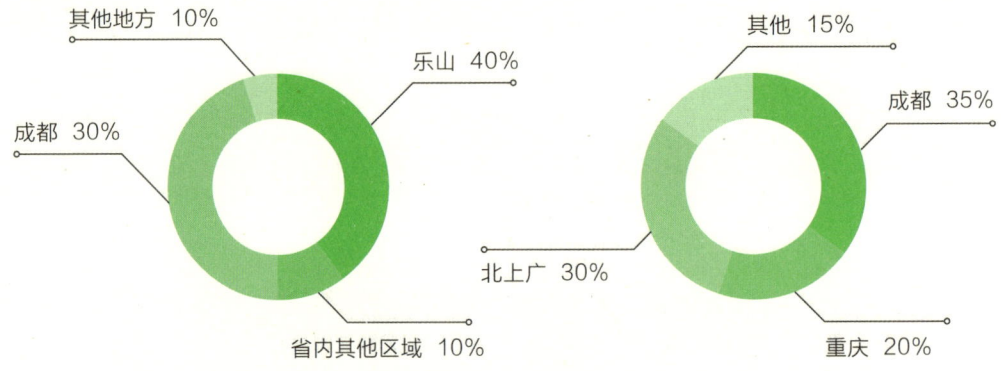

图 2-34　峨嵋青庐项目置业客户区域分布　　　图 2-35　雅居乐云南原乡项目置业客户区域分布

　　置业目的： 数据显示，西南地区的旅游地产多以休闲度假为主，比例占到 45%。西南区域相对于其他区域，交通便捷性有待提高，置业客户选择投资的比例在减少，一方面由于西南区域旅游地产的成熟度提升，另一方面，旅游地产投资产品选择多样。

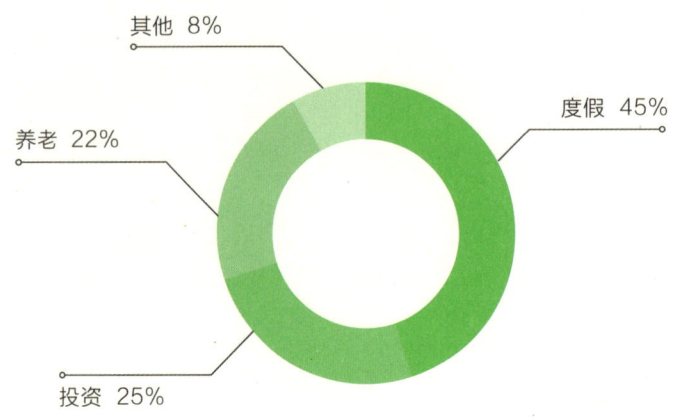

图 2-36　2014 年西南地区旅游地产意向置业者置业目的分析

　　景观资源偏好： 旅游地产潜在客户最偏好海景资源，选择海景资源的占比 73%。另外，现在的人员都注重养生康健，温泉近期也是受访者喜爱的资源。

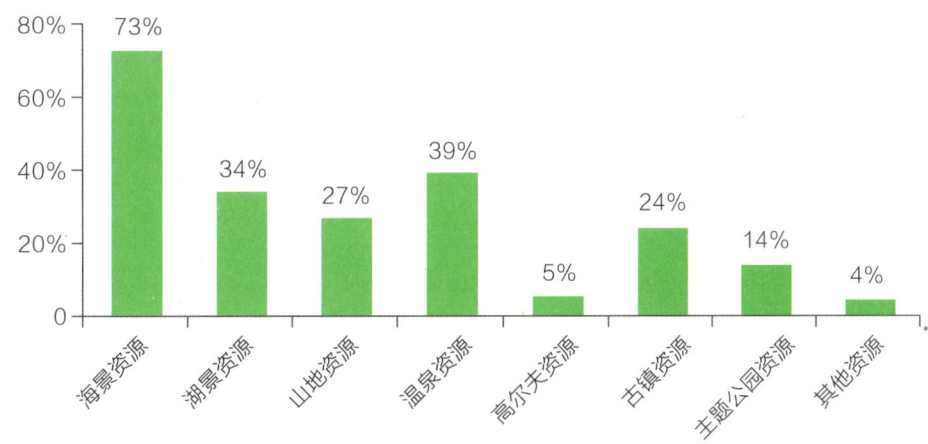

图 2-37　西南板块旅游地产意向置业者景观资源偏好

配套设施偏好： 西南区域的 客户偏好购物配套和餐饮配套，选择购物配套占 47%，餐饮配套占 65%，同时医疗配套也成了现在旅游地产项目不可缺少的卖点。

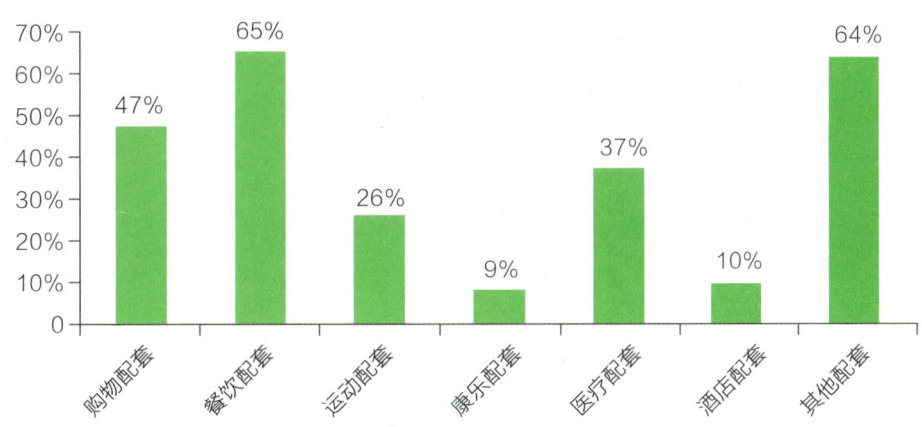

图 2-38　2014 年西南板块旅游地产意向置业者配套设施偏好

物业类型偏好： 西南板块客户偏好物业类型是别墅，占比 43%，而洋房和公寓的占比也达到了 19% 和 20%。受访者表示对于度假和投资两不误的产权式公寓也可以考虑，选择占到 14%。

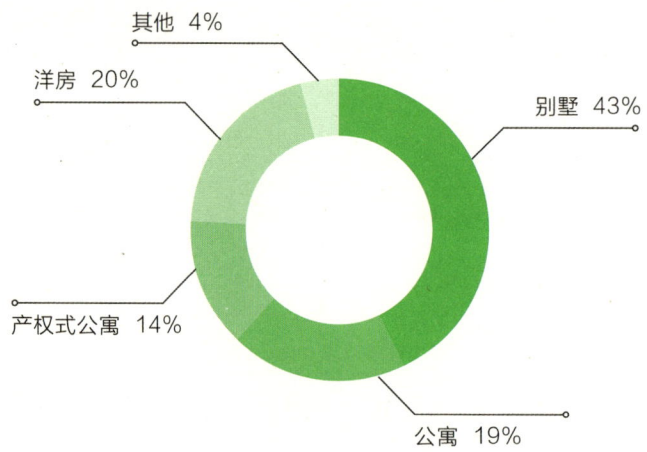

图 2-39　西南板块旅游地产意向置业者物业类型偏好

面积段偏好： 西南区域的受访者表示面积段适中的旅游地产是其比较好的选择，面积段在 70 ~ 150 平方米的选择占到了 51% 左右。

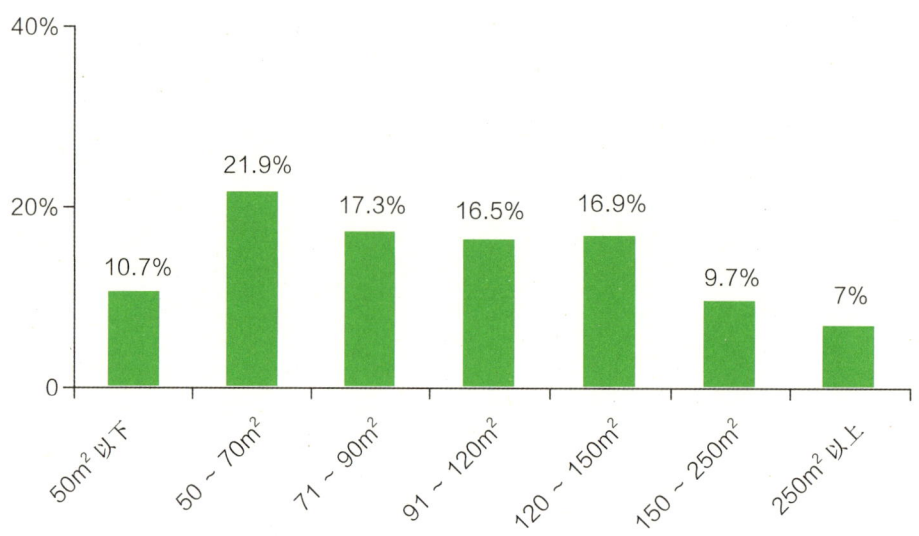

图 2-40　西南板块旅游地产意向置业者置业面积段偏好

价格偏好：从客户可以接受的价格方面来讲，选择 100 万元以下的度假物业是主流，但是较于 2013 年，选择 800 万元以上的豪宅的客户比例有所增加。

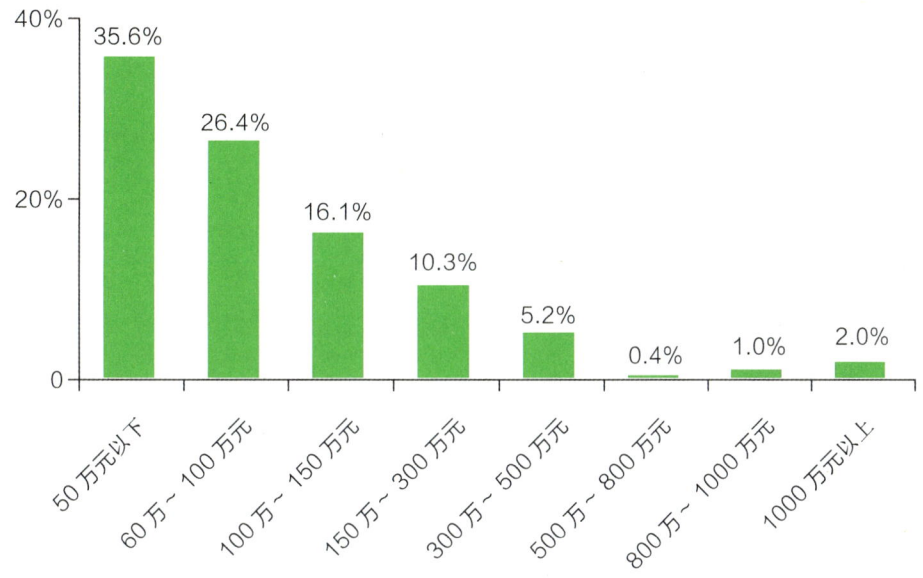

图 2-41　西南板块旅游地产意向置业者价格偏好

（五）西南典型项目——丽江古城东方

丽江古城东方即坐落于大研古城，古城东方项目是由丽江世星文化旅游发展有限公司开发，占地 1800 亩，总投资额达到 60 亿元，项目占据了大研古城约 1/3 的最后 500 亩土地资源。丽江古城东方项目志在打造丽江城市会客厅，以文化演艺、旅游观光、休闲娱乐、餐饮购物、生态度假体验为核心，形成高端企业会所、精品创意时尚度假 MALL，站在全球化视野，打造丽江一张全新的国际旅游名片。

丽江古城东方项目概况			表 2-9
项目位置	古城区丽江大研古城东	开发商	丽江世星文化旅游发展有限公司
建筑面积	42 万 m²	占地面积	500 亩
开盘时间	待定	装修状况	精装修,
总投资	60 亿元	物业类型	住宅、别墅
容积率	0.95	绿化率	27%

区位交通：古城东方位于祥和路和金安路交界处，距大研古城仅 2 公里，步行 20 分钟可到，同时又是机场、火车站进入丽江的必经之道，地理位置优势极其突出。

此外项目重金打造了占地约 12 万平方米、拥有 3300 个地下停车位的大型停车场，形成一个配套完善的游客服务中心。绝佳的地理位置使得古城东方成为丽江古城东大门。

图 2-42　古城东方项目区位图

整体规划：在规划上项目和原有古城无缝接壤，形态上也沿袭了原有纳西居民的建筑风格。项目分三期开发，一期为一号地块甘泽泉核心区，一、二号地块依古堆广场周边，及二号地块临金虹路、4 号公路、金山路区域，首先进行口岸建设，打造对外界展示形象，缓解古城部分压力；二期包括一号地块甘泽泉保护区，二号地块临祥和路区域，进一步提升东郊功能、氛围与形象；三期为一、二号地块剩余区域及三号地块。

图 2-43 古城东方项目整体规划物业分布图

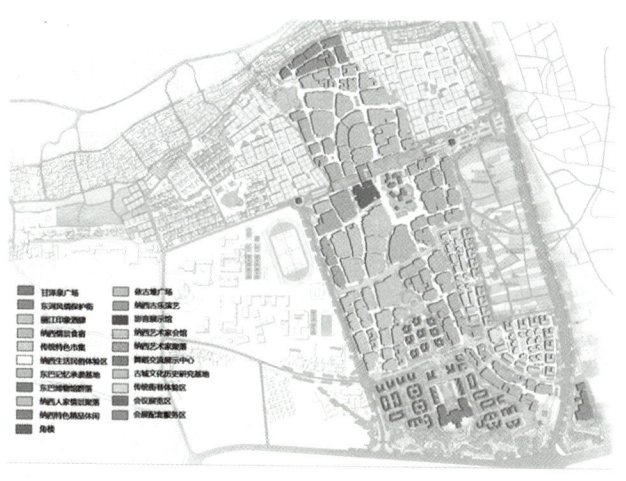

图 2-44 古城东方项目规划物业分布图

一期项目产品：古城东方一期开发的产品预计 2015 年 3 月开售，主要物业类型为合院。一期推出的合院并非传统意义上只为居住用途，古城东方一期推出的合院主要用于商业用途，可以分为以下几类：合院古城客栈、古城餐饮、古城会所、古城商铺、商业院落等，合院面积段为 230 ~ 1200 平方米，预计均价在 20000 元 / 平方米左右。

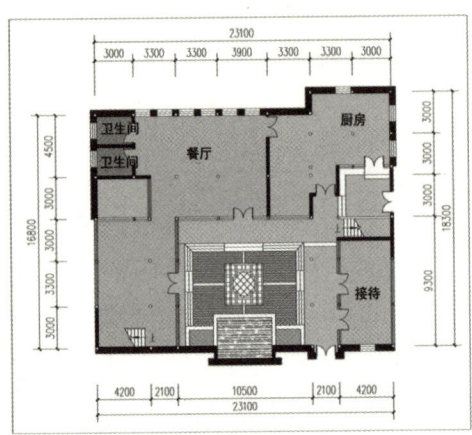
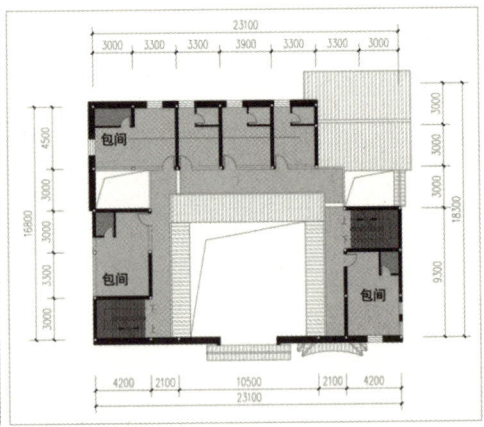

（a）典型餐饮合院一层、两层

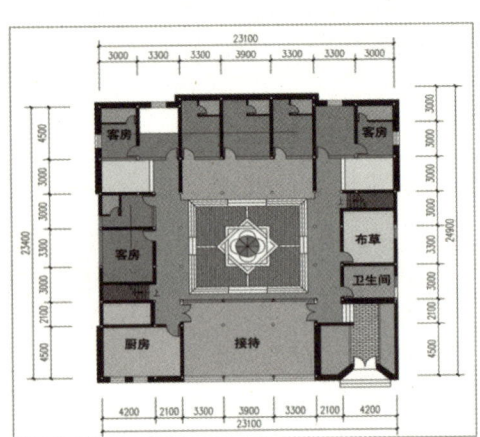
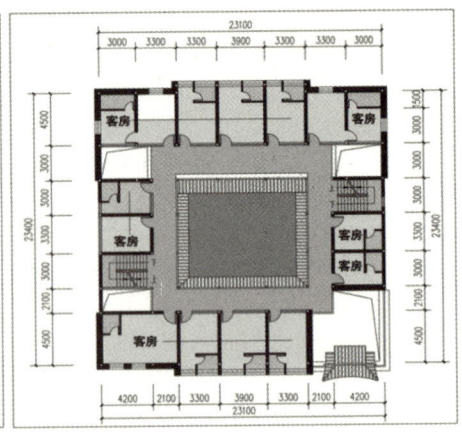

（b）典型客栈合院一层、两层

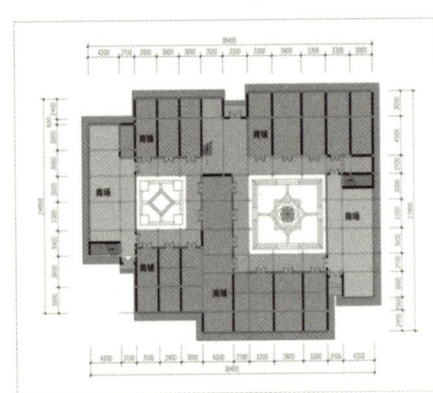
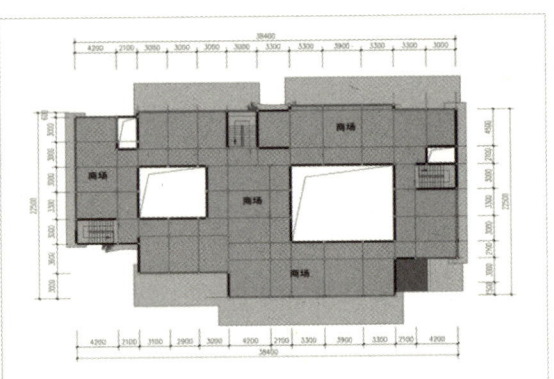

（c）典型商业院落一层、两层

图 2-45　丽江南城东方项目产品户型示例（一）

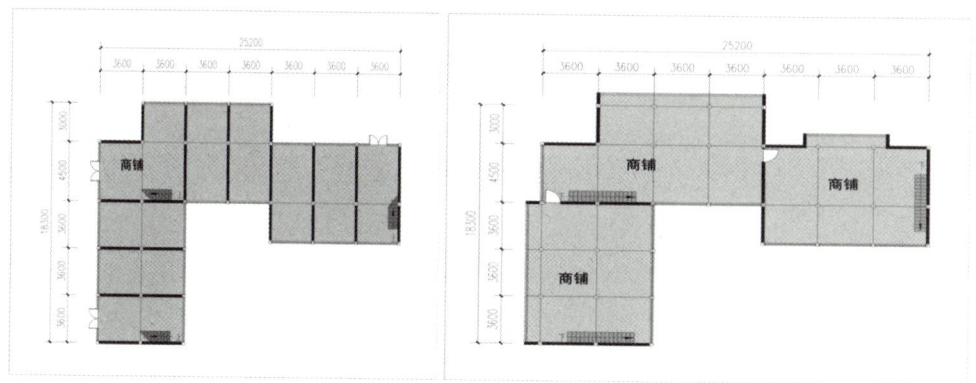

（d）典型商铺合院一层、两层

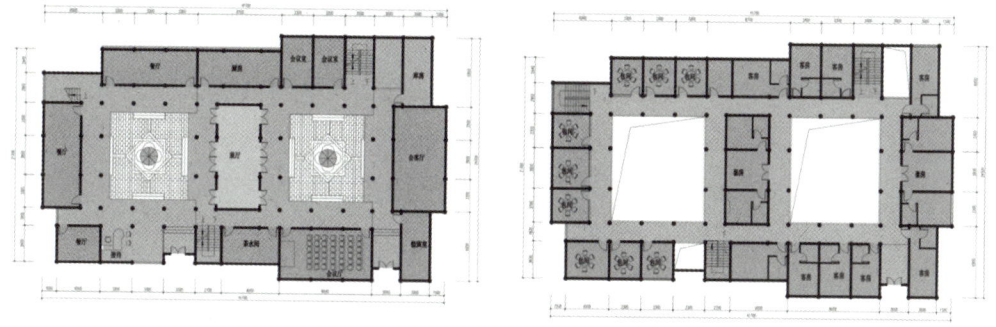

（e）典型会所合院一层、两层

图 2-45　丽江南城东方项目产品户型示例（二）

（六）2014 年西南值得关注的旅游地产项目一览表（排名不分先后）

2014 年西南值得关注的旅游地产项目　　　　　　　　　表 2-10

项目名称	总建面(万㎡)	项目特色
丽江古城东方	42	丽江古城最高端、唯一有产权的商业
皇冠国际	44	高新西区地标性建筑
复地云岭处	30	"山与城"合二为一的高端休闲娱乐度假旅游地产项目
牧马山蔚蓝卡地亚	193	超白金级俱乐部名邸与私人定制服务
勐巴拉六国皇家植物园度假秘境	40	东南亚六国风情旅游度假地产项目
苍海高尔夫国际社区	12	高尔夫球场又全球著名的高尔夫球场设计大师尼克 R26；佛度担纲设计
南温泉度假小镇	12	体现巴渝风格民国情调的温泉度假小镇
财信赖特与山	12	项目设置直升机起降平台
远洋高尔夫国际社区	51	引进国际品牌青少年高尔夫学院
俊峰香格里拉	60	近依国家 4A 级风景区歌乐山

（七）专家看市场

西南旅游地产市场 2014 年终总结——"洗牌"进行中

2014 年，可以说云南旅游地产正在经历一轮洗牌。主要来说体现在以下几个方面：

1. 政策落地，旅游地产开发备受煎熬。

2014 年《关于促进旅游业改革发展的若干意见》出台，市场哗然一片。政府明确表态，将通过加强监管，进一步规范旅游地产开发流程，从供地到规划建设，将逐渐实现透明法制化和规范系统化。未来开发企业在项目开发中将更受约束，传统房企转型旅游地产将更为谨慎。

受此政策的直接影响，位于云南玉溪市澄江县的抚仙湖片区，成为了政策落地的重灾区。环湖开发的多个项目由于涉及水源地保护、污染等基本要求不达标，涉嫌非法占地开发，本相关部门直接叫停销售，多个项目目前处于封盘整改状态，其中不乏龙湖等明星房企。

另一方面，清高运动继续在云南推进，多个以高尔夫未营销卖点的项目直接关闭球场，会所不再对外开放。这也给云南的旅游地产开发企业带来了难题。气候宜人，高原环境，山地优势，云南这个对于高尔夫运动再适合不过的地方，没有了高尔夫，大盘量的地产又将如何驱动？或许真正的旅游地产配套落地和更为用心的旅游开发，才能治愈云南的高尔夫之殇。

2. 城市地产深陷销售难题，旅游地产投资意愿进一步紧缩。

2014 年作为省会城市的昆明正在经历一场全民总动员般的降价风潮。据克而瑞统计 2014 年昆明全市商品住宅销售金额前十的项目销售金额总计 101.63 亿元，较 2013 年前十项目总销金额 161.35 亿元，下降 37%。全年项目销售面积达到 10 万平方米的项目仅 4 个，没有一个项目突破 20 万平方米。而 2013 年上榜前十项目销售面积均突破 10 万平方米，前十项目成交面积达到 244.43 万平方米，2014 年这个统计数字变成了 119.56 万平方米。市场变化之大，令人感叹房地产的瞬息万变。

在此影响下，涉及丽江、大理、腾冲、西双版纳等地的多个旅游地产项目销售进度均放缓，不少项目甚至放弃了开盘计划，等待来年择机而动。

3. 北京起风，多项目暂定或放弃销售计划。

当然除去市场原因，北京的动作也影响着云南旅游地产的未来。

众所周知，旅游地产开发必然涉及大量的土地征迁，人地矛盾凸显无疑。位于昆明南部的某项目曾于 2013 年获批云南省十大旅游地产项目，因昆明高层人士变动，导致项目直接暂停，开发时间遥遥无期。于此同样的，还有位于腾冲某处的大型旅游地产项目，因企业高层长期协助政府调查，企业正面临群龙无首的混乱时期。

展望 2015：云南旅游地产将进入调整期，或将迎来新常态

展望 2015 年，百花齐放的旅游地产开发格局将不复存在，行业发展将更加集中，云南旅游地产或将迎来以下几个变化：

（1）小（资金实力弱）非（非地产开发企业）企业将逐步退出市场，云南旅游地产将迎来收购高峰，行业发展更为集聚。

（2）后高尔夫时代，旅游地产开发更强调资源合作，分时度假模式将更为普及。

（3）互联网金融将引发旅游地产投资方式的变革，投资模式将更为灵活。

观点来源：CRIC 旅游地产事业部昆明机构总经理 尤辛杰

三、长三角板块

政策之"变"所引发的市场之"变"如影随形，2014 年房地产相关政策出台较多，长三角旅游地产也时刻被政策所牵引。但是长三角地区凭借着优质的环境、较强的经济实力、开放便捷的交通以及不断完善的区域协调机制，都构成了长三角城市旅游地产发展的有利条件。

（一）2014 年长三角旅游地产市场供给特征

截至 2014 年底，长三角共有 1737 个旅游地产项目，其中旅游地产数目排名前三甲的是苏州、杭州、上海，这三个城市的旅游地产项目占长三角地区的 48%。截至 2014 年底，长三角旅游地产的用地规模已经达到 2.94 亿平方米。

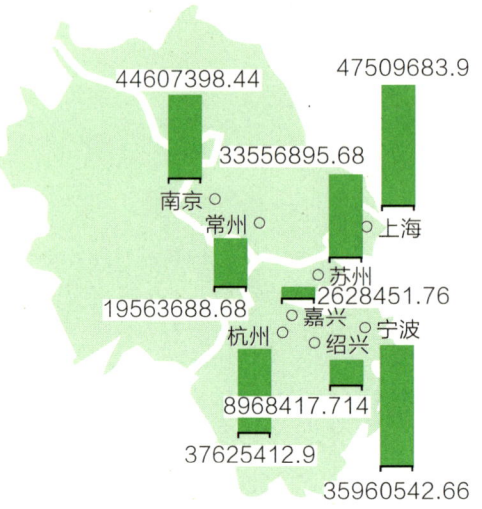

图 2-46　截至 2014 年长三角重点城市的旅游地产用地规模（单位：㎡）

2014 年，长三角地区旅游地产出让均价有所波动，其中上海、苏州两地的土地出让均价有所下降，上海的旅游用地出让均价下降了 0.07%，苏州旅游用地的出让均价下降 39.3%。

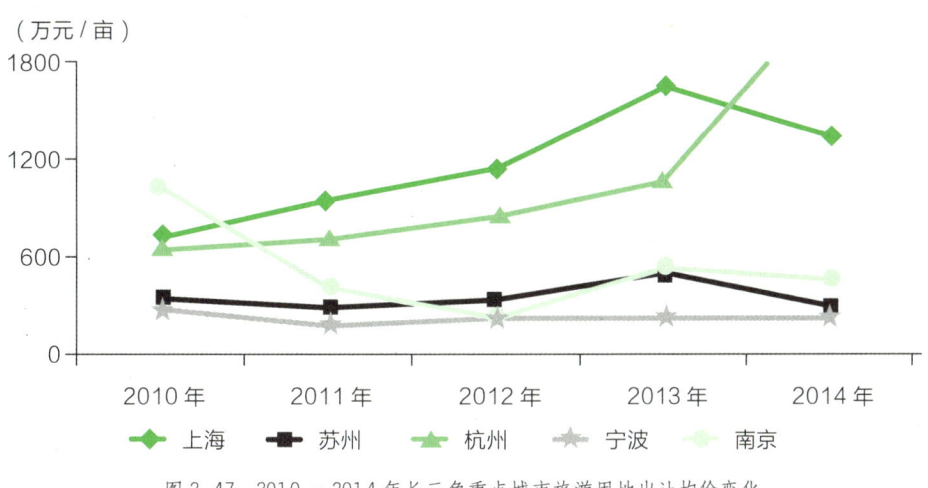

（万元/亩）

图 2-47　2010～2014 年长三角重点城市旅游用地出让均价变化

从 2014 年旅游用地出让来看，2014 年长三角地区的五大重点城市旅游用地累计出让金额达到 2855 亿元，累计出让面积为 2569.4 万平方米。2014 年旅游用地出让均价最高为杭州，为 2248.7 万元/亩。

	城市	出让面积（万㎡）	平均容积率	出让总价（万元）	出让单价（万元/亩）	最高单价（万元/亩）	最低单价（万元/亩）
	2014 年长三角重点城市旅游用地出让情况						**表 2-11**
第一梯队	上海	834.3	2.2	7632678	1354.8	13071.4	98
	苏州	247	1.5	1, 128, 795	304.8	3, 833	10.9
	杭州	417.2	2.8	14070539	2248.7	4291.4	23
第二梯队	南京	564.6	2.2	3942559	465.5	3030.9	22.7
	宁波	506.4	2	1784603	235	3159.3	18.9
	合计	2569.4	—	28552354	—	13071.4	18.9

（二）2014 年长三角旅游地产市场成交特征

从长三角重点城市的商品房成交量价来看，除 2 月以外，其余几个月的供应面积均多于成交面积，成交均价起伏程度不大。2014 年，长三角旅游地产重点城市商品房市场累计成交量达 5201 万平方米，成交均价为 14558.7 元/平方米。

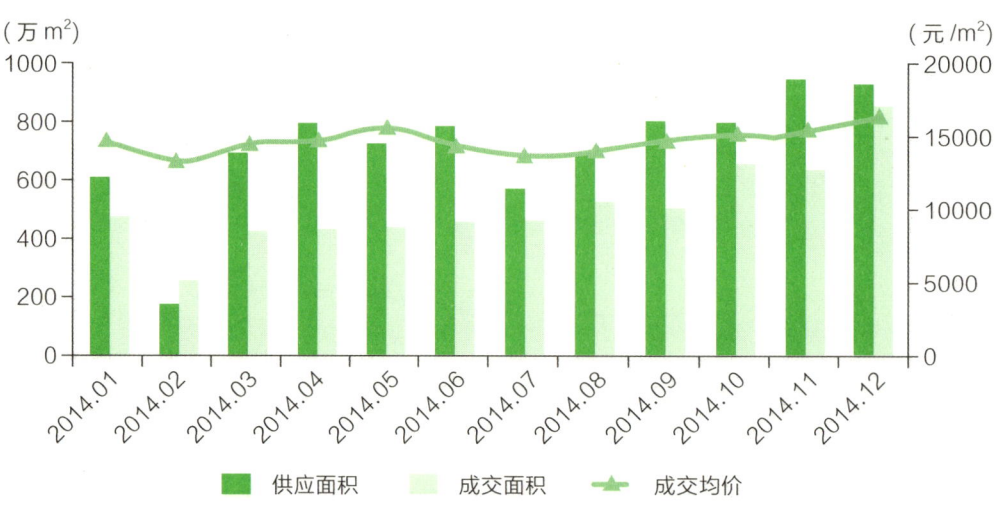

图 2-48 2014 年长三角旅游地产重点城市（上海、苏州、南京、杭州、宁波、常州）商品房累计成交

2014 年，上海商品房成交面积累计达到 1811.5 万平方米。上海商品房成交面积从 2014 年第二季度开始，整体呈上升趋势，与 2013 年相比，达到 41.3% 上涨幅度。房地产市场收政策影响较大，2014 年长三角区域商品房成交均价有所变化，上海变化幅度大，但苏州和杭州凭借自身的优质旅游资源，均价上保持平稳。

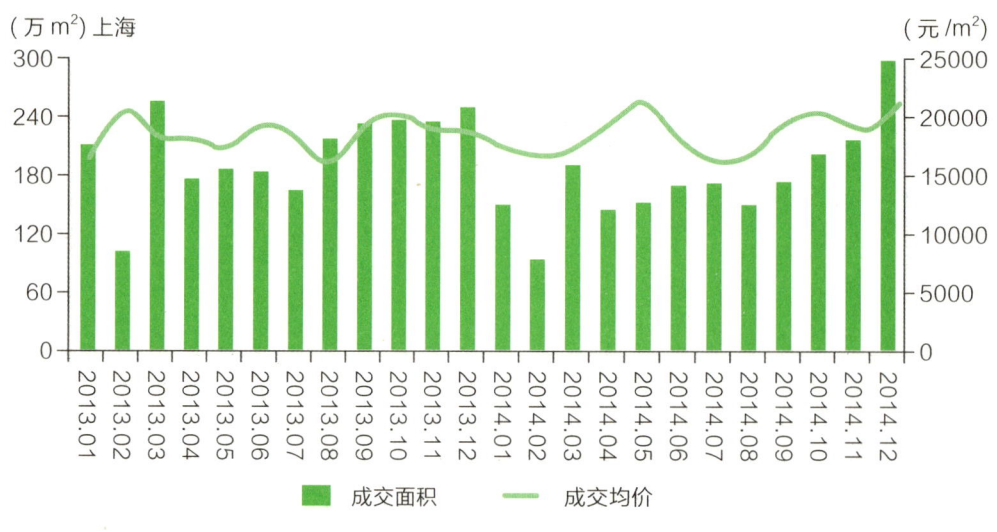

图 2-49 2013 ~ 2014 年上海商品房累计成交情况

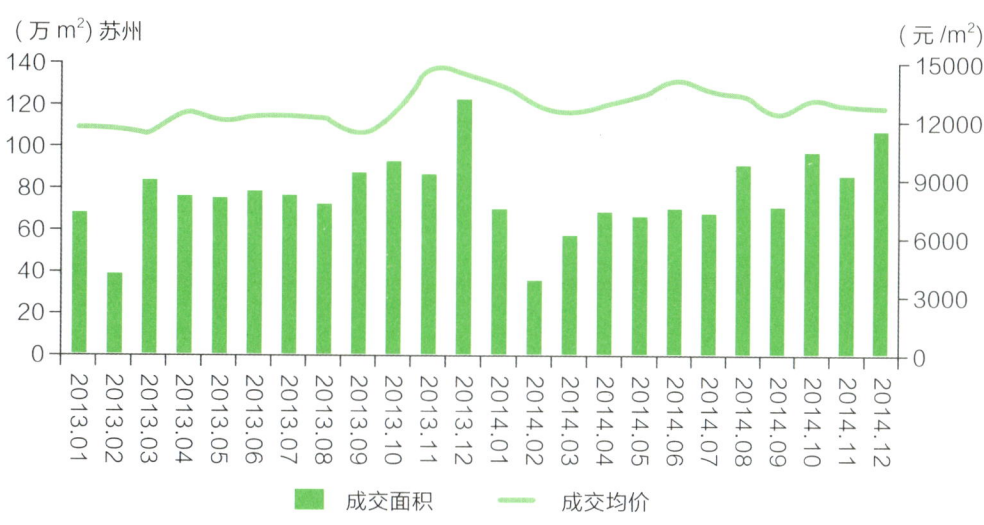

图 2-50　2013 ~ 2014 年苏州商品房累计成交情况

图 2-51　2013 ~ 2014 年杭州商品房累计成交情况

　　从长三角单体项目成交情况可以看出，均价的调整对销量影响无法预估，长三角客户群经济实力雄厚，更看重项目本身的价值。米兰诺贵都均价上调 14.3%，项目销量也达到 9.5%

的提升，而保利城市果岭虽然销售均价有所下调，但销量却下降53%。

2013 年与 2014 年长三角单体项目成交面积均价对比 表 2-12

	米兰诺贵都（上海）		保利城市果岭（杭州）		大吉山水田园（南京）		蠡湖香樟园（无锡）		景悦星湖（苏州）	
	面积（万m²）	均价（元/m²）	面积（万m²）	均价（元/m²）	面积（万m²）	均价（元/m²）	面积（万m²）	均价（元/m²）	面积（万m²）	均价（元/m²）
2013年 1～12月	2.1	17173	6.6	11512	0.78	10612	1.9	19152	3.2	9327
2014年 1～12月	2.3	19625	3.1	10619	0.33	10728	5.2	16703	1.4	10655
同比	9.5%	14.3%	-53%	-7.8%	-57.7%	1.6%	174%	-12.8%	-56.3%	14.2%

（三）2014 年长三角旅游地产市场项目特征

2014 年长三角有 1737 个旅游地产项目，全国排名前十的房地产开发商世茂和保利在长三角共计开发了 35 个项目。其次万科和绿城在长三角地区也分别开发 15 个旅游地项目。

长三角主力开发商开发项目个数一览表 表 2-13

排名	开发商	项目数
1	世茂地产	18
2	保利地产	17
3	雅戈尔地产	16
4	中海地产	15
	万科地产	15
	新城地产	15
5	绿城地产	13

从单体项目占地规模来看，长三角板块土地均价高，开发商开发的旅游地产项目规模以20 万平方米以下居多，占比 79%，当然大于 50 万平方米的大项目也有开发，占比 8%。

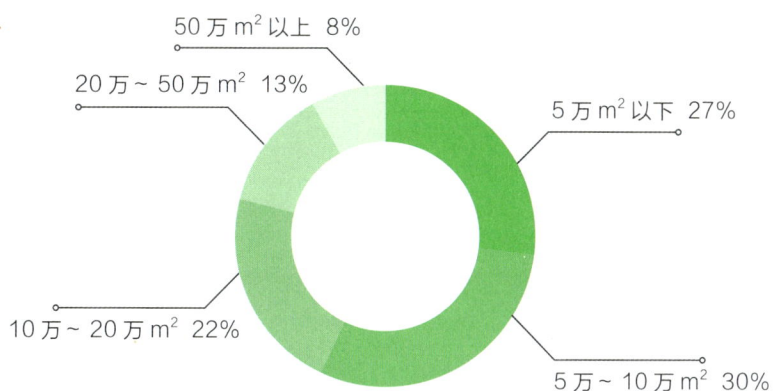

图 2-52　2014 年长三角单体旅游地产项目不同规模占比

从项目类型来看，长三角区域引擎为复合驱动引擎的旅游地产项目只占到 3%。鉴于 2014 年的房地产市场变数太多，开发商不管是在拿地、还是旅游地产项目打造上都是比较青睐于开发单个引擎驱动的旅游地产项目，单个引擎驱动旅游地产项目比例占到 59%。

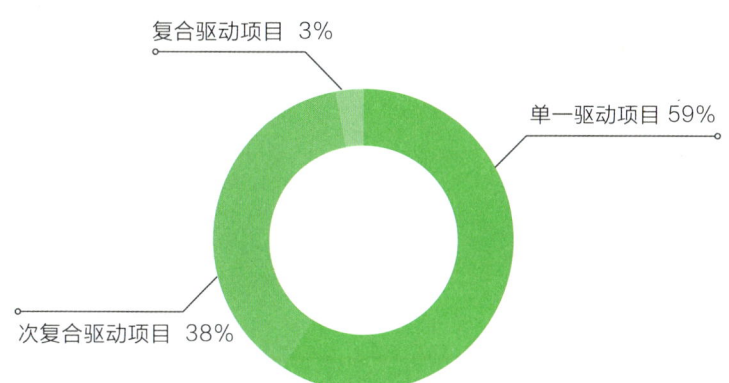

图 2-53　2014 年长三角重点城市旅游地产项目类型结构

2014 年，长三角区域开发的旅游地产项目中，酒店是各开发商最热衷的驱动引擎，以酒店为核心引擎的旅游地产项目达到 294 个，同时主题公园和高尔夫也是长三角区域旅游地产的主要引擎，数量分别为 77 个和 92 个。

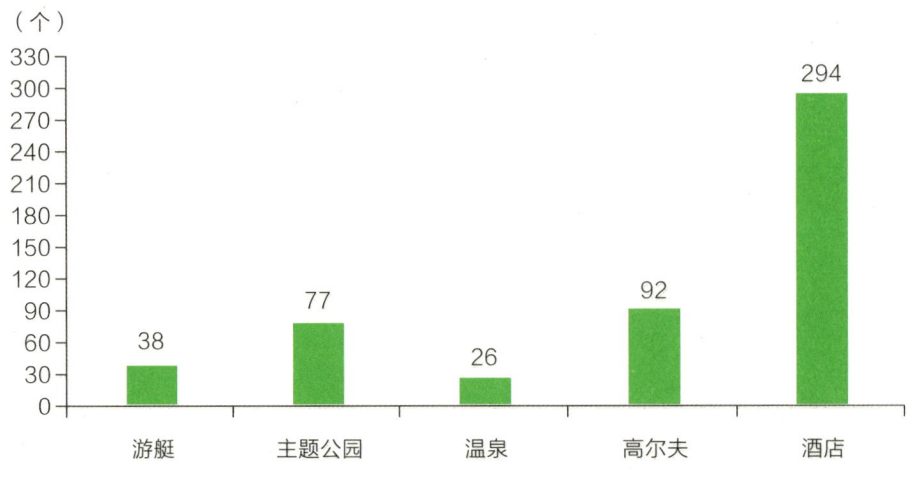

图 2-54　2014 年长三角旅游地产项目引擎利用情况

从物业结构来看，长三角旅游地产的物业类型占比较多的为公寓，公寓占比例 60% 左右。而长三角区域经济发展迅速，喜好别墅的客户群相对较多，截至 2014 年底，物业类型有别墅的旅游地产项目多达 874 个。

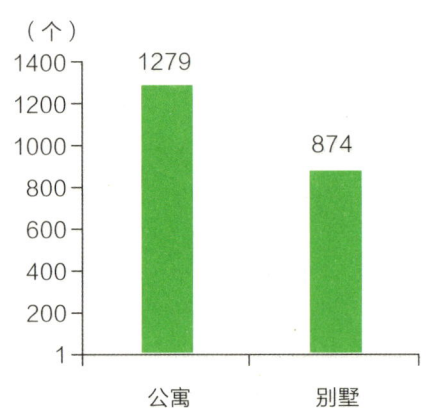

图 2-55　2014 年长三角旅游地产项目物业应用情况

（四）2014 年长三角旅游地产市场客户特征

客源分布：长三角区域属于购买力较强的区域，江苏、上海、杭州占到长三角区域旅游地产客户的 80% 以上。

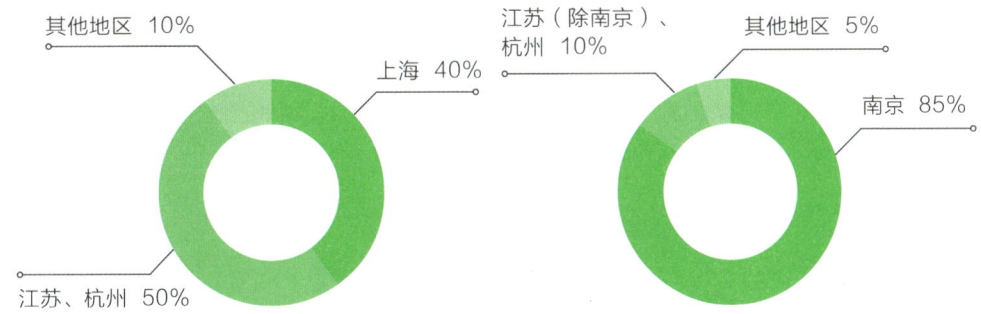

图 2-56　万科良渚文化城项目置业客户区域分布　　　图 2-57　银城长岛观澜项目置业客户区域分布

置业目的：长三角经济发展快，更多客户群偏好购买长三角旅游地产来投资，选择购置物业来投资的人数占 38% 左右，而购置旅游地产物业用来度假的客户也不在少数，占比 33.6%。

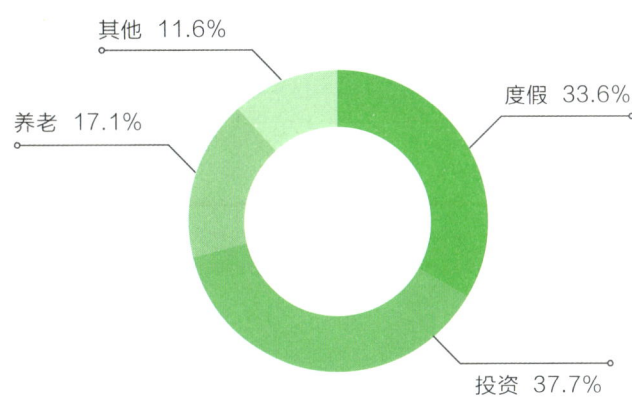

图 2-58　2014 年长三角意向旅游地产置业者置业目的

景观资源偏好： 长三角客户在购置旅游地产时，50% 左右的客户会偏好于海景资源。其次湖景资源和温泉资源也是客户会考虑的资源，42.8% 的客户偏好湖景资源，38.7% 的受访者表示希望拥有带有温泉资源的旅游地产。

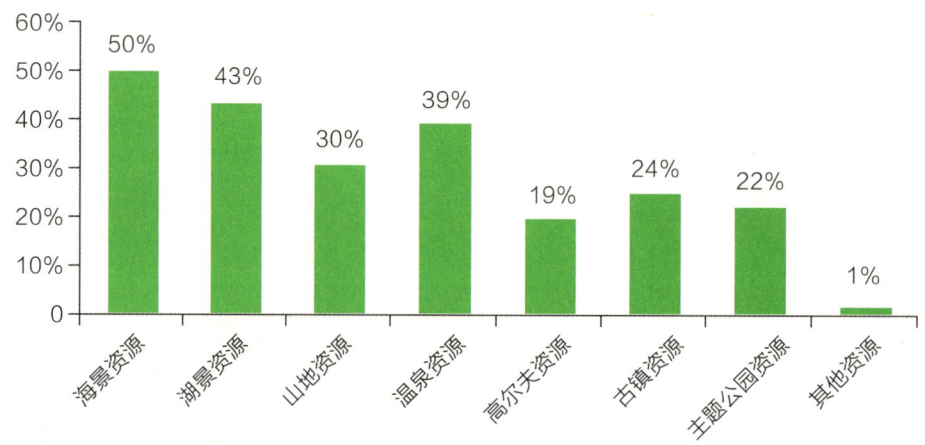

图 2-59　2014 年长三角意向旅游地产置业客户的景观资源偏好

配套设施偏好： 随着旅游地产作用的增多，客户在购置旅游地产时，除了会主要考虑餐饮配套之外，还会对旅游地产项目本身的物业管理和度假服务配套进行考量。其中选择餐饮配套的占 58.2%，而选择包括物业和度假服务配套的也占到 56.6%。

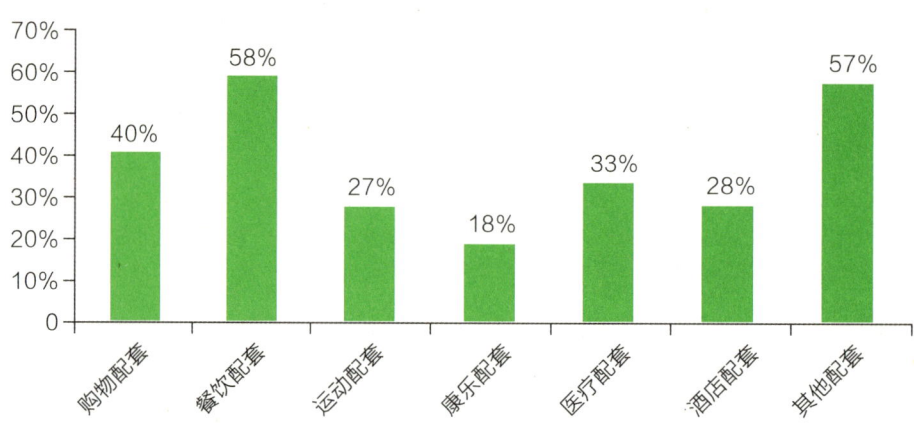

图 2-60　2014 年长三角意赂旅游地产置业者的配套设施偏好

物业类型偏好：别墅是长三角区域客户的首选，2014 年调查显示，53% 的客户会想要购置别墅度假物业，由此可见别墅旅游地产的市场前景可观。同时洋房和公寓总占比为35%，相较 2013 年，略有下降。

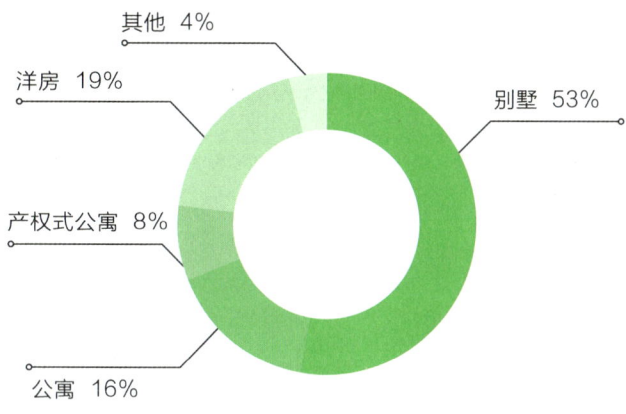

其他 4%

洋房 19%

产权式公寓 8%

公寓 16%

别墅 53%

图 2-61　2014 年长三角意向旅游地产置业者物业类型偏好

面积段偏好：长三角区域的客户群对面积段最小和面积段最大的旅游地产物业接受度都不高，两者共计才占 10% 左右。而 50 ~ 150 平方米的旅游地产物业是受访者热衷的面积段，总计占比 80%，其中 90 ~ 120 平方米的物业支持率最高。

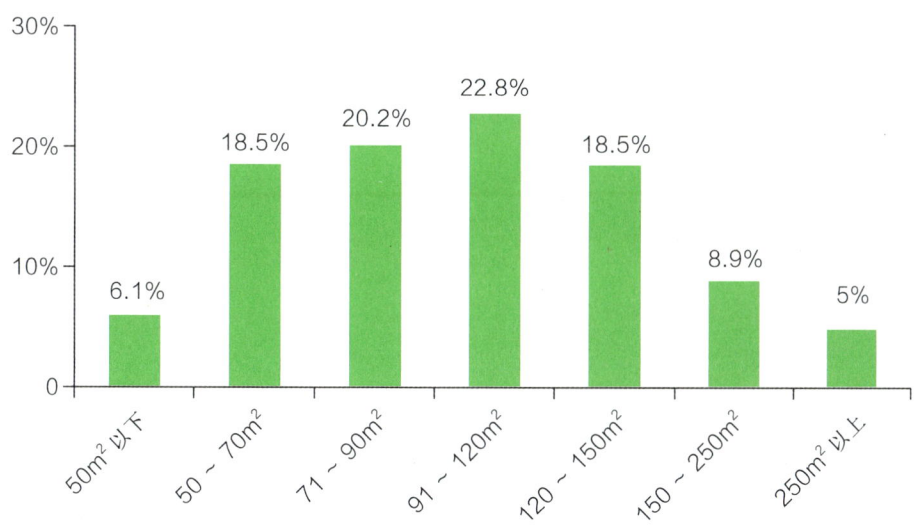

图 2-62　2014 年长三角意向旅游地产置业者产品面积段偏好

价格偏好: 从调查数据来看,市场上对于 300 万元以上的旅游地产物业接受度略低,不足 15%。而 60 万~ 100 万元的物业市场接受度达到 23%,是长三角区域客户最偏好的价格范围。

图 2-63　2014 年长三角意向旅游地产置业者价格承偏好

(五)长三角典型项目——乌镇国际健康生态休闲产业园

乌镇的成功开发对当地的旅游地产产生了很强的推动作用,乌镇国际健康生态休闲产业园即是乌镇旅游地产项目中比较突出的一个。长三角区域的乌镇国际健康生态休闲产业园是由雅达国际控股公司与绿城集团合作开发,并且有国家社保基金参与投资的综合性高端休闲健康养老产业园区。

乌镇国际健康生态休闲产业园项目概况　　　　　　　　　　表 2-14

项目位置	浙江省桐乡市乌镇镇马墩村	总投资	约 100 亿元
占地面积	5500 亩	开盘时间	2013 年 7 月 27 日开盘
开发商	雅达国际控股有限公司、绿城集团	物业构成	医疗公园、老年大学、自助养老中心、高端养老示范中心、五星级酒店会议中心、特色商业中心等

　　区位交通： 项目位于嘉兴市桐乡市，距离杭州 65 公里，距苏州 80 公里，上海 120 公里，对于都市人养身养老较合适；项目距离乌镇核心景区 1.5 公里，距离桐乡市中心 18 公里。地理位置处于沪杭通廊，连接上海、杭州两大城市，沪杭高铁、高速等水路交通都穿桐乡而过，距离长三角主要城市相对距离最近。

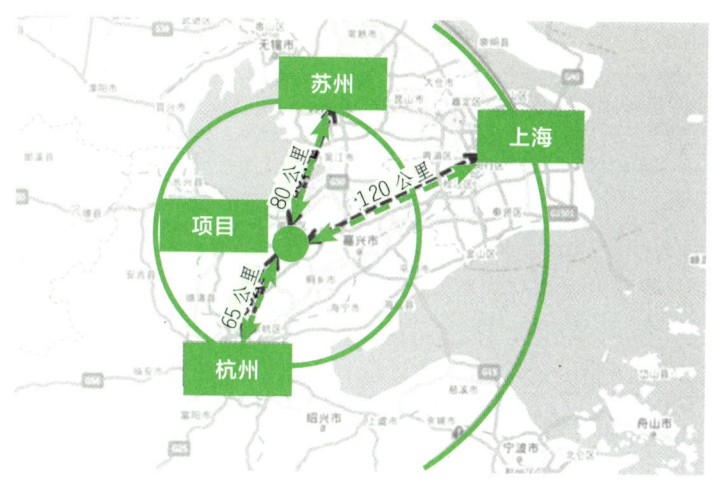

图 2-64　乌镇国际健康生态休闲产业园项目区位交通示意图

图 2-65　乌镇国际健康生态休闲产业园项目区位交通示意图

　　项目配套：项目规划打造成中国功能最全、设施最先进、模式最多样、规模容量最大的康复医疗、休闲养生特色园区，配套物业齐全、功能完善。项目配套包括：国际康复医院、老年大学、自助养老居住区、养老示范区、五星级会议酒店休闲商业区等。

　　整体规划：乌镇国际健康生态产业园核心区占地 1500 余亩，总建筑面积约 85 万平方米，规划了度假酒店区、国际养老中心、养生居住区等六大板块。

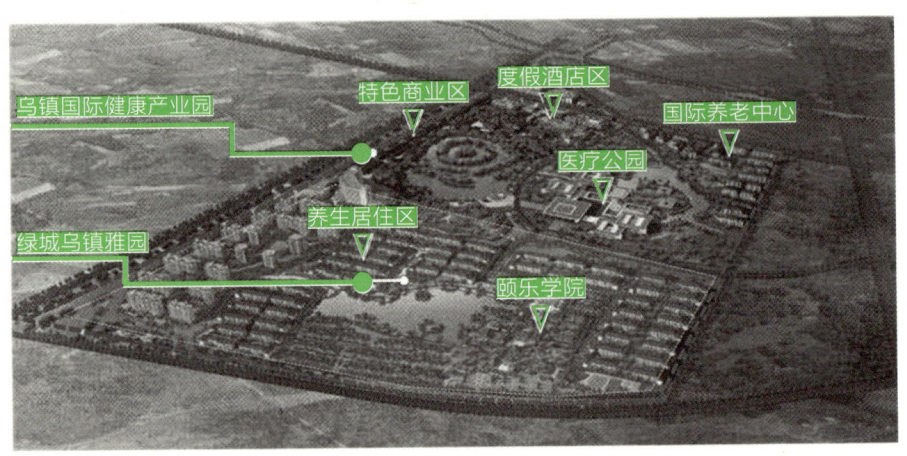

表 2-66　乌镇国际健康生态产业园规划图

　　住宅产品：乌镇国际健康生态产业园内的养老住宅物业主要为绿城集团所打造的—乌镇雅园，项目围绕白马湖公园布局了别墅、公寓和颐乐学院等四种产品，总建筑面积约 60 万平方米。乌镇国际健康生态产业园内共打造有从 56～140 平方米不等的五种户型的养老公寓，户型设计均从适老化角度考虑。项目有 56 平方米、72 平方米、90 平方米、128 平方米、140 平方米五种面积的户型，户户空间宽敞、通透，适合养老居住。

乌镇国际健康生态休闲产业园住宅概况　　　　　　　　　表 2-15

项目名称	乌镇雅园	物业类别	别墅、公寓
占地面积	650 亩	产权年限	70 年
已推体量	1280 套	去化率	40%
项目地址	嘉兴乌镇镇白马墩村	产品均价	13000 元 /m²

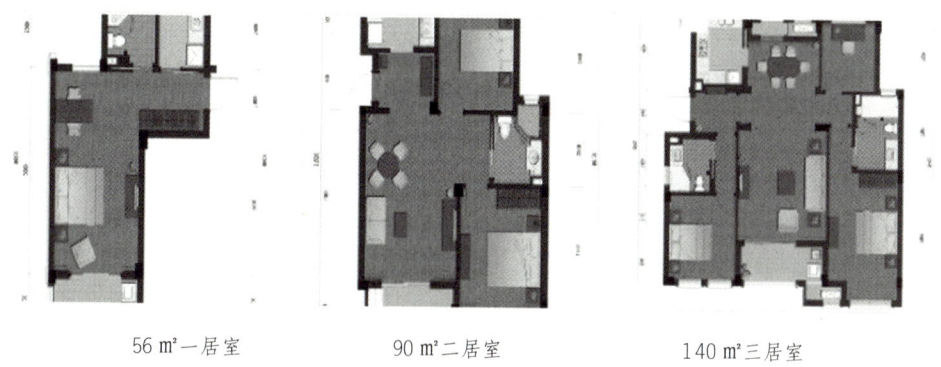

56 ㎡一居室　　　　　90 ㎡二居室　　　　　140 ㎡三居室

图 2-67　乌镇国际健康生态产业园产品示例

（六）2014 年长三角值得关注的旅游地产项目一览表（排名不分先报）

2014 年长三角值得关注的旅游地产项目　　　　　　　　　　表 2-16

项目名称	总建面（万㎡）	项目特色
乌镇国际生态休闲产业园	85	有国家社保基金参与投资的高端休闲健康养老产业园区
开元九龙湖畔	52	建筑囊括了法式、安达卢西亚风格、西班牙式、意大利式、草原式、美国西北式、托斯卡纳风格、英式八种建筑风格
田园东方	12	以生态农业为主体的大型田园综合体
莫干山·安缇缦	7	由专业建造加拿大木结构房屋的苏州皇家整体住宅系统股份有限公司建造木结构房屋
中海独墅岛	28	11.52 平方公里独墅湖湖面
太湖黄金水岸	12	3.2 公里太湖黄金水岸
水墨宏村	15.2	位于中国最具魅力名镇——黄山市黟县宏村镇中心
水月周庄	37	周庄首个大型旅游度假综合体项目
纳米魔幻城	32	佘山脚下的童话王国
万科良渚文化村	340	新田园城镇实践范本

（七）专家看市场

长三角旅游地产市场 2014 年终总结——愈加理性的"长三角"

长三角作为中国经济发展水平最快、区域一体化程度最高的板块，其旅游休闲度假产业也已进入到了成熟发展期。同时这里还集聚了全国最多的、消费水平最高的旅游客源群体和度假物业投资群体，因而一直以来都广受开发主体和研究机构的重点关注。然后，2014 年就旅游地产的发展表现来看，长三角却缺了点"可圈可点"的作品，既没有轰轰烈烈的"销售奇迹"，也没有惊世骇俗的"大牌进驻"，顶多只能用"平稳经营、开发有序"来形容。当然，这也充分体现出了发达区域投资主体更为理性和谨慎的特征。在房地产大势下滑的阶段，大家除了思考未来走向以外，更多的是学会了用科学的分析方法来规避风险，不再轻易地"一掷千金"或指望"以小博大"。如果要点评长三角板块旅游地产未来的发展态势，我会用以下四个方面来简单概括：

1. 特色突出、品质至上

莫干山"裸心谷"的成功，核心还是取决于其独特的产品定位和项目品质的极致化打造，这很符合长三角旅游度假客群求新、猎奇的心理诉求和挑剔、精细的消费特征。经过数十年的发展，长三角的旅游产业已经走过了"粗放型"的发展阶段，无论大众休闲型还是小众体验型，消费市场都对产品的品质提出了更高的标准，这也要求开发主体在项目开发和运作时更关注细节、特点、软件服务和高性价比。随着中国社会的发展速度越来越快，任何行业的成长都会走上专业化、精细化的道路，而对于"以人为本"、服务于人的旅游度假行业来说，则更是如此。

2. 合作开发、抱团取暖

如果说几年前大量开发主体是打着"旅游开发"的名号，占据优质的旅游资源，"挂羊头、卖狗肉"地做着传统房地产开发，近两年各地政府关于旅游项目的土地出让则比以前严格、谨慎了很多，表现为取地成本的大幅上升、对基础性旅游配套设施建设的强制性要求以及销售型产权物业建设性指标的收紧等等。换言之，综合性的旅游地产项目，要求广泛的行业涉足和较强的资源整合能力，对于中小型开发企业而言，与其独立开发、忍受漫长的投资回收期，不如几家抱团取暖、合作收益。

3．家庭体验、全员消费

观光旅游阶段向休闲度假旅游阶段转型的最重要体现之一就是大规模团队游客的比例下降，而散客尤其是以家庭为单位的小团体游客的占比大幅增加。无论是"比如世界"、"星期八小镇"、"金魔方"等的儿童职业体验馆，还是"地中海俱乐部"、"帐篷客"、"崇明凯悦酒店"等的度假型酒店，所瞄准的目标客群都是"三口之家"或"五口之家"。在这一方面，万科三亚落笔洞的森林度假公园走在了行业的前列，早就开始了对中国家庭型市场的深度渗透，效果甚好。相比起其他的区域市场，长三角的家庭数量众多且已形成节假日以家庭为单位的出游习惯，因而在发展家庭型度假产品时具有不可比拟的优势。关注家庭不同成员的消费特点，设计与之相匹配的多元化消费内容，更容易创造出"惯性消费"或"重复性消费"。

4．竞争加剧、外地来袭

从投资市场的角度来说，长三角的中产阶级或中高端的投资客群可能是全国最为集中且人数最多的。因而各地旅游地产的宣传路演都希望将这一区域作为力推的重点，全国的大盘名盘，如雅居乐清水湾、丽江金茂雪山语、世茂怒放海、恒大海上威尼斯等，都在长三角区域掀起过强势推广的热潮，这也势必对区域内的旅游地产项目产生冲击和挤压。然后，竞争的压力不仅来自于国内其他区域，同样也来自于海外。长三角的对外开放程度和人群对"舶来品"的接受度向来较高，近几年随着"移民潮"、"留学潮"的兴起，越来越多的人开始尝试购置海外物业，澳大利亚、美国、加拿大、新加坡、韩国、西班牙等国的度假型物业都成为投资人群的关注热点。而来自海外的不少酒店运营商，如悦榕、Anatara、Alila 等也都借助布局全球的酒店网络大力拓展中国的分时度假产业。可以说，竞争不容乐观、对手不可小觑。

作为标杆区域，长三角的旅游地产发展格局从某种程度上是全国的缩影，挖掘市场、思考模式、酝酿转型，这条路在我看来，可能不仅崎岖，而且漫长。

观点来源：CRIC 旅游地产事业部总经理 胡晓莺

四、环渤海板块

2014年,随着"转型"这个话题在房地产圈里愈演愈烈,旅游地产作为此前被看好的领域,自然引得各路开发商纷纷进驻。相比商业地产、产业地产等高端运营式房地产开发领域,旅游地产相对门槛较低,容错率高。2014年,环渤海地区在热炒"京津冀一体化"的背景下,区域内的旅游地产也开始受到热捧。

(一)2014年环渤海旅游地产市场供给特征

截至2014年底,环渤海共有1349个旅游地产项目,主要分布在青岛、威海、大连和烟台等沿海城市,旅游地产项目占比例高达60%,其中青岛有309个,威海有144个,大连有173个,烟台有171个。从旅游地产的用地规模来看,环渤海板块旅游地产累计用地规模达到3.4亿平方米,其中天津的用地规模最大,高达5321.8万平方米。

图 2-68　截至 2014 年环渤海重点城市的旅游地产用地规模(单位:㎡)

2014 年，环渤海重点城市旅游用地出让均价处于上升趋势，其中北京旅游用地成交上涨 47.8%、天津旅游用地成交上涨为 64%、青岛旅游用地成交上涨为 38%、大连旅游用地成交上涨为 13%、烟台旅游用地成交上涨为 25%，北京旅游地产用地出让均价始终处于遥遥领先的地位。

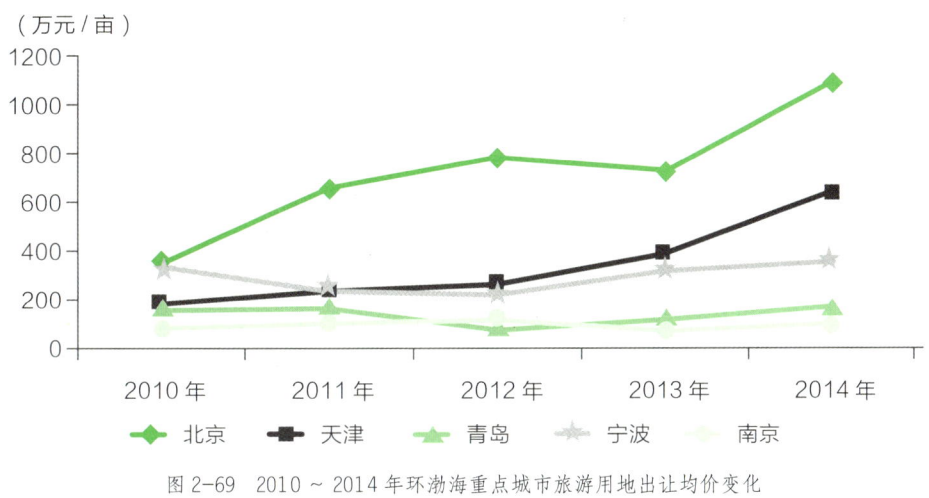

图 2-69　2010 ～ 2014 年环渤海重点城市旅游用地出让均价变化

从旅游用地出让来看，2014 年环渤海重点城市旅游用地出让面积总计达到 3626.6 万平方米，相比 2013 年略有下降，降幅仅为 2.5 个百分点。北京和青岛为旅游用地出让面积较多的城市，分别为 1103.3 万平方米和 1649.7 万平方米。

2014 年环渤海重点城市旅游用地出让情况　　表 2-17

	城市	出让面积（万㎡）	平均容积率	出让总价（万元）	出让单价（万元/亩）	最高单价（万元/亩）	最低单价（万元/亩）
第一梯队	北京	1103.3	1.3	18008137	1088.2	24068.1	1.6
	天津	638	1.9	6087070	635.7	4，289	0.95
	大连	161.1	2.1	885965.5	366.6	1868.4	0.55
第二梯队	青岛	1649.7	1.9	4497640	181.8	4206.5	9.9
	烟台	74.2	1.2	122123	109.7	361.6	15.9
	合计	3626.6	—	29600936	—	24068.1	0.55

（二）2014 年环渤海旅游地产市场成交特征

环渤海重点城市旅游地产成交面积为 3494.6 万平方米，成交均价为 13369.5 元 / 平方米，相较 2013 年成交均价有所下降。从数据显示来看，环渤海区域旅游地产重点城市商品房成交面积从 4 月份开始均呈上升趋势，2014 年的 1 月、2 月、10 月、11 月、12 月均处于清库存的状态。

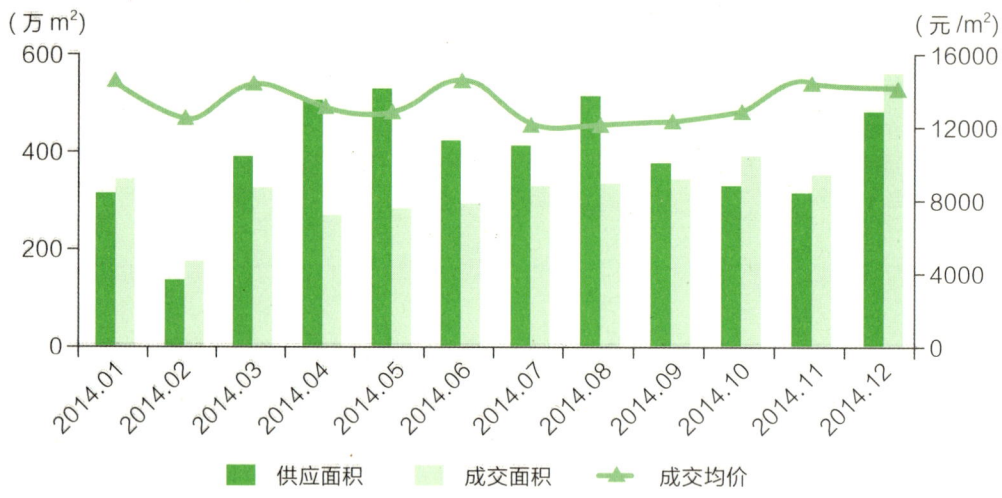

图 2-70　2014 年环渤海块旅游地产重点城市（北京、济南、大连、青岛、烟台）商品房累计成交情况

从环渤海板块重点城市的成交来看，2014 年，北京商品房成交均价持续波动，但从 8 月开始均价呈上升趋势；大连商品房成交面积总体比 2013 略少，但是从 8 月开始，成交面积呈上涨趋势；青岛商品房成交面积相较 2013 年，虽没有大的突破，但是成交均价略有上升。

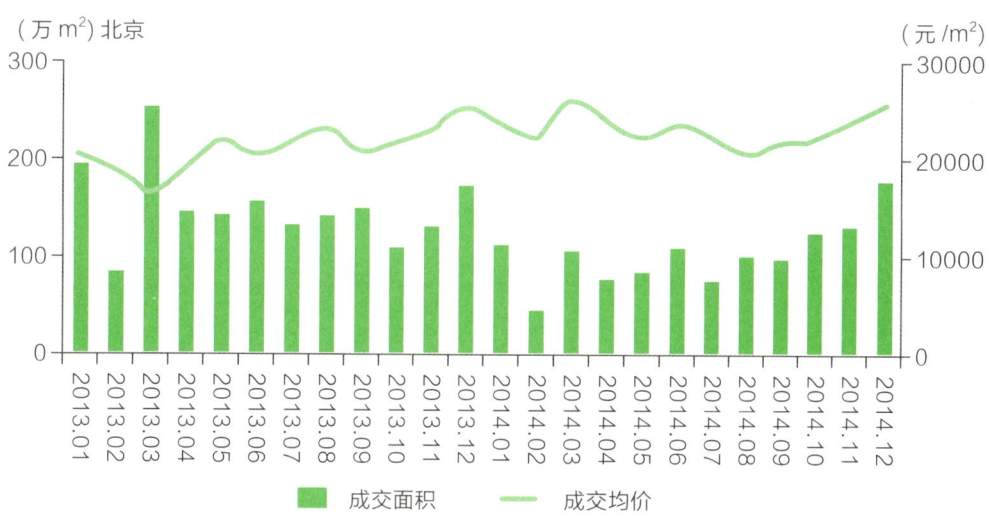

图 2-71　2013 ～ 2014 年北京商品房成交情况

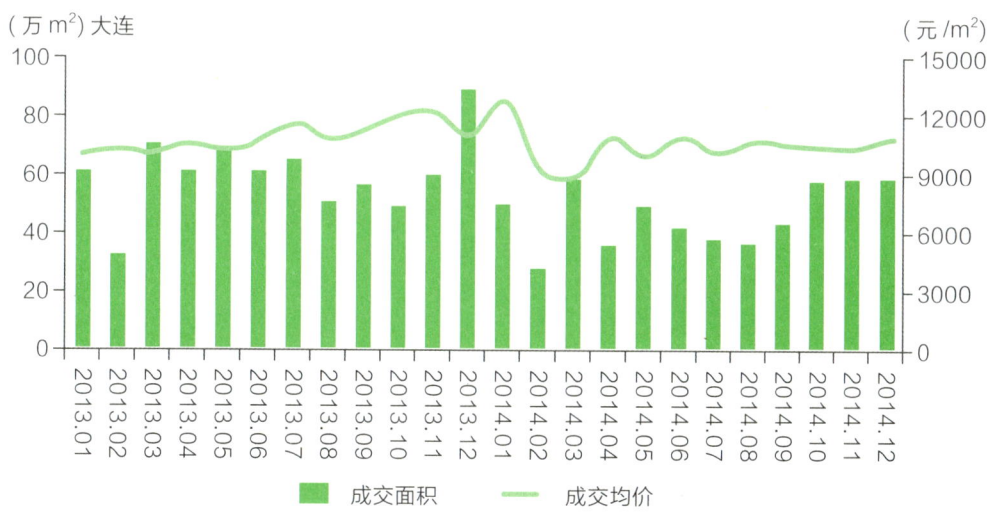

图 2-72　2013 ～ 2014 年大连商品房成交情况

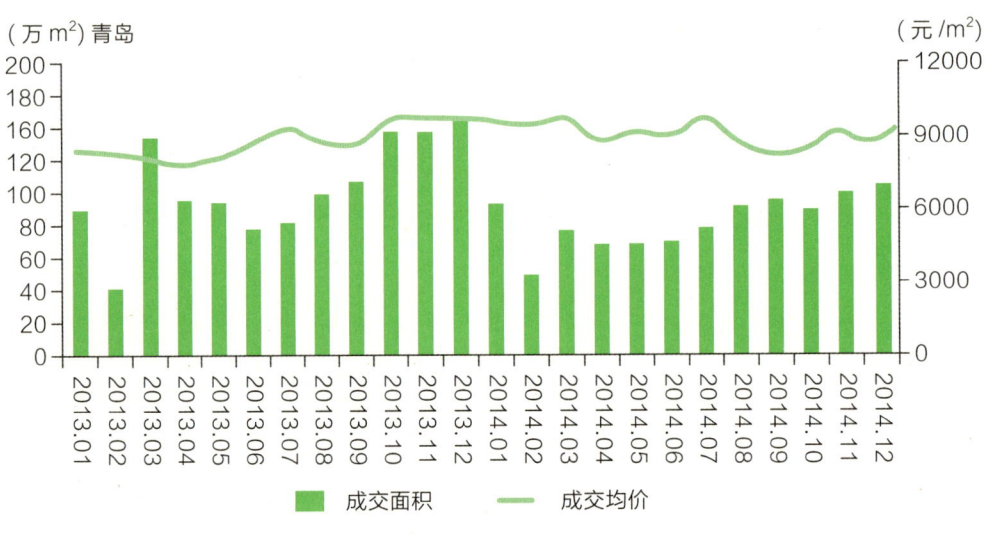

图 2-73 2013 ~ 2014 年青岛商品房成交情况

    从单体项目成交情况来看，环渤海区域的单体项目凭借自身的地理和资源优势，并不都准备依靠降价来促进销量。恒大绿洲和中·华山珑城项目均价在 2013 年的基础均有所上升，销量都有不同程度的提高。

2013 年与 2014 年环渤海单体项目成交面积均价对比   表 2-18

	鸿坤·罗纳河谷（北京）		恒大绿洲（天津）		东方影都（青岛）		中海·华山珑城（济南）		黄海明珠山庄（烟台）	
	面积（万 m²）	均价（元/m²）	面积（万 m²）	均价（元/m²）	面积（万 m²）	均价（元/m²）	面积（万 m²）	均价（元/m²）	面积（万 m²）	均价（元/m²）
2013 年1 ~ 12 月	7.3	7246	1.1	7251	8.1	11039	12.8	4893	7.5	9293
2014 年1 ~ 12 月	5.7	8698	3.5	7464	8.5	10772	19.7	5424	6.6	9844
同比	-21.9%	20.1%	218%	2.9%	4.9%	-2.4%	53.9%	10.9%	-12%	5.9%

（三）2014 年环渤海旅游地产市场项目特征

截止 2014 年底，环渤海旅游地产项目共计 1349 个，其中海信地产仍然持有长三角旅游地产项目最多，累计达到 14 个，其次，荣盛地产在环渤海区域也有 10 个旅游地产项目，海基、龙湖和万科分别有 9 个旅游地产项目。

环渤海主力开发商开发项目个数一览表		表 2-19
排名	**开发商**	**项目数**
1	海信地产	14
2	荣盛地产	10
3	海基地产	9
	龙湖地产	9
	万科地产	9
4	保利地产	8
	华润地产	8
	南山地产	8
	绿地地产	8
5	圣北地产	7
	中房地产	7
	世茂地产	7
	城建设地产	7
	中海地产	7

从单体项目占地规模来看，环渤海区域的开发商对于 50 平方米以下的认可度相差不多，均占 20% 左右，到对于 50 万平方米以上的项目接受度仅为 13%。

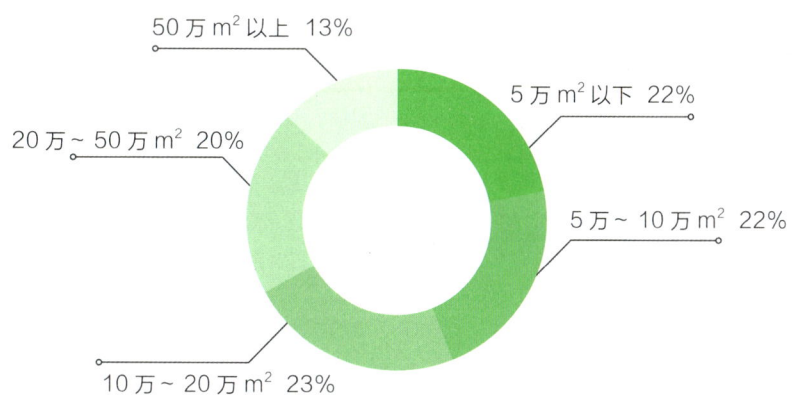

图 2-74 2014 年环渤海单体旅游地产项目不同规模占比

从项目类型来看，环渤海区域开发商选择单一驱动引擎来开发旅游地产的占到66%，比例和西南区域相同，略高于长三角和海南区域，而复合驱动仅占6%。

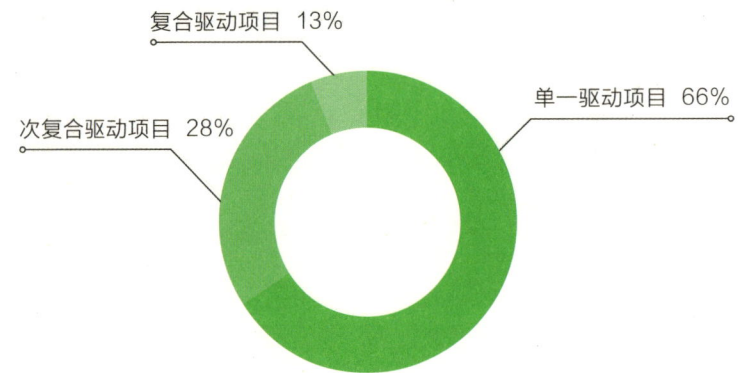

图 2-75　2014 年环渤海重点城市旅游地产项目类型结构

环渤海区域跟其他几个区域相同，酒店是其区域旅游地产开发的首选引擎，截至 2014 年底，环渤海区域以酒店为旅游地产开发引擎的多达 197 个。其次是主题公园，数量达到 122 个。

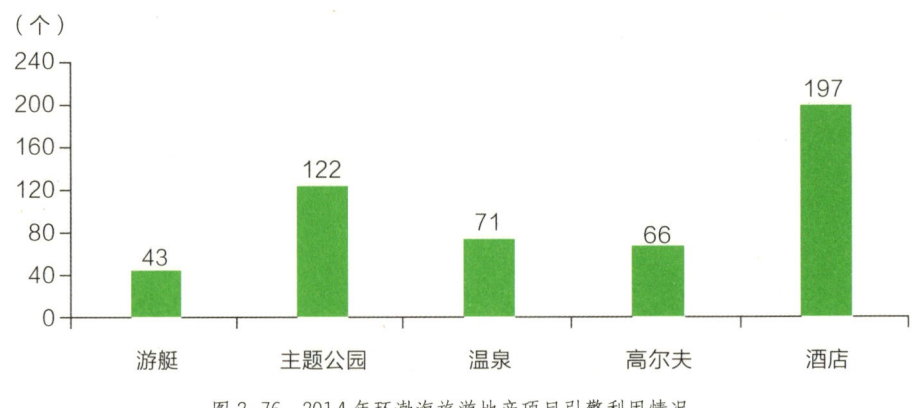

图 2-76　2014 年环渤海旅游地产项目引擎利用情况

从物业结构来看，截止 2014 年底，环渤海区域旅游地产的公寓比别墅多 183%，旅游地产项目物业类型为公寓的多达 1141 个。

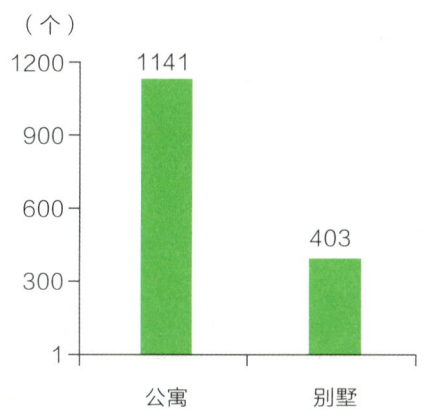

图 2-77　2014 年环渤海旅游地产项目物业结构

（四）2014 年环渤海旅游地产市场客户特征

客源结构： 环渤海区域的旅游地产广受外地人偏好，其中的青岛，大连等沿海区域的旅游地产很大一部分客户均来自北京等空气质量不佳的城市。

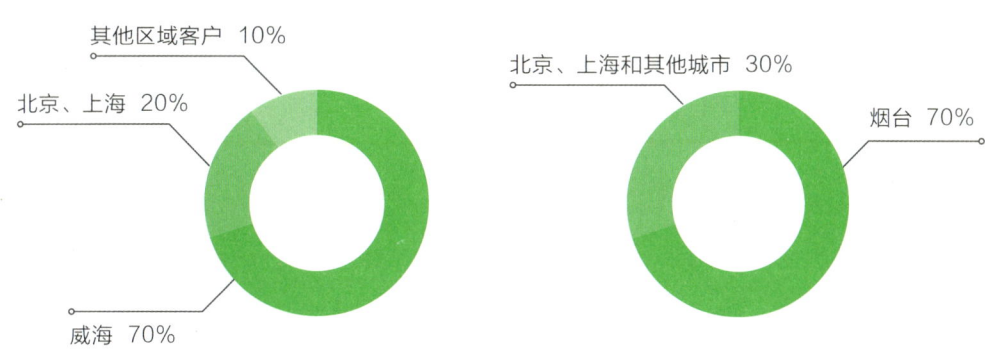

图 2-78　华润威海湾九里项目置业客户区域分布　　图 2-79　龙湖葡醍海湾项目置业客户区域分布

置业目的：对于环渤海区域的客户，度假和投资成了购买旅游地产的两大主要动机，而购买旅游地产用来养老的占比 9%。选择其他作用的占比超过 50%，这说明旅游地产物业的适用范围会越来越多。

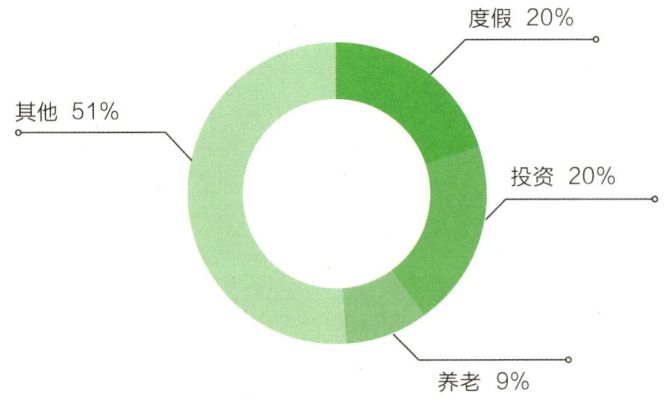

图 2-80　2014 年环渤海旅游地产意向置业者置业目的

景观资源偏好：相比于其他区域客户对于旅游地产资源的偏好，环渤海区域客户更加偏好于古镇资源，占比为 52%，而其他区域均处于首选的海景资源仅占到 32%，排名仅为第四。

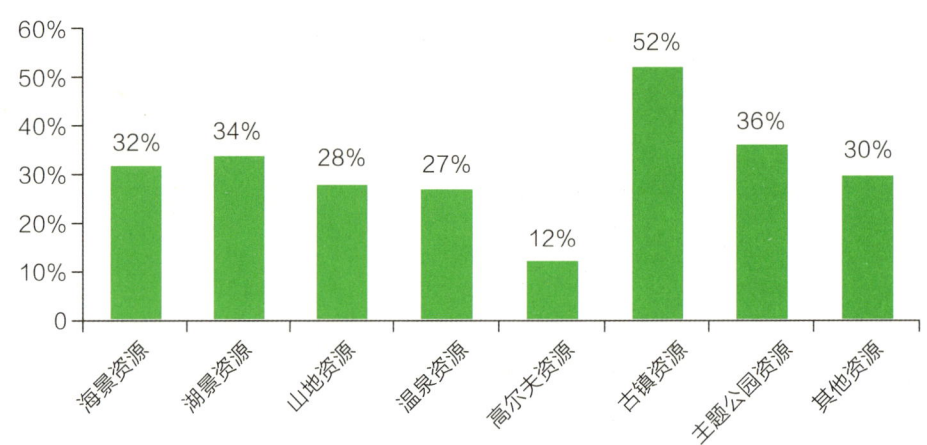

图 2-81　2014 年环渤海旅游地产意向置业者资源偏好

配套设施偏好：购置旅游地产物业，环渤海区域的客户更加关注餐饮配套，选择餐饮配套的占比 68%。而购物和运动配套占比均为 40% 左右，略低于 2013 年的 50% 左右。

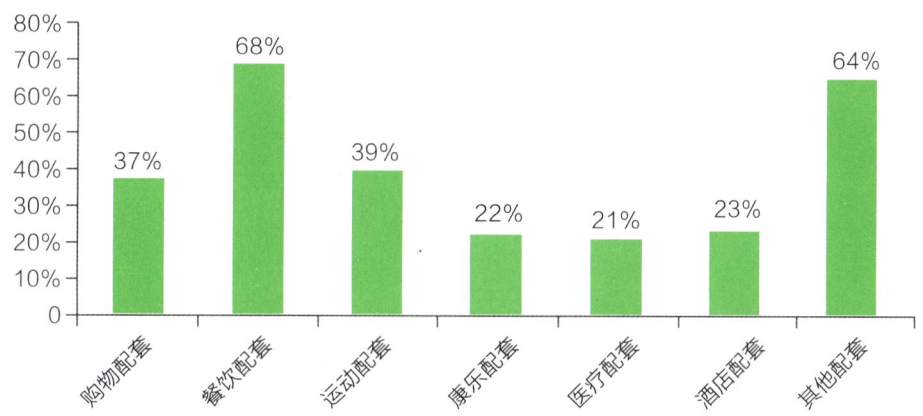

图 2-82　2014 年环渤海旅游地产意向置业者配套设施偏好

物业类型偏好：相比较 2013 年，2014 年环渤海区域的客户对于旅游地产物业类型的偏好集中于别墅，占比 39%，而选择公寓的比例由 2013 年的 40% 下降到 2014 年的 10%。

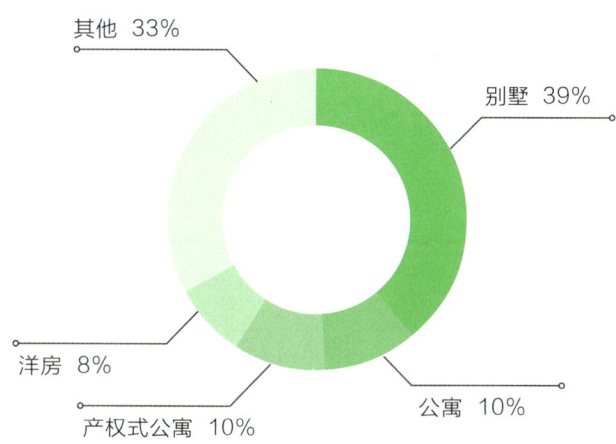

图 2-83　2014 年环渤海旅游地产意向置业者物业类型偏好

面积段偏好： 环渤海区域对于面积段在 70 ~ 120 平方米的旅游地产物业接受度高达 50% 以上。同时大于 250 平方米的户型市场接受度正在上升，相较 2013 年，已有 2 个百分点的提升。

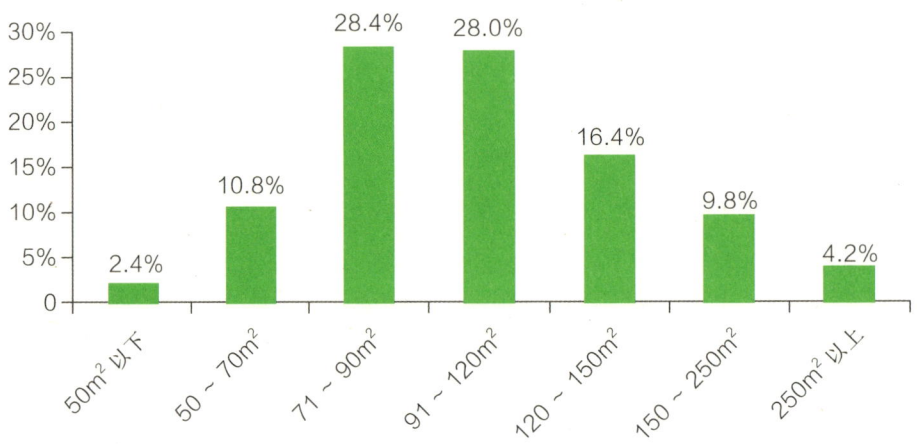

图 2-84　2014 年环渤海旅游地产意向置业者面积段偏好

价格承受力： 环渤海区域与长三角区域相同，价格为 300 万元以下的旅游地产物业客户会更容易接受。而 1000 万元以上的价格，市场接受度仅为 1%。其中 60 万 ~ 100 万元是最多客户会接受的价格区域，占比 27%。

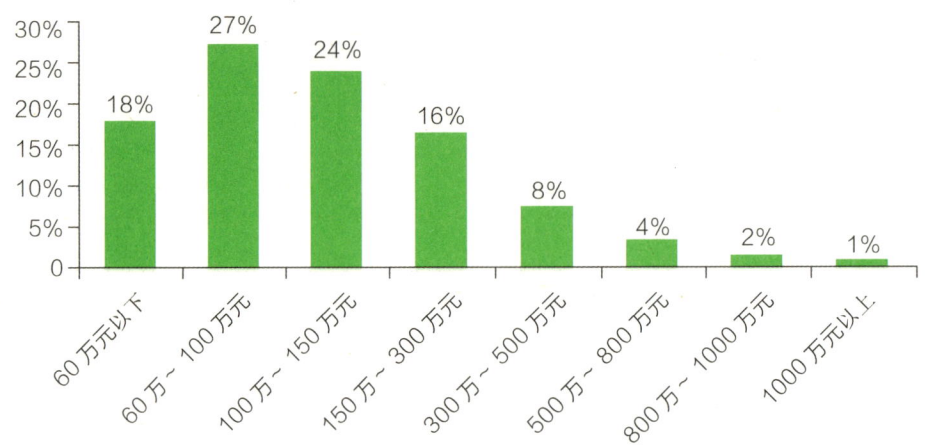

图 2-85　2014 年环渤海旅游地产意向置业者价格偏好

（五）环渤海典型项目——龙湖·长城源著

龙湖长城源著，坐落于北京市密云县古北水镇国际度假区之内，倾龙湖 20 年别墅造诣，枕卧司马台长城脚，与古北水镇比邻而居，展开世界遗产下的度假长卷，将"长城之最"、"全球最不容错过的 25 处风景之首"悉数收藏，尽揽百年北方民国建筑的古朴和千年江南乌镇的温婉。龙湖·长城源著是龙湖在北京高端别墅产品的扛鼎之作，将世界级文化遗产私有化收藏，让业主的居家、度假、休闲、养生生活触手可得。

龙湖·长城源著项目概况　　　　　　　　　　　　　　表 2-20

项目位置	北京密云古北水镇国际旅游度假区	周边配套	古北水镇、2000m² 可售商业
占地面积	57325m²	开盘时间	2014 年 8 月 17 日，10 月二期
开发商	北京古北水镇房地产开发有限公司	物业类别	洋房、别墅
建筑面积	68485m²	容积率	1.05

区位交通：项目坐落于北京市密云县古北水镇国际度假区之内，周边旅游资源丰富，距离北京市区约 150 公里。西靠京承高速，对外交通便利；紧邻古北水镇和司马台长城旅游区，旅游资源丰富；毗邻小汤河与鸳鸯湖水库，水体资源丰富，自然生态环境良好。

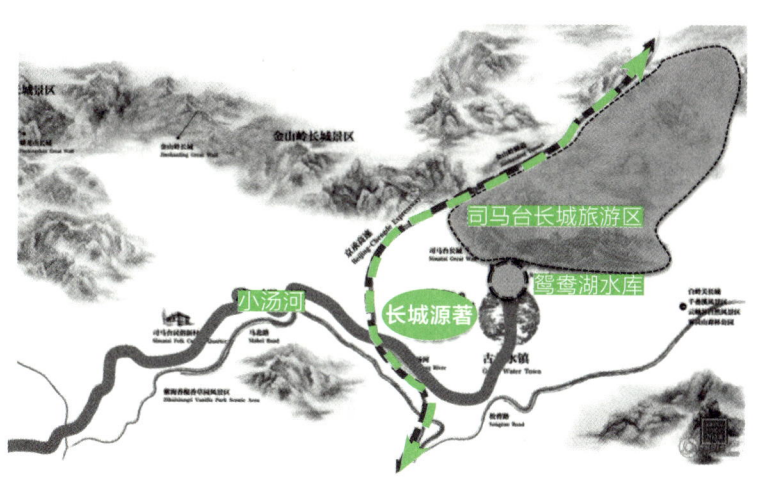

图 2-86　龙湖·长城源著项目区位交通图

整体规划： 一期规划：项目一期以一环、两轴、十三景为整体规划布局，整体规划充分考虑地势高差，层次分明。一环：将大部分叠院别墅划分为一个独立整体，整个一期物业串联为一体；两轴：两轴分别为黄色的景观山轴和绿色宅间景观轴。两条景观山轴拾阶而上，层层进阶，步步异景。宅间景观轴，丰富景观层次，满足低层住户的景观需求；十三景：户外十三景分布在一期物业的各个角落，是园林向居住空间的拓展，是移步一景的载体，是一种新生活思路的体验。

图 2-87 龙湖·长城源著项目规划图

一期住宅产品： 项目一期规划住宅占地面积约 86 亩，西靠青山、东临水镇、北望长城，东西高差 9 米，南北高差 27 米，山地优势明显，是长城脚下唯一在售物业。一期首推 5 栋 8 层洋房、13 栋 4 层叠院，主力户型为：65 平方米两居跃层和 70 ～ 110 平方米叠院，2014 年 10 月加推二期。

龙湖·长城源著住宅一期规划　　　　　　　　　　　　　　表 2-21

	分区	户型区间	物业类型	房型	总价（万元）	销售情况
一期	洋房	40 ～ 80m²	多层建筑	1 ～ 2 房	50 ～ 120	售罄
	叠院	70 ～ 110m²	低层别墅	1 ～ 2 房	110 ～ 250	
	商住公寓	54 ～ 108m²	多层建筑	1 ～ 2 房	110 ～ 240	少量剩余

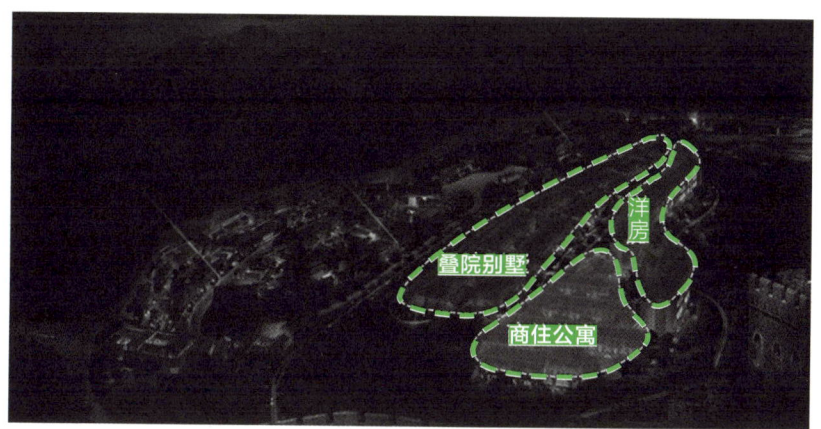

图 2-88　龙湖·长城源著住宅一期规划

户型赏析： 项目以明快的色彩结合波浪形通体玻璃设计，使项目独具自由浪漫的度假特色；错落布局结合 360° 多情境户型设计，确保户户观海效果。

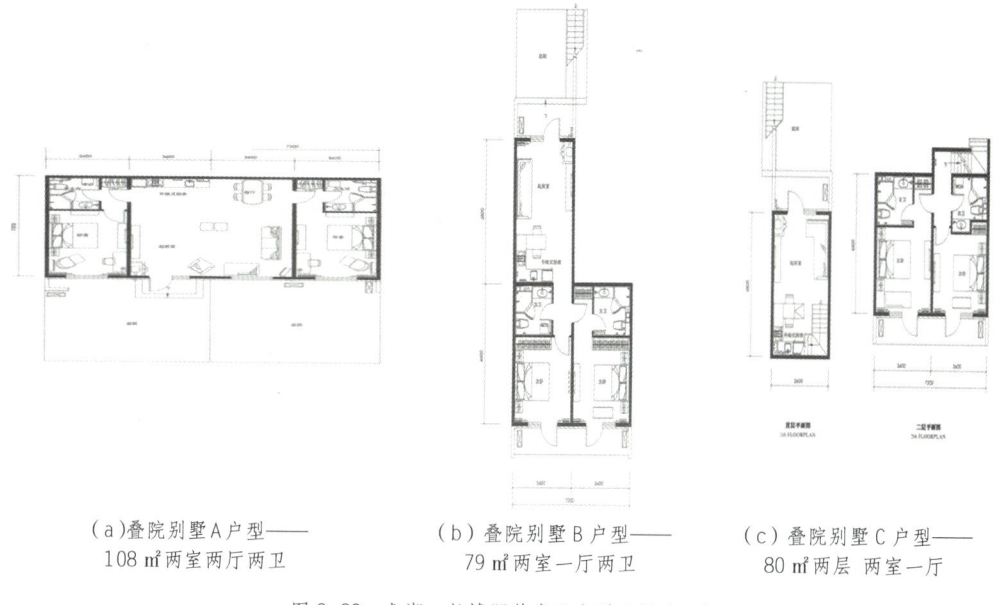

（a）叠院别墅 A 户型——
108 ㎡两室两厅两卫

（b）叠院别墅 B 户型——
79 ㎡两室一厅两卫

（c）叠院别墅 C 户型——
80 ㎡两层 两室一厅

图 2-89　龙湖·长城源著产品户型示例（一）

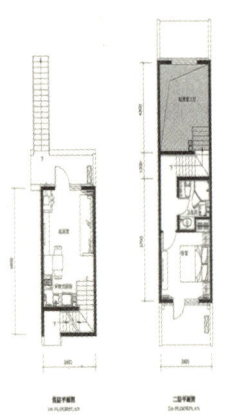
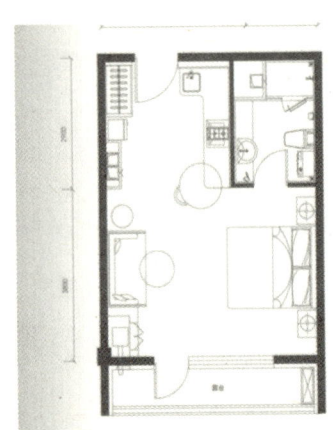
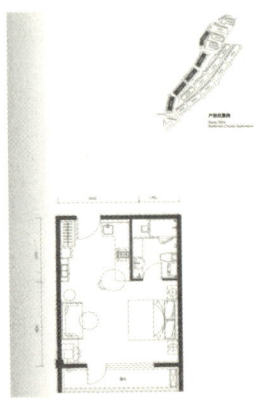

（d）别墅 D 户型——　　　　（e）洋房 A 户型——　　　　（f）洋房 B 户型——
50 ㎡一室一厅一卫　　　　　41 ㎡一室一厨一卫　　　　80 ㎡两层，两室一厅一卫

图 2-89　龙湖·长城源著产品户型示例（二）

（六）2014 年环渤海值得关注的旅游地产项目一览表（排名不分先后）

2014 年环渤海值得关注的旅游产地项目　　　　　　　　表 2-22

项目名称	总建面（㎡）	项目特色
长城源著	6.8	是龙湖地产首次在北京涉足旅游地产市场的项目
世茂诺沙湾	32	集别墅、叠院别墅、小高层、高层于一体的大型住区
保利海上罗兰	69	青岛西海岸首席滨海英法海景别墅，世界级滨海庄园
建邦听海	33	建邦集团进军青岛地区的首个高端产品
雨润北海湾	62	集高端酒店、购物、游乐、美食、温泉养生、度假休闲聚集区于一体
天境昆嵛中国院子	26	烟台唯一的一个在 4A 级森林公园旁建设的温泉养生
碧龙潭温泉小镇	200	亚洲最大的温泉小镇
天地·凤凰城	108	集"河滨、高尔夫、低密度、高绿化率"于一体的高尚人文社区
麦尔文艺墅	47	重现西班牙建筑的原汁原味
龙熙顺景	17.4	龙熙顺景项目系京南最大的一块别墅用地

（七）专家看市场

环渤海旅游地产 2014 年终总结——稳中有分

环渤海地区旅游地产板块主要包括山东半岛、辽东半岛以及京津冀地区。版块内旅游资源丰富且多样，既有青岛、烟台、大连等有着阳光沙滩海洋的滨海资源，亦有北京故宫长城、承德避暑山庄、曲阜的孔府孔庙等历史人文旅游资源，这些宝贵的资源财富为区域旅游地产的发展打下坚实的基础。根据环渤海旅游资源的分布，山东半岛和北京市是版块内旅游资源拥有数量和质量较佳的区域。

环渤海旅游地产项目的分布和各地城市拥有的旅游资源呈正比关系。根据 2014 年旅游地产项目的分布，旅游地产主要集中在北京以及山东沿海城市。相比较国内其他旅游地产板块，环渤海区域给市场一种不温不火的感觉。一方面北方气候冬季寒冷不适合外出旅游，且北方天气雾霾严重；另一方面，环渤海旅游地产深度挖掘不够，旅游产品单一，大部分以景观资源性和观光型旅游地产为主，缺乏复合型和较有深度的旅游地产产品，因此区域内众多旅游地产项目的旅游资源对于地产销售的引擎驱动力有所减弱。

2014 年环渤海旅游地产中最大的惊喜莫过于北京长城脚下的某项目，首先，在选址区位上该项目位于密云古北水镇，是古北水镇风景区内唯一一块住宅用地，地块价值非常明显。其次，项目所在景区旅游资源丰富。古北水镇拥有北京山水城等多种旅游资源，背靠中国最美、最险的司马台长城，坐拥鸳鸯湖水库，并保存着 5 个民国风格的山地四合院自然古村落。另外，该项目在开发初期便引入古北水镇的运营管理方，形成和古北水镇强强联手，使之与景区联为一体，并借助于管理运营方的资源和优势给予市场较大的信心，打消传统旅游地产重开发轻运营的弊端。在社区环境打造上，在借势旅游大配套的基础上，注重项目内部环境的打造，采用三径异景、九径寻踪等景观处理，小区内规划十三处景观，处处洋溢着旅游度假的气息。在产品的设计上，尊重旅游刚需的市场需求，注重功能和实用型，杜绝大而无当的舒适奢华。在对市场充分调研的基础上，投资商给予购买者每年稳定的投资回报以及其他附赠价值，兼顾旅游度假，投资保值等多种用途的投资型旅游地产项目。

预计在即将到来的 2015 年，环渤海旅游地产市场将出现稳中有分的市场格局，在市场稳步发展的同时，一部分注重产品选址、设计、运营的项目将受到市场的青睐，而那些只注重产品包装缺乏实际旅游运营的项目将慢慢淡出市场。

观点来源：CRIC 旅游地产事业部副总经理 陈臻立

五、两广板块

两广区域的旅游地产资源丰富，旅游地产发展蓬勃，尤其值得一提的是，2014 年，众多一线房地产开发商进驻广西，继万达、保利、华润等大型房企陆续进入广西南宁，近一年内，又迎来了万科和招商地产等地产大鳄。基于国家战略往中西部转移的机遇和南宁未来的旅游地产发展前景。未来，可能还会有更多大型房企来南宁拿地，开发旅游地产项目。

（一）2014 年两广旅游地产市场供给特征

截至 2014 年底，两广区域共有 751 个旅游地产项目，深圳的旅游地产项目最多，为 169 个。而 2013 年旅游地产项目最多的惠州排名第二，项目累计达到 149 个。关于用地规模，两广区域累计用地规模达到 2.9 亿平方米。

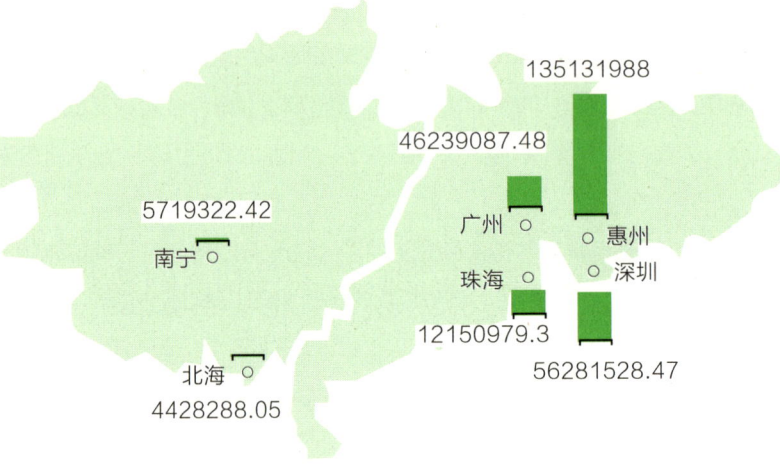

图 2-90 截至 2014 年两广重点城市的旅游地产用地规模（单位：㎡）

从旅游用地出让均价来看，两广区域旅游地产重点城市中深圳和珠海的旅游用地出让均价降幅颇大，回归到接近于 2012 年的旅游用地出让均价。而广州旅游用地出让均价同比上涨 56.8%。

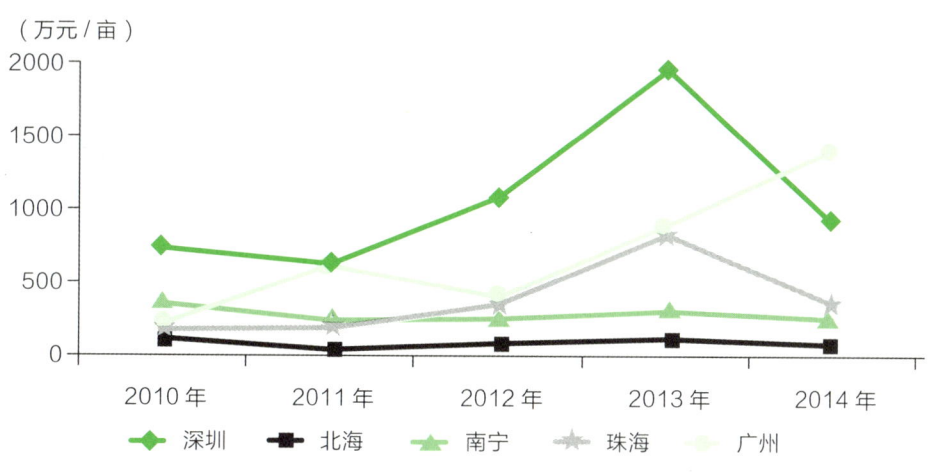

（万元/亩）

图 2-91　2010 ～ 2014 年两广重点城市旅游用地出让均价变化

2014 年，两广区域重点城市旅游用地累计出让量为 1241.1 万平方米，广州和南宁是主要的集中地，南宁出让面积达到 442.5 万平方米，广州出让旅游土地 311.3 万平方米。

2014 年两广重点城市旅游用地出让情况　　　　　　　　　　表 2-23

	城市	出让面积（万㎡）	平均容积率	出让总价（万元）	出让单价（万元/亩）	最高单价（万元/亩）	最低单价（万元/亩）
第一梯队	深圳	114.2	1.2	1584478.9	925.1	413.8	7921.6
	广州	311.3	2.6	6559975.5	1404.8	12839.7	18.1
第二梯队	珠海	251.5	1.9	1347909.7	357.3	2649.2	12.1
第三梯队	南宁	442.5	3.1	1812437.6	273.1	1060.0	0.03
	北海	121.6	2.6	173870.0	95.3	351.4	7.8
	总计	1241.1	—	11478671.7	—	128397	0.03

（二）2014 年两广旅游地产市场成交特征

同时，市场受到取消限购和银行降息的影响，从 2014 年 9 月开始，商品房成交面积呈持续上涨趋势，11 月的商品房成交量增长率甚至达到 54.2%。

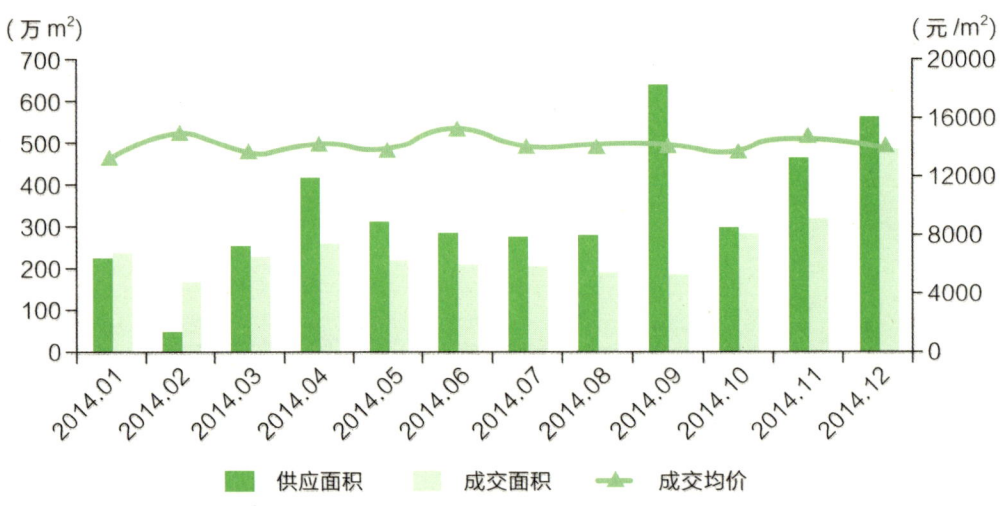

图 2-92　2014 年两广旅游地产重点城市（深圳、广州、惠州、北海、南宁）商品房累计成交情况

从两广板块重点城市的成交来看，深圳商品房成交面积连续上升，2014 年累计成交面积为 496.7 万平方米，12 月达到全年成交面积最大值，为 99.3 万平方米。惠州相较 2013 年商品房成交面积，略有下降，成交均价处于平稳趋势。

图 2-93　2013 ~ 2014 年深圳商品房累计成交情况

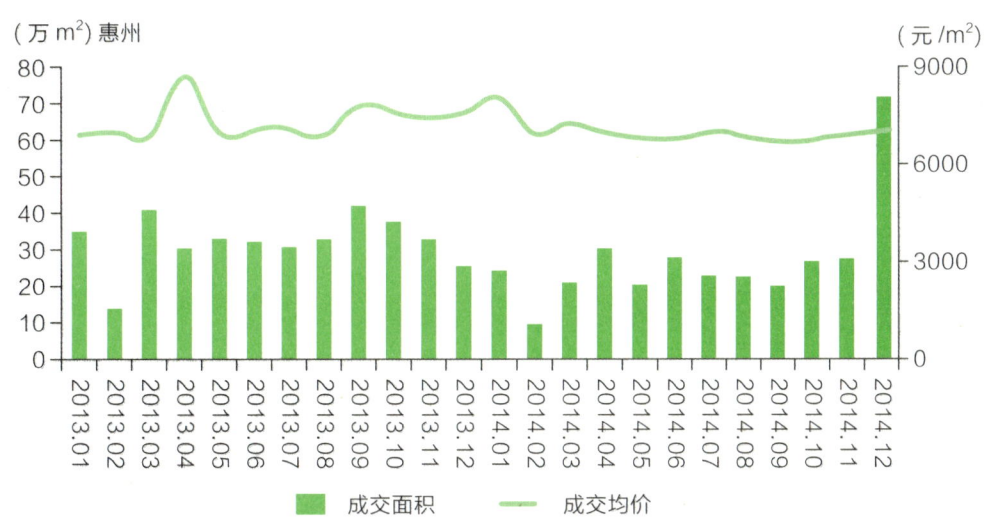

图 2-94 2013 ~ 2014 年惠州商品房累计成交情况

从单体项目成交情况来看，相对于其他区域来说，两广区域的单体项目降低价格对于销量的作用表现极为强烈，雅居乐白鹭湖、汇景御海蓝岸、雅居乐剑桥郡这些项目均价的改变对项目的销量起到翻一番的作用。

2013 年与 2014 年两广单体项目成交面积均价对比   表 2-24

	雅居乐白鹭湖（惠州）		嘉和城温莎小镇（南宁）		北海恒大御景半岛（北海）		锦绣山河（东莞）		雅居乐剑桥郡（广州）	
	面积（万 m²）	均价（元 /m²）	面积（万 m²）	均价（元 /m²）	面积（万 m²）	均价（元 /m²）	面积（万 m²）	均价（元 /m²）	面积（万 m²）	均价（元 /m²）
2013 年 1 ~ 11 月	7.7	6584	11.5	5979	6.9	9602	2.71	19690	5.7	21516
2014 年 1 ~ 11 月	18.4	6706	21.4	6038	5.3	9135	2.74	17400	16	16376
同比	139%	-18.5%	86.1%	1%	-23.2%	-4.9%	1.1%	-11.6%	180.7%	-23.9%

（三）2014 年两广旅游地产市场项目特征

截至 2014 年底，两广板块共计 751 个旅游地产项目，碧桂园跃居两广区域旅游地产项目持有最多的开发企业，项目数量为 16 个，其次是大亚湾地产和金地地产，拥有旅游地产项目分别为 10 个和 9 个

两广主力开发商开发项目个数一览表		表 2-25
排名	开发商	项目数
1	碧桂园地产	16
2	大亚湾地产	10
3	金地地产	9
4	华发地产	8
5	华侨城地产	7
	万科地产	7
	招商地产	7

从单体规模来看，两广区域 5 万平方米以下的项目占据四成左右，而大于 50 万平方米的旅游地产项目一成都不到。由此可见，两广区域开发商热衷于小体量的旅游地产项目。

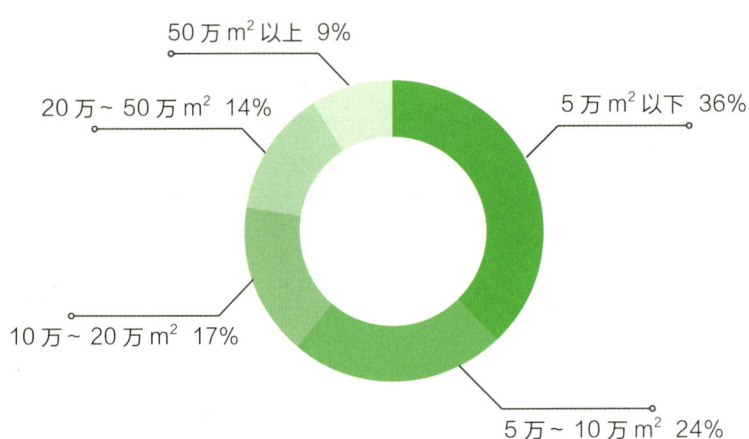

图 2-95　2014 年两广旅游地产不同规模项目比重

2014 年，六大区域旅游地产项目选择单一引擎的均占一半以上，其中两广区域旅游地产项目选择单一引擎的占比 57%，选择次复合驱动引擎的占到 35%。

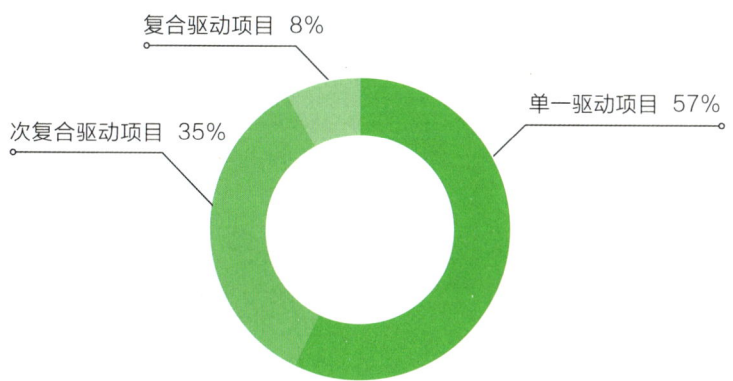

图 2-96　2014 年两广重点城市旅游地产项目类型结构

　　截止 2014 年底，选择酒店作为开发引擎的旅游地产项目高达 140 个，比位居第二、第三以高尔夫和主题公园为开发引擎的旅游地产项目总数还多 41 个。

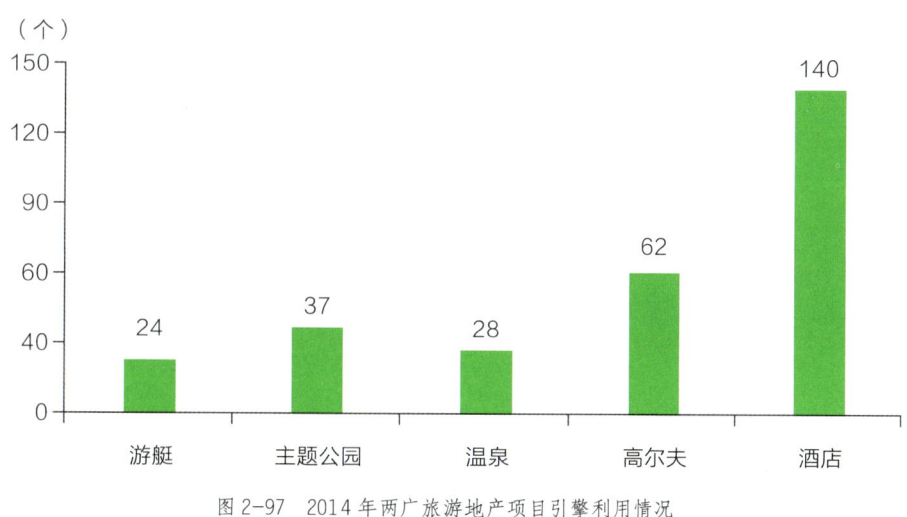

图 2-97　2014 年两广旅游地产项目引擎利用情况

　　从物业结构来看，2014 年两广区域的旅游地产项目物业类型中公寓和别墅以接近 2:1 的系数存在，公寓数量为 622 个。

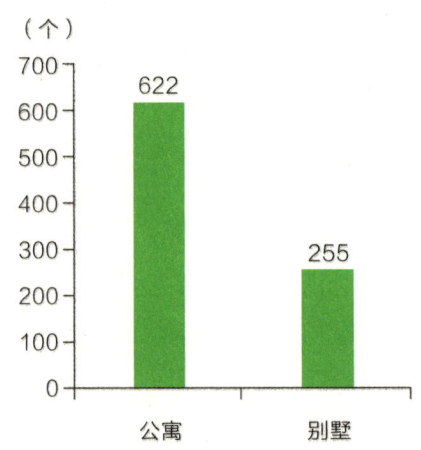

图 2-98　2014 年两广旅游地产项目物业应用情况

（四）2014 年两广旅游地产市场客户特征

客户来源： 两广区域的旅游地产项目置业者主要是珠三角一带，同时随着交通和政策的放宽以及香港、澳门高昂的房价，香港、澳门的客户也占一定比例。

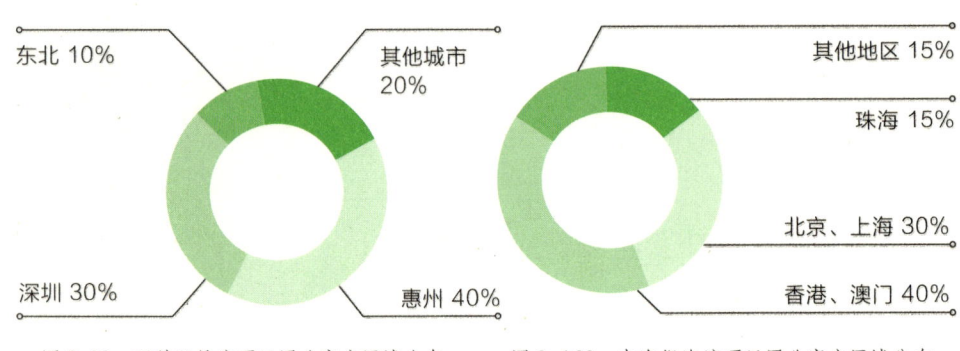

图 2-99　万科双月湾项目置业客户区域分布　　图 2-100　中海银海湾项目置业客户区域分布

置业目的： 两广区域的客户购置旅游地产物业主要以度假和投资为主，度假占 39%，投资占 31%。而 2013 年尤为走红的养老下降至 12%。

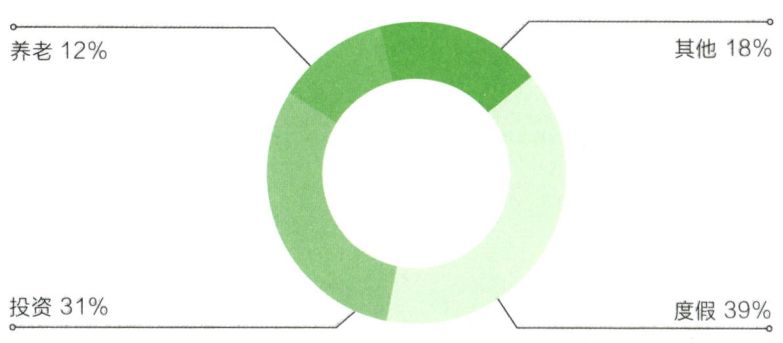

养老 12%　　其他 18%

投资 31%　　度假 39%

图 2-101　2014 年两广旅游地产意向置业者置业目的

景观资源偏好： 相对于别的区域对于海景资源的偏好，两广区域客户比较偏好于湖景资源，选择比例占到 53%。受访者对于海景资源的旅游地产物业接受度也达到 48%。

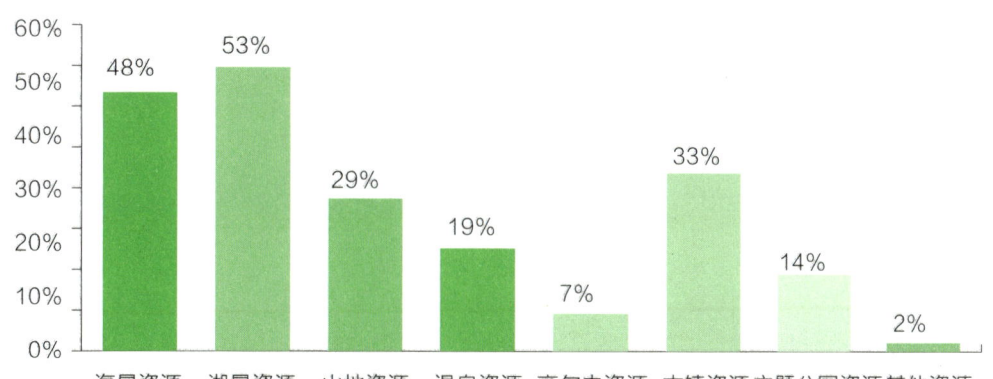

图 2-102　2014 年两广旅游地产意向置业者景观资源偏好

配套设施偏好： 餐饮配套和购物配套始终是客户购置旅游地产物业的首要衡量标准，餐饮配套占比 47%，而选择购物配套的也有 44%。

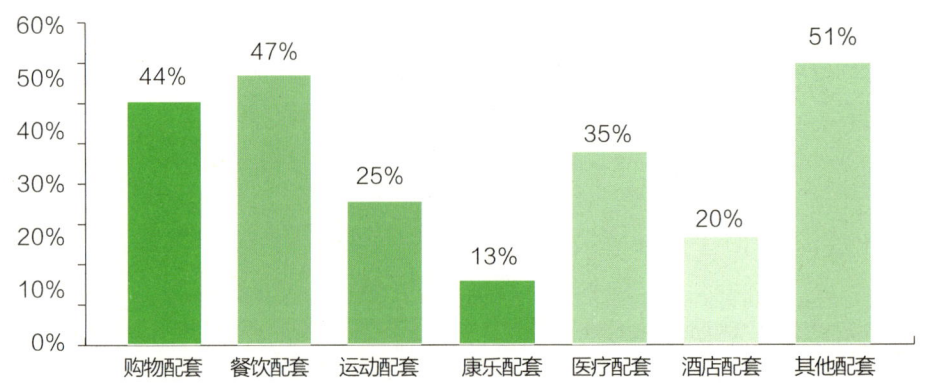

图 2-103　2014 年两广旅游地产意向置业客户配套设施偏好

物业类型偏好： 旅游地产意向置业者偏好的物业类型是别墅，选择别墅的占 53%。 受访者选择的物业类型为公寓和洋房的共计为 31%。

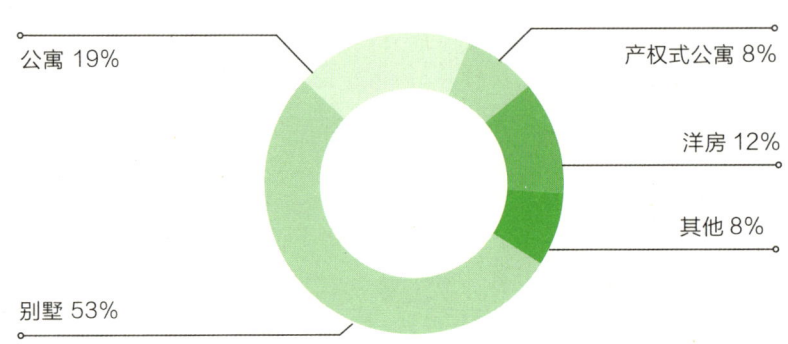

图 2-104　2014 年两广旅游地产客户物业类型偏好

面积段偏好： 与其他区域不同，两广区域受访者最偏好的面积段为 150～250 平方米的旅游地产物业，选择这一区段的占 23.9%。当然受访者表示 50～120 平方米的物业也是愿意购买的，占比达到 48.7%。

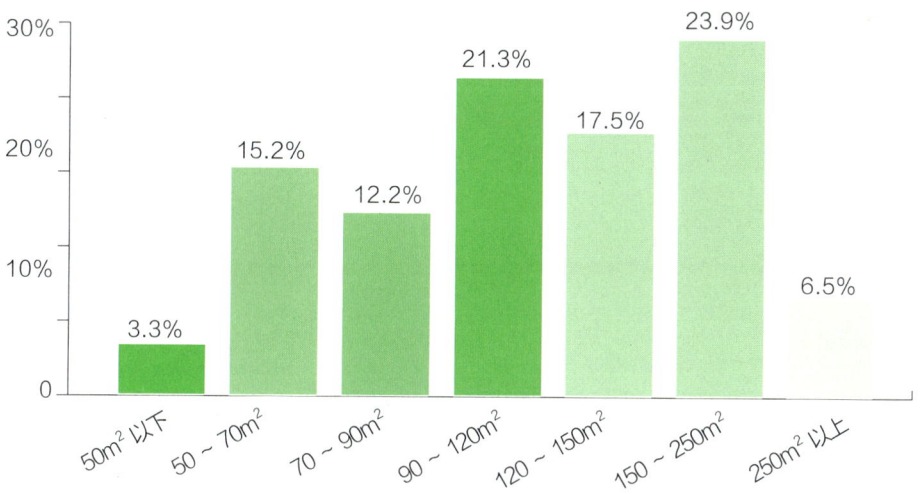

图 2-105 2014 年两广旅游地产意向置业者面积段偏好

价格承受力： 两广区域受访者最偏好的价格区域是 60 ~ 100 万元，而高于 500 万元的旅游地产物业所占比例不足一成。

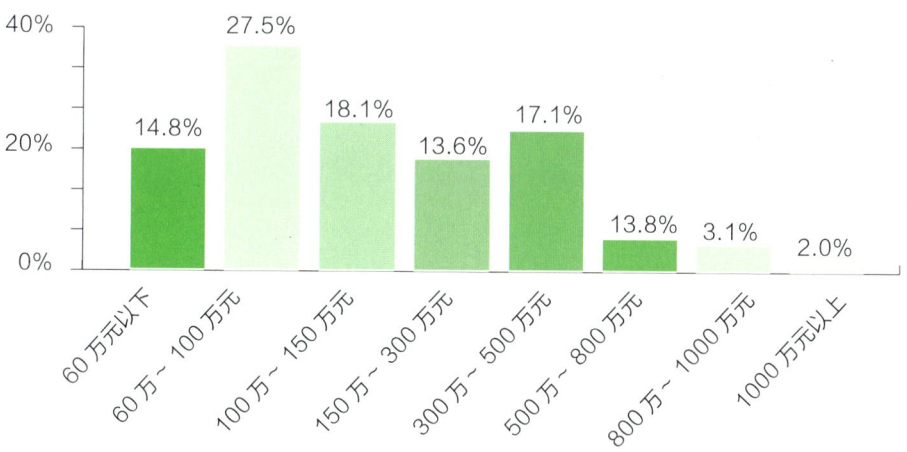

图 2-106 2014 年两广旅游地产意向置业客户价格偏好

（五）两广典型项目——桂林罗山湖旅游度假区

罗山湖旅游度假区 项目由桂林罗山湖集团有限公司斥资60亿，力争将度假区打造成桂林第一个休闲度假、娱乐购物、商务会议、养生康体、生态农业、人居生活等多种业态于一身的多功能性城市旅游综合体。

桂林罗山湖旅游度假区项目概况			表 2-26
项目位置	临桂区桂林两江国际机场东侧	建筑面积	17061.5m²
占地面积	10000 亩	物业类别	住宅，别墅，酒店式公寓
开发商	桂林罗山湖集团有限公司	投资金额	60亿

区位交通： 项目位于桂林市临桂镇的罗山水库旁，两江国际机场东侧，贵广高铁2014年8月全线贯通，桂林约位于贵广高铁路线中间位置。在交通方面，公交路线有机场专线，直达机场，也可从市区冠泰大酒店乘坐罗山湖专车到项目。

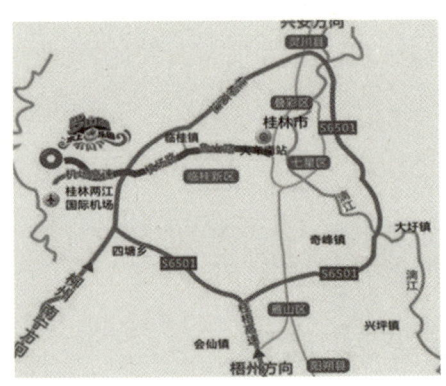

图 2-107 罗山湖旅游度假区项目区位示意图　　图 2-108 罗山湖旅游度假区项目交通示意图

整体规划： 项目整体规模达10000亩，湖域面积逾2000亩，建设包括休闲度假、娱乐购物、商务会议、养生康体、生态农业、人居生活六大板块。

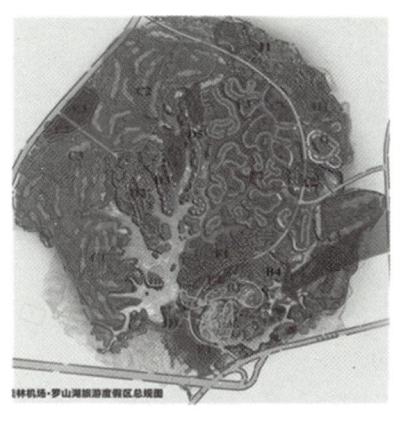 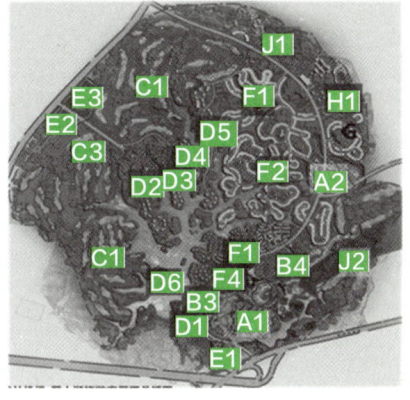

图 2-109 罗山湖旅游度假区项目功能布局　图 2-110 罗山湖旅游度假区项目物业分布

物业分布： 项目占地面积一万亩，合计 6666666.7 平方米，规划功能完善，物业包括五星级酒店、温泉小镇、滨湖码头、会议中心等。

总体包括： A1，桂林奥特莱斯购物小镇、五星级度假酒店；A2，生活区商业中心；B1，罗山湖水上乐园；B3，滨湖广场码头；B4，温泉度假小镇；C1-3，岛屿型高尔夫运动基地；D1，五星级别墅酒店；D2，五星级温泉度假酒店；D3，五星级精品度假酒店；D4，山水会议会展中心；D5，总部基地；D6，山水婚纱摄影基地；E1-3，生态停车场；F1-3，山水别墅；F4，产权式温泉酒店公寓；G，养老养生康复中心；H1，双语实验小学、幼儿园；J1-2，农业生态观光旅游园。

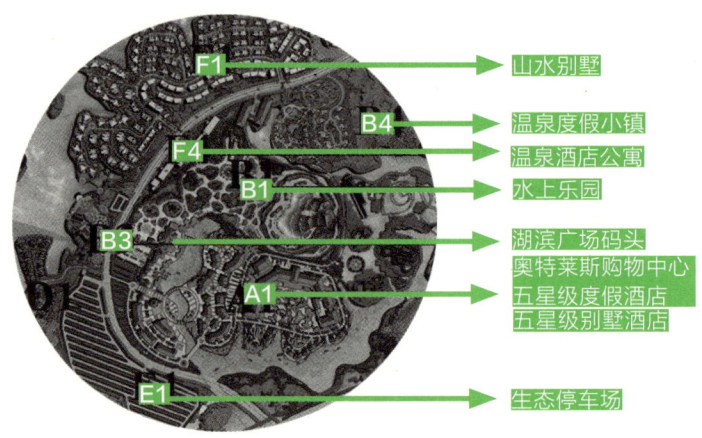

图 2-111　罗山湖旅游度假区项目物业分布

一期规划：项目一期规划包括奥特莱斯购物小镇和五星级度假酒店、玛雅水上乐园、滨湖广场码头、温泉度假小镇、五星级别墅酒店、生态停车场、山水别墅、产权式温泉酒店公寓。

开发节奏：度假区一期项目中，占地 400 亩的罗山湖水上乐园已于 2013 年 7 月开园，产权式温泉酒店公寓也于 2014 年 6 月开盘，而温泉小镇、奥特莱斯名品购物小镇、滨湖广场码头等也将于 2015 年年底陆续建成、开放。

图 2-112　罗山湖旅游度假区项目节奏

住宅产品——产权式温泉酒店公寓：产权式温泉酒店公寓，拥有 40 年独立产权，400 套，58 ～ 128 平方米精致格局，全线精装的度假式居住空间，辅以完美旅游配套为基本引擎。产权式温泉酒店公寓可独立办理产权（40 年）；10 年享约 10% 年化收益率，即买即收益；5 年后房价 110% 溢价回购权利；每年 7 天免费入住权，水上乐园终身 VIP 卡。

桂林罗山湖旅游度假区产权式温泉酒店概况　　　　　表 2-27

项目名称	产权式温泉酒店	占地面积	1330000m²
产权年限	40 年	容积率	3.4
开盘时间	2014 年 6 月 10 日	交房时间	2015 年 7 月
主力户型	二居 (128m²) 一居 (72m²) 一居 (86m²)	装修状况	精装修
绿化率	12%	物业类别	住宅、酒店式公寓
建筑面积	17061.5m²	物业管理	美国戴斯集团

　　公寓户型：温泉酒店公寓二室户型为 128 平方米，该户型房型方正，空间宽敞，阳台面积大，视角广阔。户型为 72 平方米和 86 平方米的一居，房型精致，通透采光，阳台观景范围广，设计灵动实用。

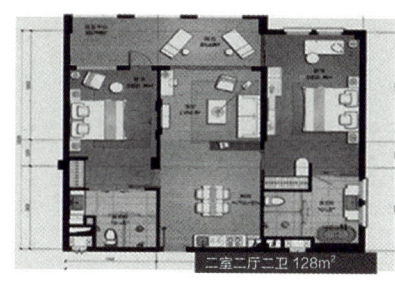 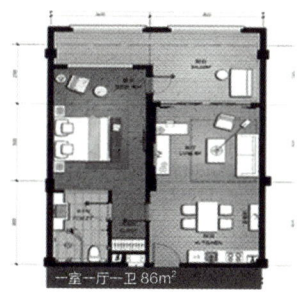 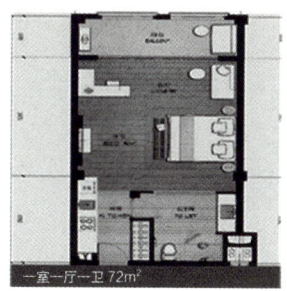

图 2-113　桂林罗山湖旅游度假区产品户型示例

（六）2014 年两广值得关注的旅游地产项目一览表

2014 年两广值得关注的旅游地产项目　　　　　表 2-28

项目名称	总建面（万㎡）	项目特色
桂林罗山湖旅游度假区	1.7	湖域面积逾 2000 多亩
碧桂园十里银滩	160	碧桂园首个大型滨海度假大盘
格力海岸	103.6	居住版图从陆地向海洋衍生，做到真正的离岸生活
富力南昆山温泉养生谷	72	以城市紧缺的养生度假为主题的项目
合生高尔夫庄园	100	惠州最美江山别墅大盘
保利锦里	153	得天独厚的"碳酸氢钠温泉"
御海蓝岸	42	意大利托斯卡纳风情古镇风格
恒大海上夏威夷	127	"三园一岛一海岸"独一无二布局
雅居乐白鹭湖	201	"南中国最美湖畔小镇"
广佛新世界庄园	800	华南首席高尔夫国际社区

（七）专家看市场

两广旅游地产市场 2014 年终总结——正式进入升级、分化阶段

依托宜人的气候、良好的生态与植被，特别是经济发达的珠三角市场，两广旅游地产成为中国重要的旅游地产区域之一。总体看，2014 年两广旅游地产进入升级、分化阶段，不同的旅游地产项目呈现截然不同的态势。

1. 需求拉动与格局成型

2013 年广东省人均 GDP 已突破一万美元、进入旅游大发展的黄金时期，2014 年对旅游和旅游地产的需求也更为强劲，旅游地产呈现东部扎堆巽寮湾，西部聚焦海陵岛，北部温泉大盘盘踞，众多特色景点项目散布各地的热闹格局；

而广西壮族自治区 2014 人均 GDP 也将突破五千美元，旅游产业将进入快速发展阶段。本地区对旅游地产的需求总体还处于起步阶段，但正在开始逐步形成规模，旅游地产呈现中部南宁主打生态文化综合、北部桂林主打山水、南部北海主打滨海的线性格局，还有巴马等养生概念作为补充。

2. 区域扩展与圈地行动

基于对经济发展阶段和市场需求的良好预期，2014 年广东旅游地产项目显现向全省蔓延的趋势，当然，其中不乏以提前圈占资源为目的战略布局行为。

大深圳地区、大广州地区、惠州地区继续保持广东旅游地产核心区的良好势头，新增项目和销售继续保持领先地位；2014 年珠海横琴半岛的开发加速、特别是长隆横琴海洋公园项目的良好效应，将带动珠海珠江西岸旅游和旅游地产的加快发展；保利、恒大地产、敏捷地产驻兵阳江，带动粤西旅游和旅游地产上档升级；依托丹霞山的独特旅游资源，众多房地产公司提前布局韶关，期待吸引珠三角客源前往；潮汕地区则以本地房地产企业为主，正在进行旅游地产的探索；梅州地区客天下一枝独秀；巴登新城之巴伐利亚庄园真正开启了河源地区旅游地产的历史进程。

2014 年广西旅游地产项目继续保持不温不火的态势，吸引外来置业的努力继续受到更具吸引力的海南、云南的压制，而本地市场则受到本地区经济发展阶段和居民收入水平的限制。因此，南宁和北海为代表的北部湾地区的旅游地产项目并未受到市场的全面肯定，入市项目及去化都受到抑制；而桂林地区打造世界旅游城市的目标虽然激动人心，也吸引了众多地产公司去拿旅游地产用地，但更多是圈占资源，因为现实的市场并不乐观，本地需求有限，而

桂林作为旅游地产的目的地并未为区外客群所普遍认可。

3. 投资风险与转型升级

2014 年两广旅游地产市场的重要特征是旅游地产的风险性凸显。

对以旅游之名行地产之实的项目来说，仅仅依托资源、靠前期的营销忽悠消费者，或仅以"旅游"的概念做噱头，纯做"地产"而无实质性的旅游投入，由于缺乏旅游的条件与氛围、以及配套服务，则大大影响"旅游"地产项目的吸引力，抑制了对后续项目的需求，影响去化。

广东旅游地产项目最集中的惠州巽寮湾及大亚湾区域的旅游地产项目即遇到了这样的瓶颈，后续项目和新项目销售遇到困难；而对于真正做实旅游的华侨城集团来说，近年来则由于旅游项目的重资产模式占压了很多资金，而高端房地产的销售又不畅，则会影响资金的周转和后续项目的开发。

2014 年年中，发源于惠州、以全球候鸟度假地为品牌的广东旅游地产领军企业之一的光耀地产，由于战线过长、周转不灵，资金链断裂，公司关闭，进行重组，至今尚无结果；

2014 年年末，总部位于深圳的中国地产百强、近年也涉足旅游地产的佳兆业集团，由于资金周转不灵，濒临破产，大股东不得不出售股份，估计由融创集团接盘，华侨城集团则收购其位于深圳的项目。

由中国五矿在惠州投资的旅游地产项目——奥地利哈尔施塔特小镇项目，至 2014 年已投资 60 亿元，第一期交楼近两年，据说资金回笼仅 4 亿元，难言成功。

这些都让我们看到了旅游地产开发蓬勃热潮的同时，需要警惕的是由此带来的社会、经济、环境忧思。

与此同时，我们看到 2014 年万达集团首次在一线城市布局，在广州高调投资"广州万达文化旅游城"，总投资达到 500 亿元，将成为万达集团在中国大陆的五大投资重点项目之一，为区域旅游地产市场带来了新的可能性。

因此，两广旅游地产正面临重大的升级转型。旅游地产的特性决定了它不是一般小房地产商玩的游戏，传统短、平、快的打法将难以为继，圈地模式将退出历史舞台。回归旅游地产的本质将是唯一出路。

其中：尊重消费者、准确理解消费者的需求、为消费者创造独特的价值将是成功的前提；而依靠自身实力和能力、做适度规模的精品项目则是立身之本；努力实现旅游与地产的良性互动和叠加优势则是重要的竞争策略；而运营能力的准备和整合则决定了项目的后续成败。

观点来源：中国城市发展研究院高级研究员、南方分院执行院长 梁齐

六、闽东南板块

作为一支新生力量，目前闽东南旅游地产规模较小，在六大旅游地产区域中排行"老六"。虽然旅游地产起步较晚，但在近两年的表现却可圈可点。闽东南旅游地产市场的飞速发展，一方面得益于全国旅游地产良好的发展态势，强大的市场需求也成为"助推器"。另一方面，闽东南历来山水俊秀，旅游资源丰厚，这为发展旅游地产提供了得天独厚的条件。旅游地产方兴未艾，已经成为了未来海西地产增长的一个新亮点。

（一）2014 年闽东南旅游地产市场供给特征

截至 2014 年底，闽东南区域开发的旅游地产项目共计 246 个，拥有旅游地产项目数量排名前三的城市分别为：厦门、漳州、福州，这三个城市的旅游地产项目占整个闽东南的85.4%。闽东南旅游地产累计用地规模为 6230.1 万平方米，比 2013 年增长 147%。

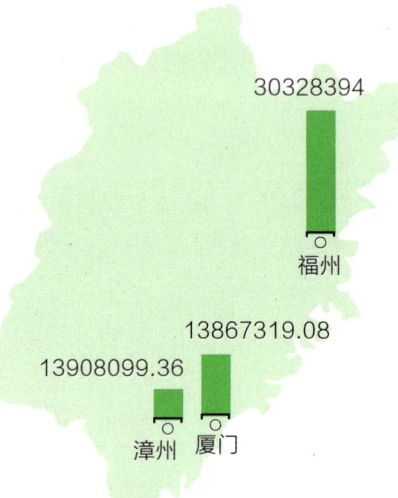

图 2-114 截至 2014 年闽东南重点城市的旅游地产用地规模（单位：㎡）

从旅游用地出让均价来看，福州和厦门的旅游用地出让均价均处于不同程度的上升状态，福州涨幅为 41.1%，厦门涨幅为 6.7%。漳州 2013 年增幅较大，2014 年回归理性，在 2012 年的基础上增幅为 128.3%。

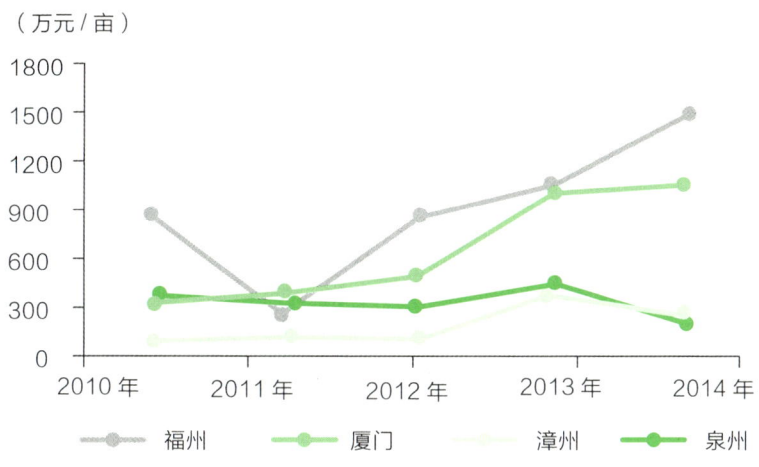

图 2-115　2010 ～ 2014 年闽东南重点城市旅游用地出让均价

从闽东南区域重点城市旅游用地出让情况来看，闽东南板块重点城市旅游用地累计出让量为 428.3 万平方米，出让总价为 433.4 亿元。旅游用地出让均价最高的为福州，福州旅游用地出让均价为 1500.6 万元 / 亩，同时最高地价地块也出现在福州，地块最高单价为 3035.7 万元 / 亩。

	城市	出让面积（万 m²）	平均容积率	出让总价（万元）	出让单价（万元 / 亩）	最高单价（万元 / 亩）	最低单价（万元 / 亩）
第一梯队	福州	57.1	4	1285660	1500.6	3035.7	93.8
	厦门	146	2.3	2334800	1065	2，865	65.5
第二梯队	漳州	163.3	2.1	646943.2	264.2	1361.3	23.1
	泉州	1.2	4.4	3800	209.2	209.2	209.2
第三梯队	莆田	60.5	1.9	62890	339	206.8	88.7
	合计	428.3	—	4334093	—	3035.7	23.1

2014 年闽东南重点城市旅游用地出让情况　表 2-29

（二）2014 年闽东南旅游地产市场成交特征

2014 年，闽东南旅游地产重点城市商品房成交面积为 1192.2 万平方米，商品房成交均价为 13146 元 / 平方米。相比 2013 年，商品房成交均价上涨 4 个百分点。

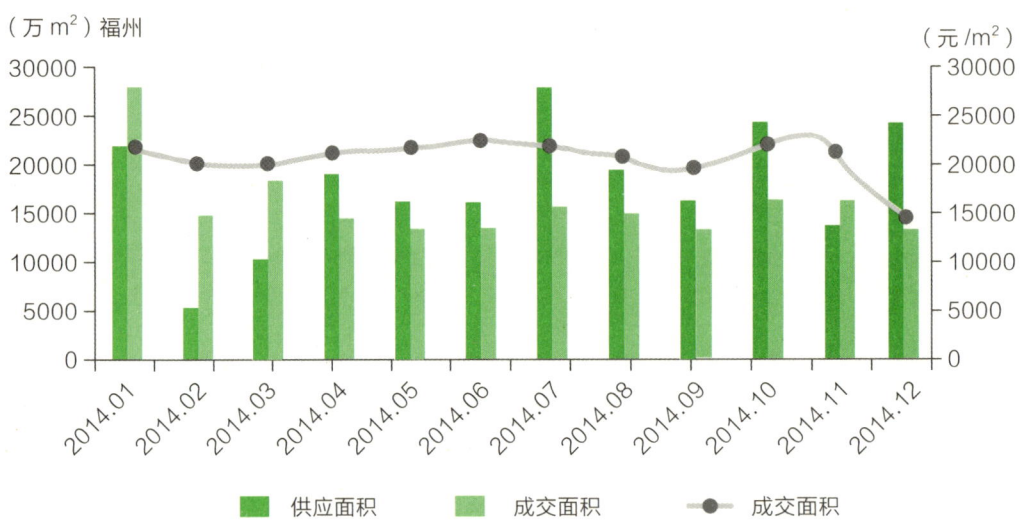

图 2-116 2014 年闽东南旅游地产重点城市（福州、厦门、漳州、泉州）商品房累计成交情况

从闽东南板块重点城市的成交来看，2014 年福州商品房成交面积达到 285 万平方米；厦门累计成交面积为 443.3 万平方米，成交均价也呈明显增长趋势；漳州累计成交面积为 297 万平方米。

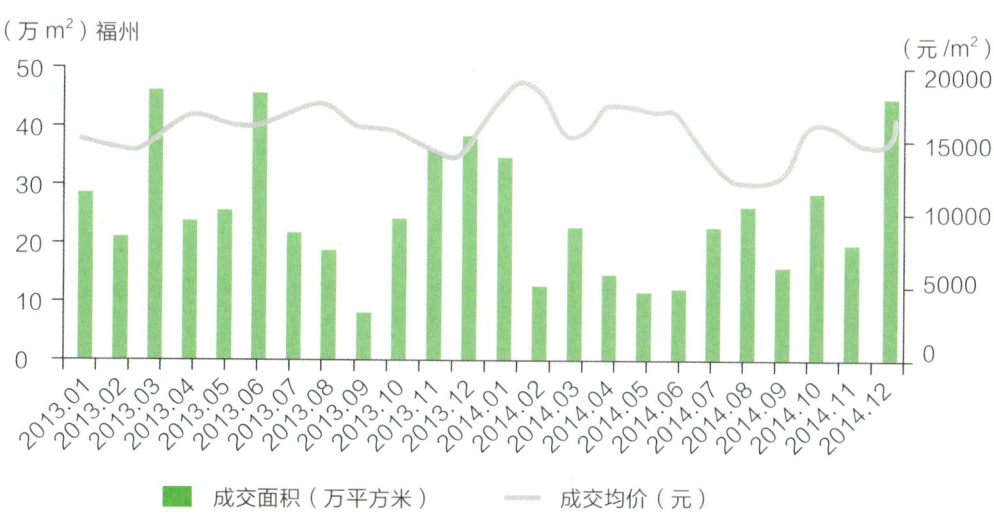

图 2-117　2013～2014 年福州商品房累计成交情况

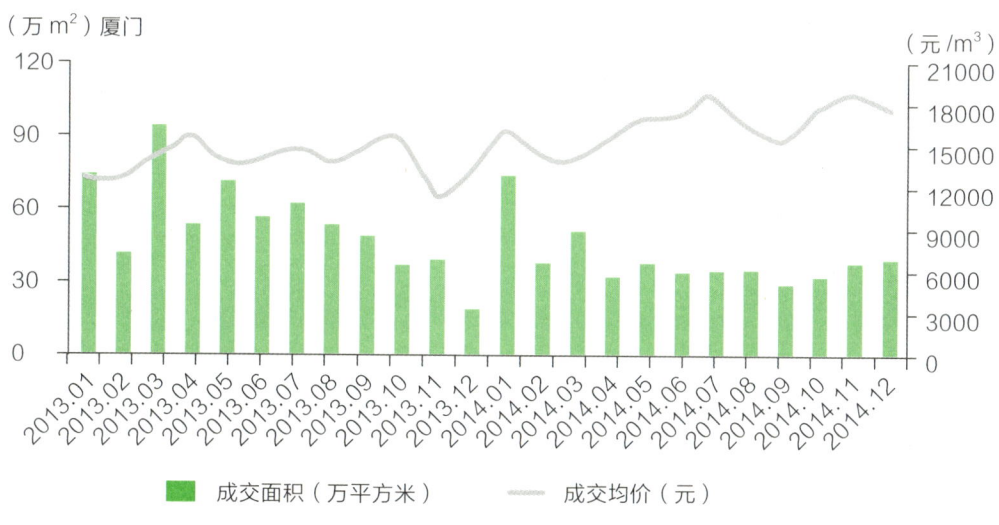

图 2-118　2013～2014 年厦门商品房累计成交情况

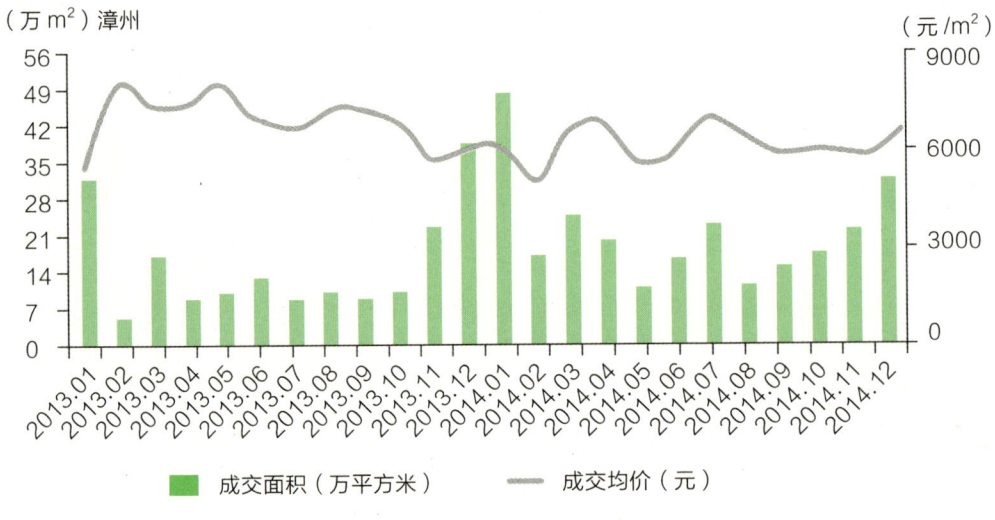

图 2-119　2013 ~ 2014 年漳州商品房累计成交情况

从单体项目成交情况来看，闽东南区域项目并没有采取别的区域的以价换量的策略，相比 2013 年，项目均价还略有提升，如温泉国际山庄、水晶湖郡这些项目均是均价有所提升，但总体销量排名前十。

2013 年与 2014 年闽东南单体项目成交面积均价对比										表 2-30
	招商卡达凯斯 （漳州）		世茂御龙湾 （泉州）		巴厘香泉 （厦门）		温泉国际山庄 （漳州）		水晶湖郡 （厦门）	
	面积 （万 m²）	均价 （元 /m²）	面积 （万 m²）	均价 （元 /m²）	面积 （万 m²）	均价 （元 /m²）	面积 （万 m²）	均价 （元 /m²）	面积 （万 m²）	均价 （元 /m²）
2013 年 1 ~ 12 月	11.4	9372	24.6	11534	1.6	10074	2.5	11324	5.3	22137
2014 年 1 ~ 12 月	5	12427	12.5	10766	1.6	9979	4.1	8573	8.3	19710
同比	-56.1%	32.6%	-49.2%	-66.6%	0	0.9%	64%	-24.3%	56.6%	-11%

（三）2014 年闽东南旅游地产市场项目特征

截至 2014 年，闽东南旅游地产项目共计 246 个，这些项目中，主要包括万科，世茂，融信，万达等大牌开发商，其中万科在闽东南区域开发旅游地产最多，为 6 个，其次是世茂和融信。

闽东南主力开发商开发项目个数一览表		表 2-31
排名	开发商	项目数
1	万科地产	6
2	世茂地产	5
3	融信地产	4
4	信合地产	3
	禹州地产	3
	国贸地产	3
	经济特区地产	3
	联发地产	3
5	海投地产	2
	金帝地产	2
	龙祥地产	2
	万达地产	2
	永鸿国际地产	2
	中森	2

从单体规模来看，开发商开发的旅游地产项目面积小于 20 万平方米以下的占 87%，而对于面积大于 50 万平方米的旅游地产项目仅占 7%。

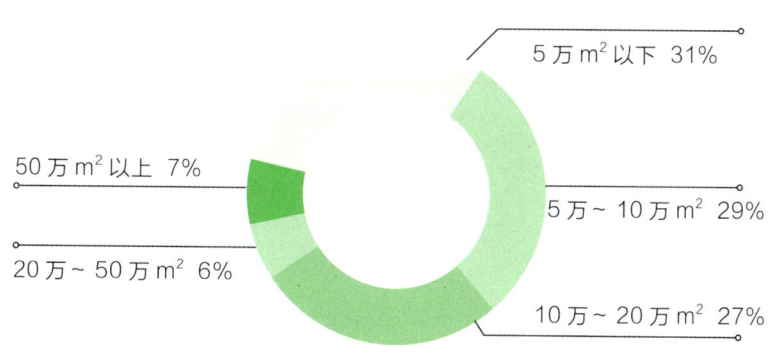

图 2-120　2014 年闽东南单体旅游地产项目不同规模占比

从项目类型来看，闽东南区域旅游地产项目中，以单一驱动引擎开发的旅游地产项目占64%，次复合驱动项目占比29%。而三个及以上驱动引擎开发的旅游地产项目相较2013年，下降了8个百分点。

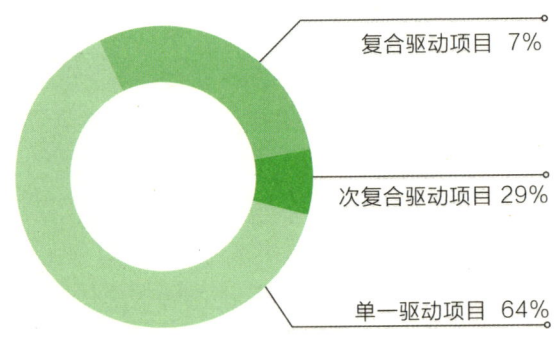

图 2-121　2014 年闽东南重点城市旅游地产项目类型结构

截至2014年底，闽东南区域以主题公园为开发引擎的占到近四分之一，这在其他区域是很难看到的状况。闽东南第二热门的开发引擎即是在各个区域均广受欢迎的酒店，累计项目数有44个。

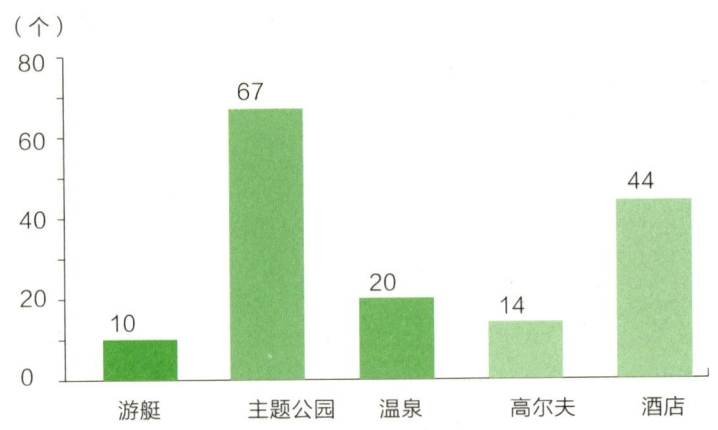

图 2-122　2014 年闽东南旅游地产项目引擎利用情况

从物业结构来看，闽东南区域 84% 的旅游地产项目物业类型均为公寓，而别墅仅仅占到 19%。

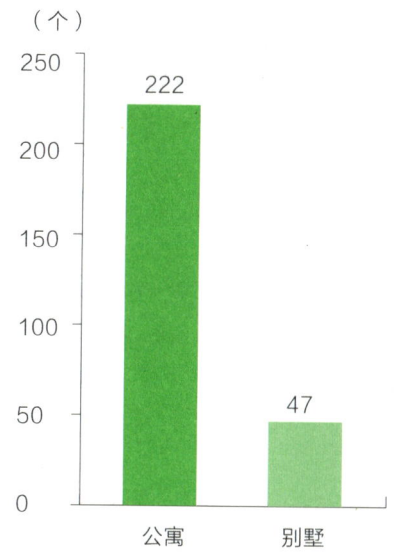

（个）

图 2-123　2014 年闽东南旅游地产项目物业结构

（四）2014 年闽东南旅游地产市场客户特征

客户来源： 闽东南区域海景资源丰富，旅游地产虽然发展时间不久，但是客户源来源广泛。除了北上广深的客户，甚至宁夏的客户也偏爱闽东南的旅游地产。

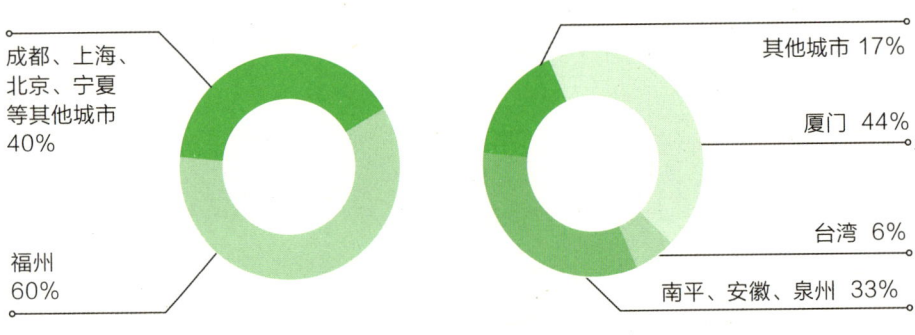

图 2-124 贵安新天地项目置业客户区域分布 　　图 2-125 巴里香泉项目置业客户区域分布

置业目的： 客户购置旅游地产目的调查显示，有 70% 的客户主要用来度假和投资。其中投资是主要目的，占比 36%。而时下热门的养老占比仅为 11%，相比较 2013 年，以养老为购房目的的百分比下降了 8 个百分点。

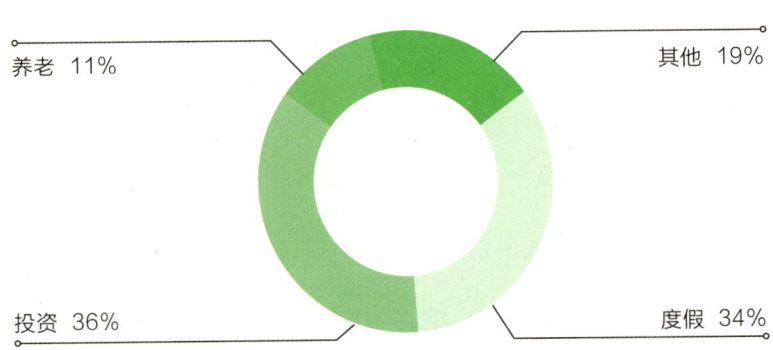

图 2-126　2014 年闽东南旅游地产意向置业者置业目的

景观资源偏好： 闽东南旅游地产客户偏好的旅游资源中，有 64% 的受访者表示偏好于海景资源，海景成了闽东南区域客户最热衷的旅游资源。排名紧随其后的是湖景资源和温泉资源。

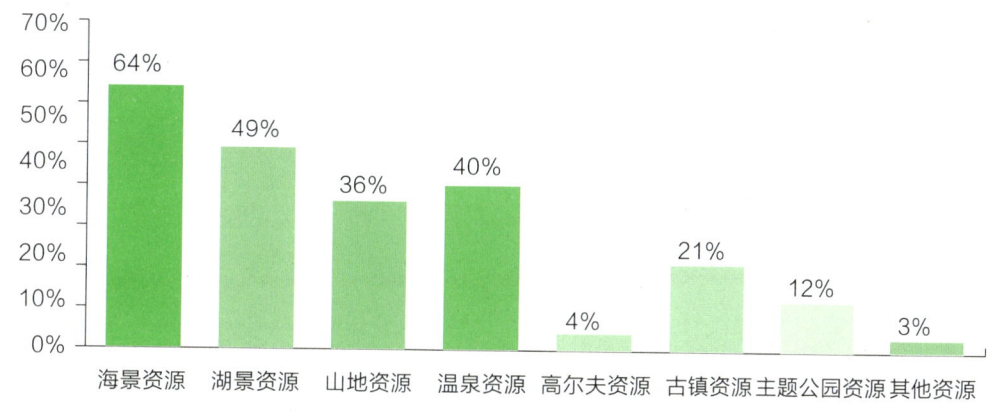

图 2-127 2014 年闽东南旅游地产客户景观资源偏好

配套设施偏好：闽东南旅游地产意向置业者最看重的是餐饮配套和购物配套，受访者中比较关注餐饮配套的占 55%，52% 的受访者表示最关注购物配套。

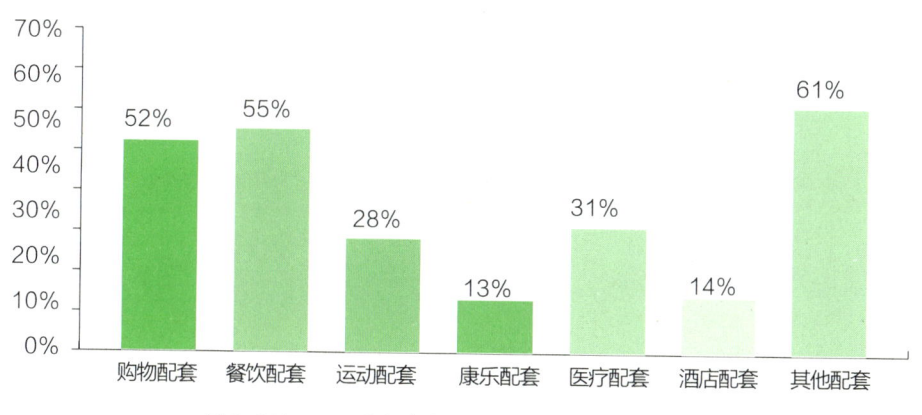

图 2-128 2014 年闽东南旅游地产客户配套设施偏好

物业类型偏好：与 2013 年调查结果不同，2014 年最受旅游地产置业者欢迎的物业类型为别墅，占比 34%，同时 50% 的受访者表示倾向于购买洋房或者公寓。

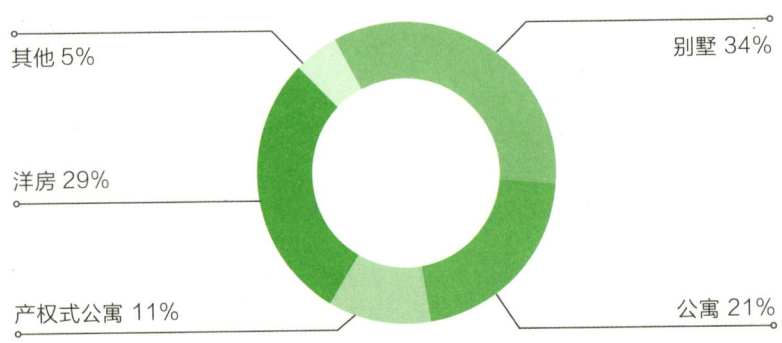

图 2-129　2014 年闽东南旅游地产客户物业类型偏好

面积段偏好： 闽东南区域旅游地产置业者最偏好的面积段为 90～120 平方米，选择 50 平方米以下的受访者也占到 20.4%。闽东南旅游地产中，小户型受欢迎程度颇高。

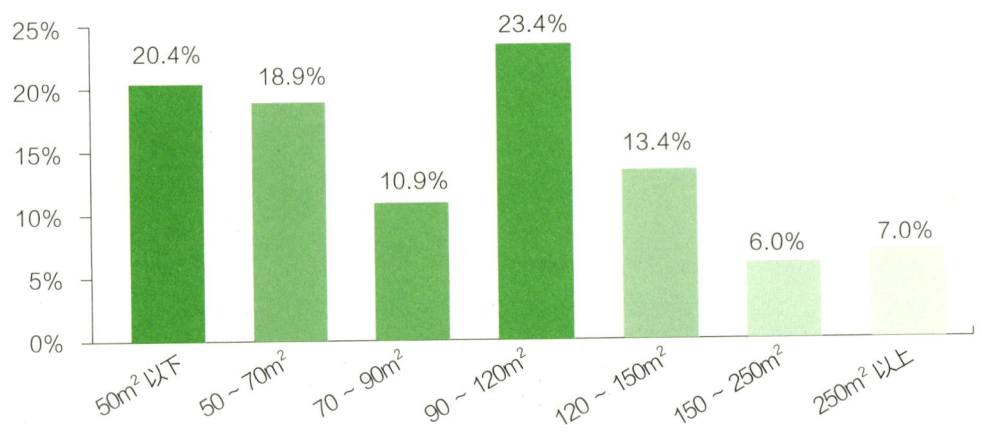

图 2-130　2014 年闽东南旅游地产意向置业者面积段偏好

价格承受力： 闽东南区域旅游地产置业者偏好面积小、总价位低于 60 万元的旅游地产，33.3% 的人表示可以接受这个价位，23.4% 的受访者表示可以接受 60 万～100 万元的度假物业，近 80% 的受访者表示可以接受 150 万元以下的度假物业。

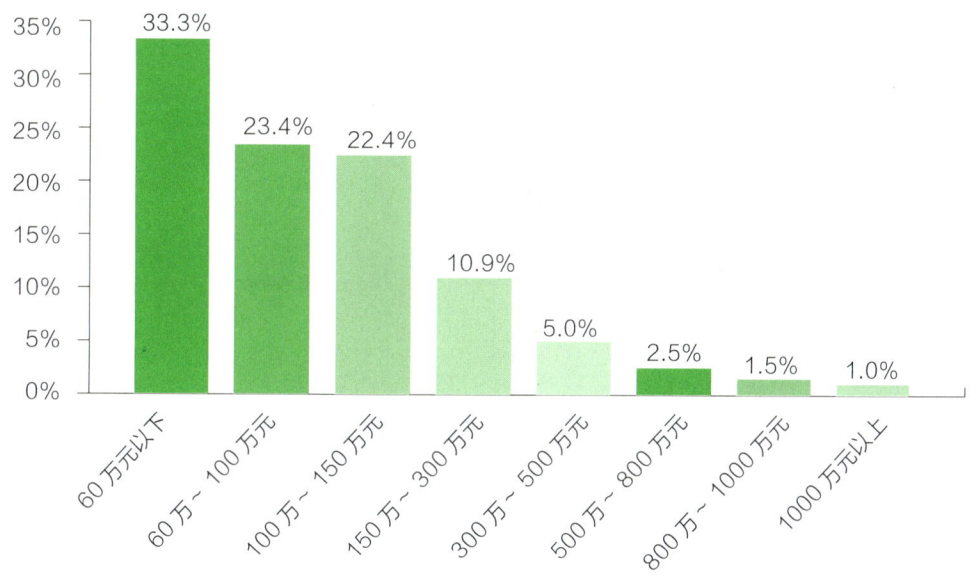

图 2-131　2014 年闽东南旅游地产意向置业者价格偏好

（五）闽东南典型项目——金汤湾海水温泉小镇

海水温泉小镇由福建金汤湾房地产开发有限公司全力开发，依托"山、海、林、温泉"四位一体的稀缺资源，志在打造集温泉养生、投资置业、休闲度假、商务接待、亲子娱乐、水上运动为一体的大型养生度假型项目。

漳州金汤湾海水温泉小镇概况　　　　表 2-32

项目位置	云霄陈岱镇岱南海水温泉度假村 1 号	建筑面积	126065m²
占地面积	199987m²	物业类别	高层　独栋别墅
开发商	福建金汤湾房地产开发有限公司	物业公司	金汤湾海水温泉度假酒店管理公司
容积率	0.63	绿化率	45%

区位交通： 项目位居福建东山岛入口八尺门大桥旁，紧邻厦门、汕头两大特区，嵌于海峡西岸"闽南金三角"南端。交通地理位置极其优越，2013 年底正式开通的厦深高铁，将沪

深南北经济圈纵贯连通，届时厦门、汕头至金汤湾仅需半小时之内，城际度假版图正式形成，目前已建成的云霄站点紧邻金汤湾项目，近享高铁商机第一杯羹。

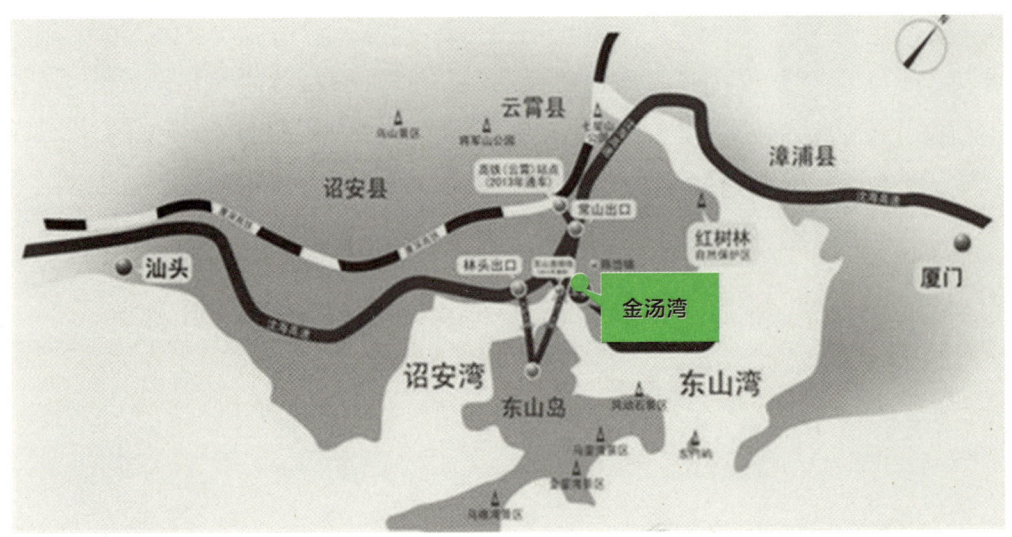

图 2-132　金汤湾海水温泉小镇区位交通图

　　整体规划：项目整体规划：项目规划分两期，一期包括地中海风格的温泉度假公寓（佩夏公寓）、温泉度假别墅（奥利弗庄园）、金汤湾五星级海水温泉度假酒店、顶级温泉 SPA 岛、卡布里商业镇街，二期建造塞维利亚游艇码头、游艇俱乐部、顶级海岛庄园、海上休闲乐园、康体娱乐中心、会议中心等世界顶级度假设备。

图 2-133　金汤湾海水温泉小镇规划效果图

　　项目一期产品佩夏公寓：金汤湾·佩夏公寓由 4 栋多层及小高层组成，面海而筑，坐拥一线海上美景，卡布里镇街紧邻身旁，万千游艇在睫毛下扬帆起航，除了海景资源，佩夏公寓还可以交由项目的五星酒店托管，收益保底分红。

图 2-134　金汤湾海水温泉小镇佩夏公寓效果图

佩夏公寓六期皆广受市场欢迎，源于旅游地产小户型所带来的优势，小户投资价值凸显，因财施力，小本金轻松变资产，五星精装温泉小户，低总价、投资少、回报高，酒店式服务管理，拎包即可入住，广受欢迎的户型有 33 平方米、101 平方米和 65 平方米的户型。

项目一期产品橄榄墅：项目一期规划还包括橄榄墅，金汤湾·橄榄墅。超高性价比，凭借不可复制的资源环境及超前增值服务，承写佩夏酒店公寓实现连续 6 期热销售罄的价值传奇；金汤湾的橄榄墅不仅仅基于传统意义上的别墅复制品，而是具备自身特色的 VILLA，可总结为三点，能量 VILLA、会服务的 VILLA、可订制的 VILLA。

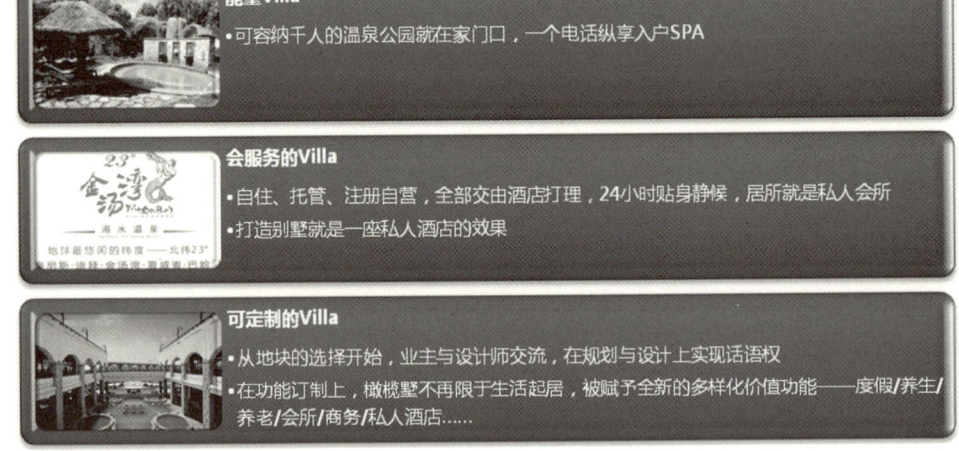

图 2-135　金汤湾海水温泉小镇橄榄墅特色图

项目一期产品酒店：金汤湾海水温泉度假酒店按照五星标准设施打造，总占地面积超过 5 万平方米，建筑面积达 2 万多平方米，酒店拥有大型海水温泉园区、水疗馆及各类型客房。

漳州金汤湾温泉酒店概况　　表 2-33

酒店名称	金汤湾海水温泉度假酒店	星际	五星级
占地面积	. 5 万 m²	物业类别	2 万 m²
开发商	海水温泉、狄俄尼索斯中餐厅、伯里克利多功能厅、健身房	开业时间	2009 年
客房数量	110 间	别墅 SPA 房	5 间

项目一期产品温泉 SPA 岛：项目顶级温泉 SPA 岛，地处泉眼中心区域，高端业主及 SPA 会员可通过专属游艇上岛，以闽南建筑为主，打造一池一院一天一地。

图 2-136　金汤湾海水温泉小镇温泉 SPA 岛

项目一期产品圣卢卡游艇俱乐部：金汤湾游艇码头占地 5 万多平方米，可提供游艇泊位近 200 个，码头所依的东山湾海域面积达 247 平方公里，三面为山丘环抱，湾口呈半封闭型，常年风平浪静的先天条件造就了得天独厚的游艇生活港湾。

图 2-137　金汤湾海水温泉小镇圣卢卡游艇俱乐部

圣卢卡游艇会建成之后，会由专业管理公司进行经营管理，将集餐饮、休闲娱乐、游艇综合服务于一体，并有专业技师为客户提供完整的配套服务。

项目一期产品卡布里镇街： 卡布里镇街的建筑属于地中海式风格，分为三个功能区，分别是沿海休闲餐饮、底商精品购物、特色展品展销，卡布里镇街的加入使金汤湾海水温泉小镇真正实现了一站式生活服务。

图 2-138　金汤湾海水温泉小镇卡布里镇街

项目物业推出节奏： 一期的物业包括佩夏公寓和橄榄墅，推出节奏不同于别的旅游地产项目先推出别墅、然后推出公寓的方式，佩夏公寓共计推出 6 期，均火爆售罄，而橄榄墅也正在热销中。

2010 年 2 月	2010 年 9 月	2011 年 4 月	2012 年 1 月	2013 年 6 月	2013 年 10 月	2014 年 3 月
佩夏公寓一期百合居	佩夏公寓二期石竹居	佩夏公寓三期丁香居	佩夏公寓四期石竹居	佩夏公寓五期	佩夏公寓六期	橄榄墅

图 2-139　金汤湾海水温泉小镇物业推出节奏

（六）2014 年闽东南值得关注的旅游地产项目一览表（排名不分先后）

2014 年闽东南值得关注的旅游地产项目

表 2-34

项目名称	总建面（m²）	项目特色
金汤湾海水温泉小镇	12.6	5 次开盘 5 次售罄，稀缺价值热销印证
招商卡达凯斯	82 万	被誉为西班牙最美的小镇——卡达凯斯 集住宅、五星酒店、婚礼教堂等为一体的稀缺滨海高端项目
世茂海上世界	534 万	亚洲最大的游艇别墅大盘项目
中骏黄金海岸	200 万	海西首个集居住、休闲、度假、商务、旅游、购物功能于一体的湾区综合体
海沧万科城	51.8	项目规模为 50 万 m² 级大盘
国臻假日听海	5	亲海 150m，下楼即是沙滩
聚龙君悦山庄	32	位于 18 洞高尔夫球场中央
福州华润橡树湾	22	密云生态商务区的首个启动项目
保利西江林语	38	全国第 15 个林语项目； 1.8 超低容积率，淬炼中国稀缺资源豪宅范本
古龙山语听溪	20	厦门唯一山水温泉活水别墅项目

（七）专家看市场

闽东南旅游地产市场 2014 年终总结——波澜不惊中蕴含转型升级

传统的闽东南旅游地产区域，主要集中在福州区域、厦漳泉区域，以及部分的莆田、龙岩等区域。在刚刚过去的 2014 年，这些区域的旅游地产市场总体呈现波澜不惊的状况。表现出一些不同的特点：一是总体销售情况没有太大的增长，局部稳中有降；二是新项目投资趋于谨慎，老项目开始在内功上下工夫；三是旅游地产中新产品、新内容、新主题的研发和引入总体平稳，并没有太多新亮点；四是部分项目在产品定位、客群定位、目标市场细分等方面开始进行创新。总体上看，2014 年的闽东南旅游地产市场，是比较理性的市场，但在波澜不惊中也蕴含转型升级。

闽东南旅游地产 2014 年的表现，是和其在全国旅游地产市场的定位和现状相关的。按照笔者关于旅游地产三个产品模型的划分，闽东南市场以及闽北市场应该属于全国性旅游目的地＋区域性房地产市场（如厦门区域），以及属于主要中心城市郊区的旅游小镇项目（如福州区域），这样的定位决定了该区域旅游地产发展的模式。

进入 2015 年的闽东南旅游地产市场，应在以下方面做好工作：

一是盈利模式进入 3.0 时代。旅游地产 3.0 时代，就是要将旅游的归旅游，地产的归地产，很多地方不一定适合大规模的地产开发。因此，不合适大规模开发地产的旅游项目，应该回归到旅游产业的本质，将旅游产业的运营作为主要的盈利模式将以发展。

二是加大资源整合力度，通过引入好的旅游度假品牌、主题、内容、资源和团队，使现有的旅游能级实现升级和差异化，不断满足消费者不断升级的差异化、个性化的需求。在满足需求的同时，通过资源的引入和整合，也能激发和创造出新的需求，这将成为旅游地产今后的重点和努力的方向。闽东南旅游地产，需要立足区域实际，找到独特卖点，寻求差异性、稀缺性，并且，要跳出闽东南，在全国、全世界范围内整合资源。

三是重视本地化、第一居所的需求。闽东南旅游地产项目，尤其要重视作为城市范围内第一居所的需求。为了形成第一居所的氛围，项目的营造上要重视新型意义的"产城融合"，尤其是现代服务业和城市功能的结合，将旅游、休闲、度假以及好的教育、医疗等配套有机结合，营造高品质生活方式的目的地，现代化的新城区。同时，适当发展现代服务产业的发展，比如大学、国际学校、康复医疗、运动养生等产业发展，通过不断产业升级导入人流，提升项目，形成项目运营的成功。

四是都市型"商、旅、文"综合开发项目将成为闽东南开发新热点。类似上海的红坊、北京侨福芳草地、深圳欢乐海岸、成都太古汇等项目在所在的城市成为真正的都市文化旅游新目的地，这种模式在未来的闽东南具有很大的想象空间。在福州的融侨中心、上下杭项目将在商旅文相结合上做出新的探索，有望成为闽东南区域新的值得期待的项目。

2015 年是房地产行业转型升级新的元年，闽东南的旅游地产在新的一年值得期待。

专家看市场观点来源：融侨集团副总裁、首席投资官 康红恩

第三章

2014年中国旅游地产
开发企业解析

龙湖地产有限公司

华侨城集团

港中旅集团

悦榕集团

截至 2014 年底，全国 7965 个旅游地产项目分别由 5324 个开发商开发，与 2013 年相比，新增了 1929 个开发企业。其中，碧桂园地产旅游地产的开发规模最大，总占地面积超过 2000 万平方米，中信地产、碧桂园地产开发规模分别位列第二和第三。旅游地产开发规模排在前十的企业还有恒大、万科、万达、绿城、世茂、龙湖和鲁能。

2014 年旅游地产项目规模在前十的开发商		表 3-1
排名	开发商	占地面积（m²）
1	碧桂园地产	40910159
2	中信地产	26635894
3	雅居乐地产	22078331
4	恒大地产	18301402
5	万达地产	17512891
6	龙湖集团	15087909
7	世茂地产	12860623
8	万科地产	12212497
9	绿城地产	7450876
10	鲁能地产	2698260

细看 2014 年全国前十的旅游地产开发企业可发现，与 2013 年的前十企业无异处，只是排名的细微差异而已，2014 年碧桂园地产超越中信、雅居乐地产成为排名第一的旅游地产开发企业。

在众多开发企业中，2014 年在市场上有一大批开发企业的表现极为抢眼，受到了市场的广泛关注，如港中旅青旅、世茂、悦榕、万科、龙湖、中信、华侨城、云南城建、福建融侨、复兴地产等。在本报告中，我们挑选了华侨城、龙湖、港中旅和悦榕集团作为代表，分别对其旅游地产开发脉络进行了梳理，并重点对其旅游地产开发模式进行解析。

一、龙湖地产有限公司

（一）企业概况

龙湖地产有限公司（香港联交所股份代码：960），创建于 1993 年，成长于重庆，发展于全国，是一家追求卓越、专注品质和细节的专业地产公司。集团总部设在北京，业务领域涉及地产开发、商业运营和物业服务三大板块。公司于 2009 年在香港联交所主板挂牌上市。

累计已开发项目超过 100 个，建筑面积超过 2000 万平方米，待开发土地储备约 3949 余万平方米，2013 年销售额达 481 亿元人民币。

目前龙湖已经形成了集投资规划、开发建设、商业管理和物业服务为一体的全过程运作能力和系统、高效的多业态综合开发能力，产品覆盖了普通住宅、写字楼、高层公寓、花园洋房、别墅、综合商业及大型城市综合体等多种业态，每一种业态都拥有城市标杆性的代表作品。

发展历程

龙湖地产的发展一直令行业惊叹，它创建于 1993 年，成长于重庆，起家于重庆，发展于全国。1997 年，龙湖的第一个项目龙湖花园动土奠基。2001 年龙湖正式进入商业地产领域。2003 年起始，伴随着全国房地产业的高速发展，龙湖也发展起来。2004 年起始，龙湖向重庆以外开拓，在北京打造了一系列高端楼盘。2007 年销售额突破 100 亿元，成为中国西部地区首家销售额突破 100 亿元的地产企业。2009 年，龙湖地产赢来了其公司发展中的重要一年，11 月 19 日，龙湖地产在香港联交所主板上市，股份代码 960。2013 年，龙湖地产全年销售额突破 500 医院。

二十年间龙湖从西南一隅到如今立北京放眼全国，从重庆一个城市到如今全国 23 个城市，从普通住宅到如今别墅、洋房、公寓、商业、旅游、写字楼、城市综合体全产品链，致力于成为中国房地产行业最受尊崇和信赖的全国市场领导者之一，致力于为客户提供优质的产品和服务。

起步阶段	发展阶段	扩张阶段
1993~2002 年	**2003~2008 年**	**2009~2013 年**
● 单项目单业态起步 ● 1993 年设立于重庆 ● 1997 年第一个项目龙湖花园动土奠基 ● 2001 年北城天街奠基，标志龙湖进入商业地产领域	● 单业态多项目、多业态尝试 ● 2003 年 12 月，重庆龙湖地产发展有限公司商业经营管理分公司成立 ● 2007 年龙湖北京滟澜山及龙湖北京香醍漫步推出，引起市场轰动，预售首日以高价位分别售出 95% 及 100% ● 2007 年销售额突破 100 亿元，成为中国西部地区首家销售额突破 100 亿元的地产企业	● 多项目、多业态、多区域发展 ● 2009 年 11 月 19 日，在香港联交所主板上市 ● 2010 年龙湖进入大连、烟台及玉溪 ● 2013 年龙湖地产全年销售额突破 500 亿元

图 3-1　龙湖地产发展历程图

业务架构

目前龙湖地产的业务主要分为三大板块，地产开发、物业服务及商业运营。三大板块现在皆有建树，在地产开发方面，龙湖系的产品打造早在业内闻名，而其自配的物业服务也使其地产产品的售后更加值得信赖，商业运营方面龙湖打造了属于自己的天街系列等。

专业良心 专注品质	满意 + 惊喜 龙民一家亲	营运城市 引领生活

地产开发物业服务商业运营

图 3-2　龙湖地产主营业务板块

从其公司架构看，龙湖地产将其组织架构分为地产开发与投资物业，地产开发根据城市设立而投资物业则根据项目设立。从 2013 年年报看来，地产开发涉及 24 个城市，投资物业涉及 11 个项目。

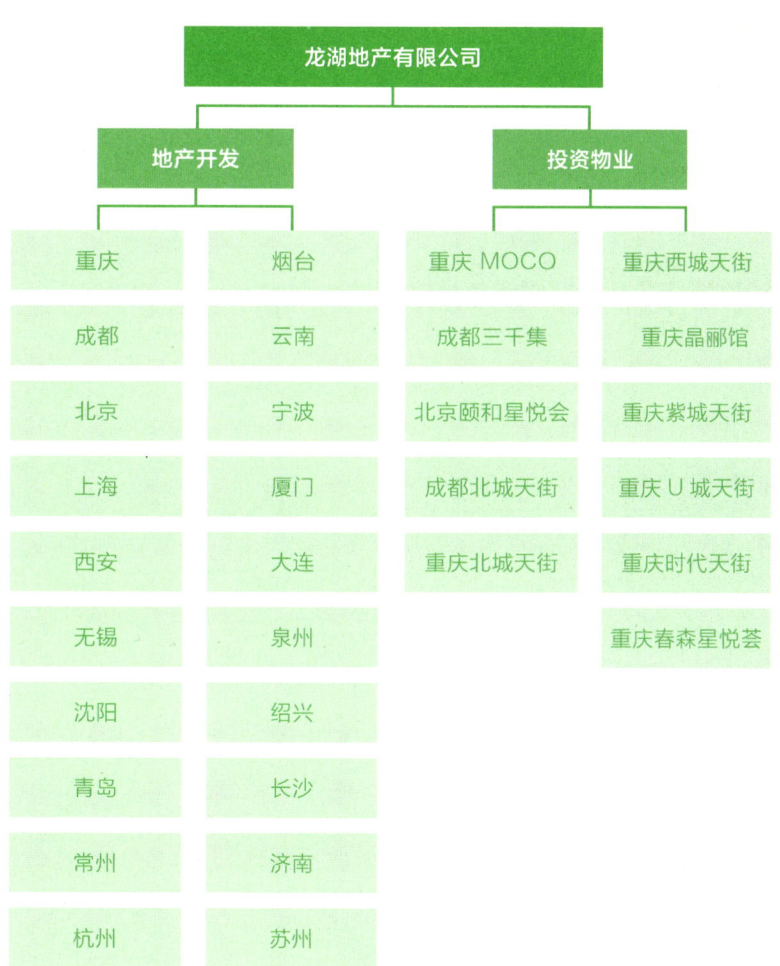

图 3-3　龙湖地产公司架构

2014~15 中国旅游地产发展报告 2014-2015

（二）发展现状

截止到 2013 年 12 月 31 日，龙湖在中国的 21 个城市开发物业，累计已开发项目超过 100 个，在建筑面积超过 2000 万平方米，待开发土地储备约 3949 余万平方米。

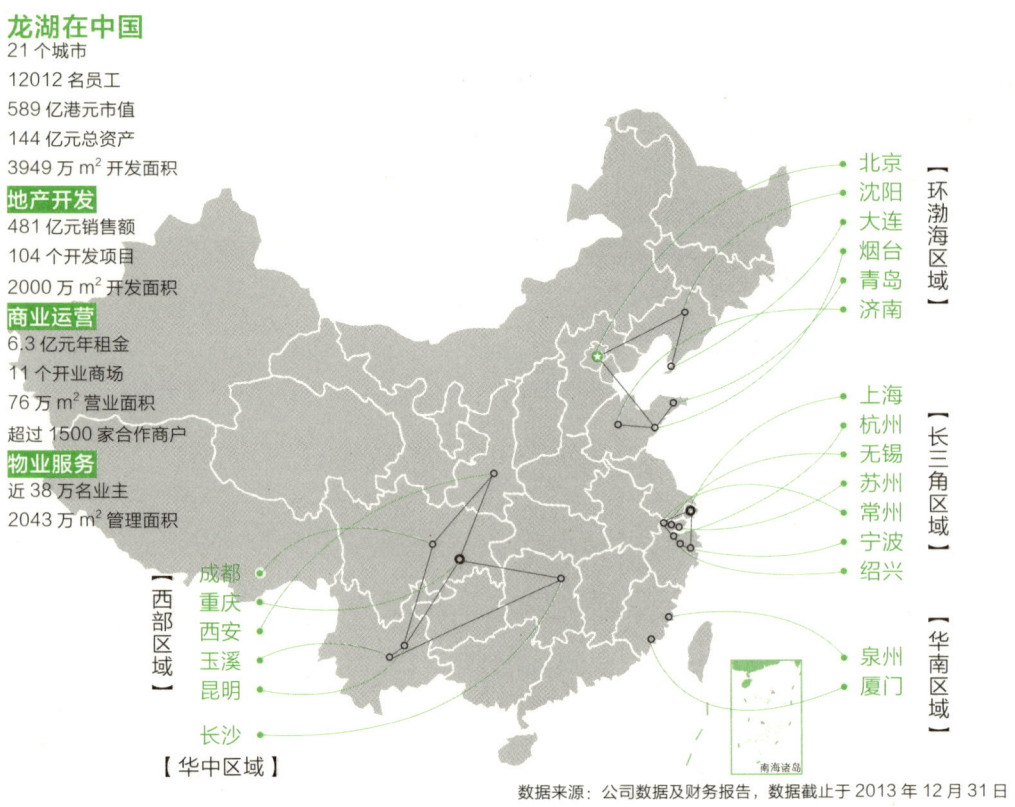

数据来源：公司数据及财务报告，数据截止于 2013 年 12 月 31 日

图 3-4　龙湖地产在中国发展数据

龙湖地产进入城市明细　　　　　　　　　　　　　　　表 3-2

区域	进入城市
环渤海	6 个（北京、沈阳、大连、青岛、烟台、济南）
长三角	7 个（上海、杭州、无锡、苏州、常州、宁波、绍兴）
华南	2 个（泉州、厦门）
西南	5 个（成都、重庆、西南、玉溪、昆明）
华中	1 个（长沙）

　　龙湖地产的发展已经从最初的立足重庆，用了 10 年左右的时间完成了全国布局。2008年龙湖进入天津，完成了环渤海区域中心的城市布局。2009 年进入上海、南京，基本完成了长三角区域中心城市布局。2010 年、2011 年从中心城市向板块内的其他重要城市渗透。基本达成了龙湖制定的异地扩张阶段三部曲，由北向南、沿海经济圈中心城市布局、最终辐射到周边城市。未来龙湖将以扩纵深、近城区、控规模和持商业为发展战略，继续进行龙湖地产板块的扩张。

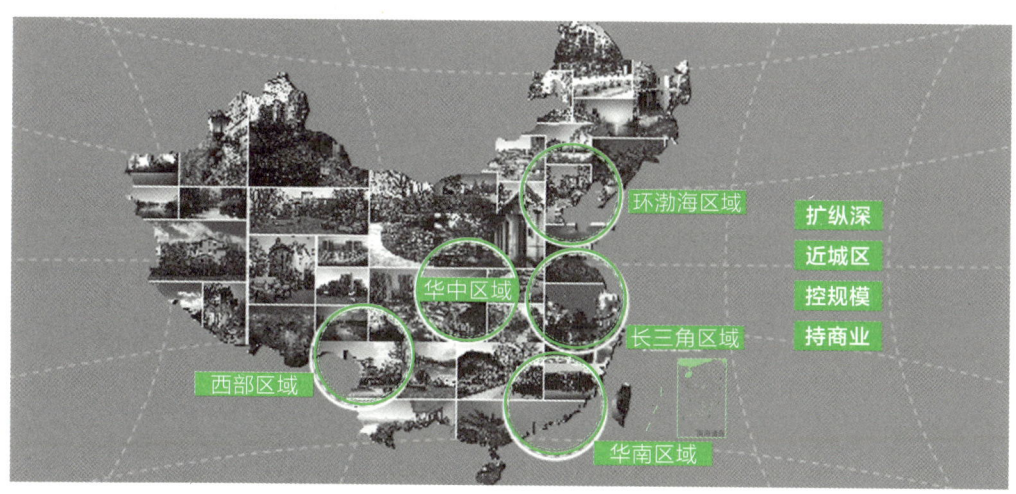

图 3-5　龙湖地产发展战略

（三）旅游地产开发特征

　　龙湖地产在全国各大城市的项目不少，但是根据龙湖地产自身对于其旗下项目的分类，真正受到龙湖地产自身认可的，在龙湖地产官网上列入旅游度假物业的项目只有龙湖葡醍海湾和龙湖小院青城两个项目。

　　根据龙湖葡醍海湾和龙湖小院青城项目的基本指标对比可以看到，龙湖的旅游地产发展较为谨慎，选址在二线较发达旅游城市，周边景观资源较好，靠近较为闻名的风景度假区，而项目的物业类型也以别墅为主，还伴有旅游度假项目少有的超高层。龙湖对于产品的用心可见一斑，另外再加上龙湖一如既往的项目内环境打造，两个旅游度假项目的销售情况都很不错。以这两个项目为标准，我们就能够大致看清龙湖地产开发旅游度假物业时的特征了。

龙湖旅游地产项目列表　　　　　　　　　　　　表 3-3

龙湖地产旅游度假项目			
项目名称	龙湖·葡醍海湾	龙湖·小院青城	龙湖仙湖锦绣
开盘时间	2011 年	2010 年	在建
项目所在地	烟台	成都	玉溪
项目资源	黄海、养马岛风景度假区、高尔夫球场、跑马场、温泉	青城山、青城山高尔夫、蓝波马术中心、虹口国际漂流中心	抚仙湖、孤山风景区、青铜博物馆、休闲运动公园，湖滨湿地公园
物业类型	独栋、叠拼、双拼、高层、超高层	独栋、独院、叠院	高层、合院、叠院、联排、双拼

1. 生态环境良好，资源稀缺

　　细看龙湖·葡醍海湾和龙湖·小院青城两个项目可以发现，一个选址烟台，一个选址成都，这两个城市都是著名的旅游城市，烟台主打海景，而成都则以小吃闻名，每年吸引的旅游人数数以千万计。而龙湖项目在这两个城市选择的地点一个选址于世界稀有的葡醍海湾，与著名的养马岛 3A 级景区隔海相望，一个则选址于被列为世界文化遗产的都江堰青城山。

　　养马岛旅游度假区——属省级旅游度假区的烟台养马岛，总面积约 10 平方公里。相传秦始皇东巡途经此地，见岛上水草丰美，便传旨在此饲养战马，并封为"皇家养马岛"，岛由此得名。岛上有秀丽的风景，宜人的气候，分明的四季，蓝天碧海银沙滩，是旅游度假胜地。岛上共有大型宾馆、饭店 40 余座，旅游景点 14 处，年均接待游客 80 多万人次。

　　岛上人文及自然景观丰富，其中尤以赛马场、西游记宫等为佳。赛马场建于 1985 年 10 月，建筑面积 15 万平方米，可容纳万名观众。每周六、日全天举行有奖赛马，比赛采用自动马闸起跑、摄像跟踪监视、终点裁判机判定、大面积彩色屏幕图像及数字显示等国际先进设施。除赛马外，场内还设有骑马、古式马拉车、射箭、射击等娱乐项目。西游记宫占地 2 万平方米，以中国古曲名著《西游记》唐僧师徒西天取经故事为题材，展现了一个光怪陆离、奇异无比的神幻世界。

葡萄海岸——世界有七大葡萄海岸，分别是法国西海岸优质生态区、地中海沿岸优质生态区、北美加州太平洋海岸优质生态区、南非好望角海岸优质生态区、澳洲西、南海岸优质生态区、南太平洋智利海岸优质生态区和中国烟台蓬莱海岸优质生态区。

青城山——世界文化遗产，世界自然遗产（四川大熊猫栖息地），中国四大道教名山之一，全国重点文物保护单位，国家重点风景名胜区，国家 AAAAA 级旅游景区。

青城山位于成都市都江堰市西南，主峰老霄顶海拔 1260 米。青城山群峰环绕起伏、林木葱茏幽翠，享有"青城天下幽"的美誉。青城山历史悠久，是中国道教发祥地之一，是全国道教十大洞天的第五洞天。名胜古迹很多，古建筑各具特色，古今名人诗画辞赋处处可见，有优美的风光和神奇的传说。全山宫观以天师洞为核心，建有建福宫、上清宫、祖师殿、圆明宫、玉清宫、朝阳洞等。青城山自古是文人墨客探幽访胜和隐居修炼之地，古称"洞天福地"、"神仙都会"。青城山在历史上名称很多，曾叫"汶山"、"天谷山"、渎山、丈人山、赤城山、清城都、天国山等名。青城山被誉为"天下第五名山"。

2．物业类型以大户型及别墅为主

龙湖·葡醍海湾户型配比　　　　　　　　　　表 3-4

龙湖·葡醍海湾户型配比			
	户型	套数	配比
小户型	二房	1090	34.45%	56.92%
	一房	711	22.47%	
大户型	三房	487	15.39%	19.78%
	四房	139	4.39%	
别墅	双拼	82	2.59%	23.29%
	独栋	58	1.83%	
	复式	53	1.68%	
	叠加	544	17.19%	

龙湖·小院青城户型配比				表 3-5
龙湖·小院青城户型配比				
	户型	套数	配比	
别墅	独栋	26	3.7%	100%
	叠院	160	22.8%	
	独院	515	73.5%	

3. 创意园林设计

如果说建筑是别墅的衣裳，那么园林一定是别墅的化妆品。龙湖地产为每一个度假项目创造景观河建筑的自然融合额，生态、自然、移步换景、处处皆景，这些就是园林设计的完美呈现。

龙湖以其独有闻名业内的五重景观体系、人车分流、360度景观定位系统、同纬度全冠移植技术等，将现有的做出完美的呈现，将度假氛围的营造做到极致。

（四）旅游地产典型项目——龙湖·小院青城

龙湖小院青城，以龙湖15年别墅修为，青城山首个全国性纯精装度假别墅社区。距离青城山前山门仅3公里，106省道旁，紧临重建中的青城山镇，生活方便快捷。项目以独栋、独院、叠院和少量公寓多种业态组合的纯精装度假社区，演绎青城山的度假生活。

龙湖·小院青城基本信息			表 3-6
项目位置	都江堰市青城山镇	物业类型	以独院、叠院的度假社区为主
占地面积	315亩	周边配套	青城山旅游区、成青快铁、多家五星级酒店、高尔夫球场、马术中心、漂流中心
建筑面积	10万 m²	内部配套	小区会所
开盘时间	2010年7月	开发企业	龙湖地产
规划设计	龙湖地产	物业公司	成都龙湖物业服务有限公司

图 3-6　龙湖·小院青城实景图

区位交通：项目位于都江堰市青城山镇，属城市远郊项目。交通便利，距成青快铁终点站 5 公里路程，紧邻 106 省道，周边马路交汇纵横，驱车 50 分钟可到达成都市区。

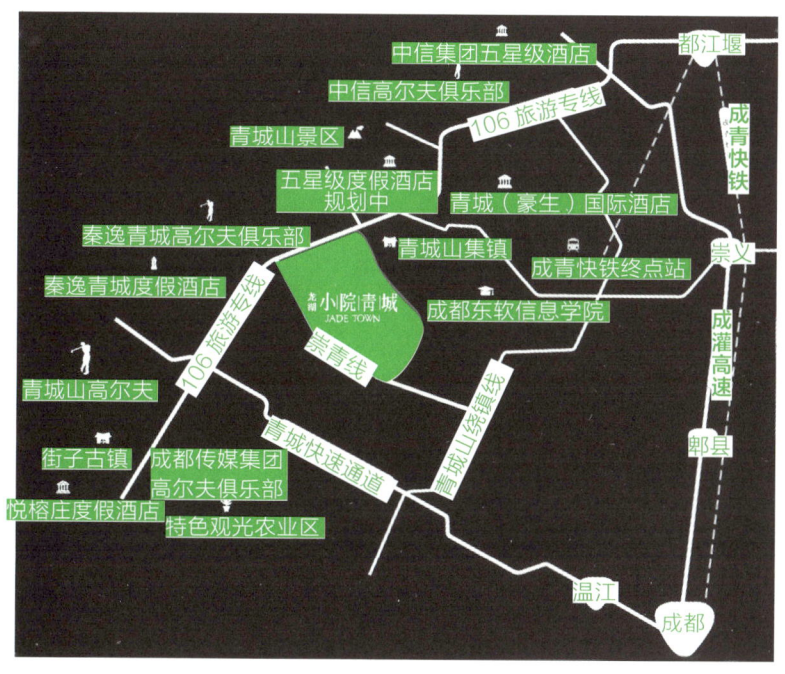

图 3-7　龙湖·小院青城区位图

周边资源：项目坐落于世界文化遗产、国家 AAAAA 级旅游景区青城山脚下，距青城山城门仅 3 公里，距离世界文化遗产都江堰水利工程 18 公里。

图 3-8　青城山　　　　　　　　　　　　　　　图 3-9　青城山

项目周边各种配套资源丰富，青城山集镇、成青快线终点站近在咫尺，以及青城山高尔夫、青城国际酒店、中信五星酒店等高端配套，无论旅游还是生活都很便捷。

图 3-10　青城山集镇　　　　　　　　　　　　图 3-11　青城山高尔夫

整体规划：项目以聚落形态、正度假为产品的规划形态。整体规划设计中以青城山下的村落为设计原型，营造出不同情趣的私家小院感觉。项目总占地 315 亩，分两期开发。一期占地约 180 亩，产品包含独栋、独院、叠院，总规划 701 套，已经完工。二期产品以联排别墅为主，目前正在建设中。

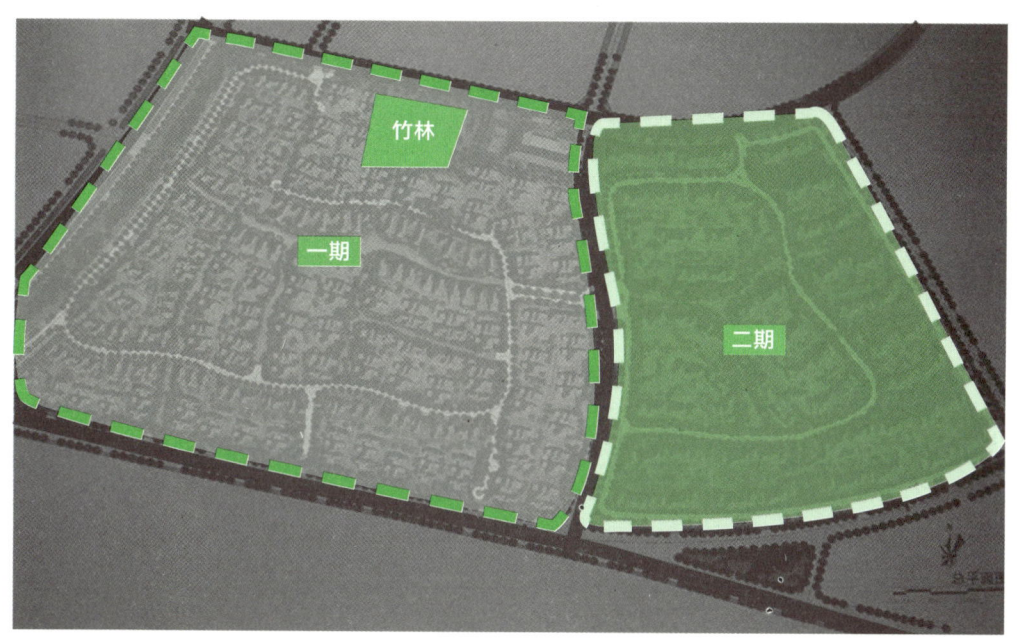

图 3-12 龙湖·小院青城产品规划图

一期概况： 一期为纯别墅区，包含独栋、独院、叠院三种业态，产品面积段为85 ~ 350平方米，户型设计中除了传统别墅的空间特点外，还大量采用长廊、下沉庭院、阁楼、露灰空间设计。

独院
独栋
叠院
联排别墅
商业
原始竹林

图 3-13　龙湖·小院青城一期产品分布

户型鉴赏：小院青城的户型，可以用巧妙二字来形容，将传统的叠加别墅通过户型的拼接形成了完全意义上的独门独院，没用了传统中的公共楼梯、过道，完全的私有化；三层的别墅，不同的户型，各有自己的天地；在户型前后搭接完成后，每户却都有了 270 度的观景空间，无疑给每个精致的户型增色不少。

图 3-14　龙湖·小院青城效果图

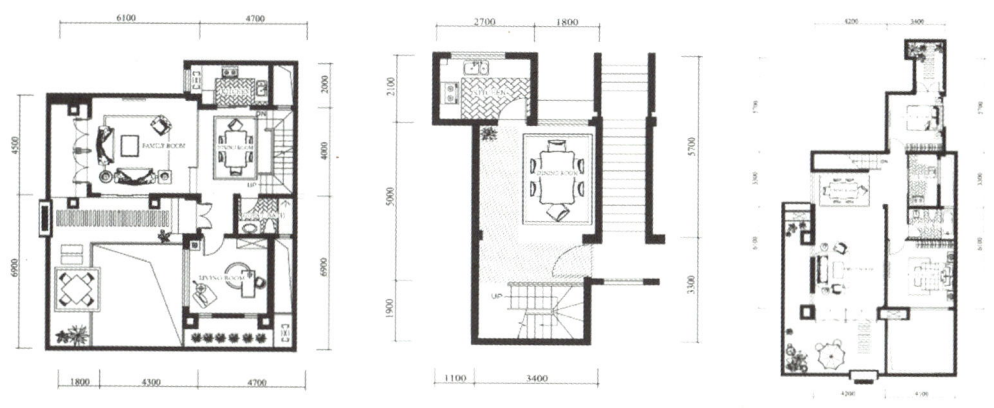

图 3-15　龙湖·小院青城户型图

二、华侨城集团

（一）企业概况

华侨城集团是隶属于国务院国资委直接管理的大型中央企业。1985 年伊始，华侨城集团从深圳湾畔的一片滩涂起步，经过 28 年的建设与发展，坚持市场导向，构想出一条以人为本的可持续发展之路。如今，集团总资产超过 1000 亿元，年销售收入近 500 亿元。

华侨城集团培育了旅游及相关文化产业经营、房地产及酒店开发经营、电子及配套包装产品制造等三项国内领先的主营业务，其中康佳、锦绣中华、世界之窗、欢乐谷连锁、波托菲诺、茵特拉根小镇、华侨城大酒店、威尼斯酒店、城市客栈等著名品牌均耳熟能详。2009 年 11 月，华侨城主营业务实现整体上市。至此，分别位居行业前列的几大核心主业和优质资源得到充分整合，经营机制创新又迈上了一个新的台阶，企业高速运转的引擎中又注入了新的动力和活力。

1. 发展历程

华侨城集团从旅游起家，1986 年公司成立，1989 年开设了第一家主题公园——锦绣中华。在经营了近 10 年主题公园后，地产业务也终于成熟，将主题公园与地产两项业务结合起来，试水"旅游 + 地产"模式，开创了国内旅游地产的新模式，深圳华侨城项目也亦成为华侨城的标杆项目。

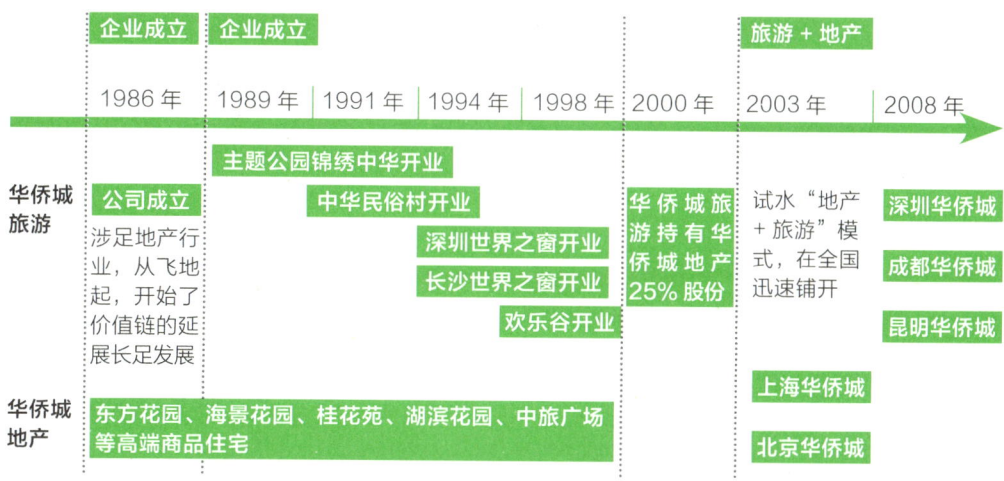

图 3-16　华侨城发展历程

2009 年 11 月,华侨城整体上市方案通过证监会批准。根据该整体上市方案,华侨城 A 以每股作价 15.16 元,向控股股东华侨城集团定向增发约 4.86 亿股,用以收购华侨城集团所持有的 12 家公司全部股权。主营业务整体上市,标志着华侨城集团经营机制创新又迈上了一个新的台阶。同年,房地产业务收入首超百亿,刷新了历史纪录。

2. 业务构架

目前,华侨城集团旗下的主营业务主要为旅游及文化产业、房地产及酒店、电子及包装。

旅游及文化产业——成立于 1985 年的华侨城集团是中央企业中少数以文化产业为主营业务的企业,也是中国第一批国家级文化产业示范园区。公司以旅游开发和经营为核心,以文化产业为特色和依托,拥有数量最多、规模最大、效益最好的主题公园群。其文化产业的发展始于 1989 年创建中国第一个文化主题公园——锦绣中华,此后相继成功建设了中国民俗文化村、世界之窗、欢乐谷(连锁)、深圳东部华侨城等著名主题公园,建成了华夏艺术中心、何香凝美术馆、华侨城创意文化园、华.美术馆等文化设施,旗下还拥有华侨城国际传媒演艺公司、深圳歌舞团演艺公司、华侨城文化旅游科技公司等文化企业。目前华侨城文化产业净资产已近百亿元。截至 2012 年,各景区累计接待游客 2.2 亿人次,连续多年作为唯一的亚洲企业跻身世界旅游景区集团前八强。作为中国文化旅游的第一品牌,华侨城以特色的文化演艺与整合的文化产业链条，积极履行社会责任，助升国家软实力。

房地产及酒店开发经营——深圳华侨城房地产有限公司成立于 1986 年 9 月，是华侨城控股（000069）子公司，经过二十多年的不断创新与发展，由一个主要为华侨城工业区配套服务为主的生产建设型企业，发展成为以市场为导向的经营型国家一级房地产综合开发企业，是国务院国资委大力扶持发展的全国主要房地产企业之一。华侨城酒店作为华侨城集团公司成员，身兼业主、管理专家及发展商三重身份，华侨城酒店已有 3 个主题酒店群落投入运营，5 个主题酒店群落在建，目前拥有超过 40 家酒店、6000 间客房、水疗、公寓、高端会所等酒店配套设施齐全，累计接待近千万四海宾客，华侨城酒店专注于酒店品质的淬炼与主题文化的营造，已然成为酒店创意、投资、建设、管理的专家和中国酒店业的著名品牌。

电子及包装——华侨城集团控股的康佳集团成立于 1980 年 5 月，是中国改革开放以后成立的第一家中外合资电子企业。经过二十多年的快速发展，康佳集团已成长为大型电子信息产业集团和公众股份制上市公司（A 股代码：0016；B 股代码：2016）。公司主导业务涉及多媒体消费电子、移动通信、信息网络、白色家电、汽车电子以及上游元器件等多个产业领域，是中国彩电行业和手机行业骨干龙头企业，曾连续四年位居中国电子百强第 4 位。而于 2005 年 11 月 2 日在香港主板上市（股份代码：3366.HK）的华侨城（亚洲）控股有限公司，其前身为华力控股（集团）有限公司。作为华侨城集团目前重要且唯一的海外资本平台，华侨城（亚洲）致力于推进集团国际化发展战略，并培育最具创新能力的"华力"系高端纸包装和印刷服务商。华侨城（亚洲）的控股股东为香港华侨城有限公司，系华侨城集团于 1997 年 10 月经国务院原外经贸部批准在香港设立的全资子公司。公司以投资管理为主营业务，涉及纸制品印刷、包装以及进出口、项目投资等领域，是一家集投资控股和实业经营于一体的综合性公司。

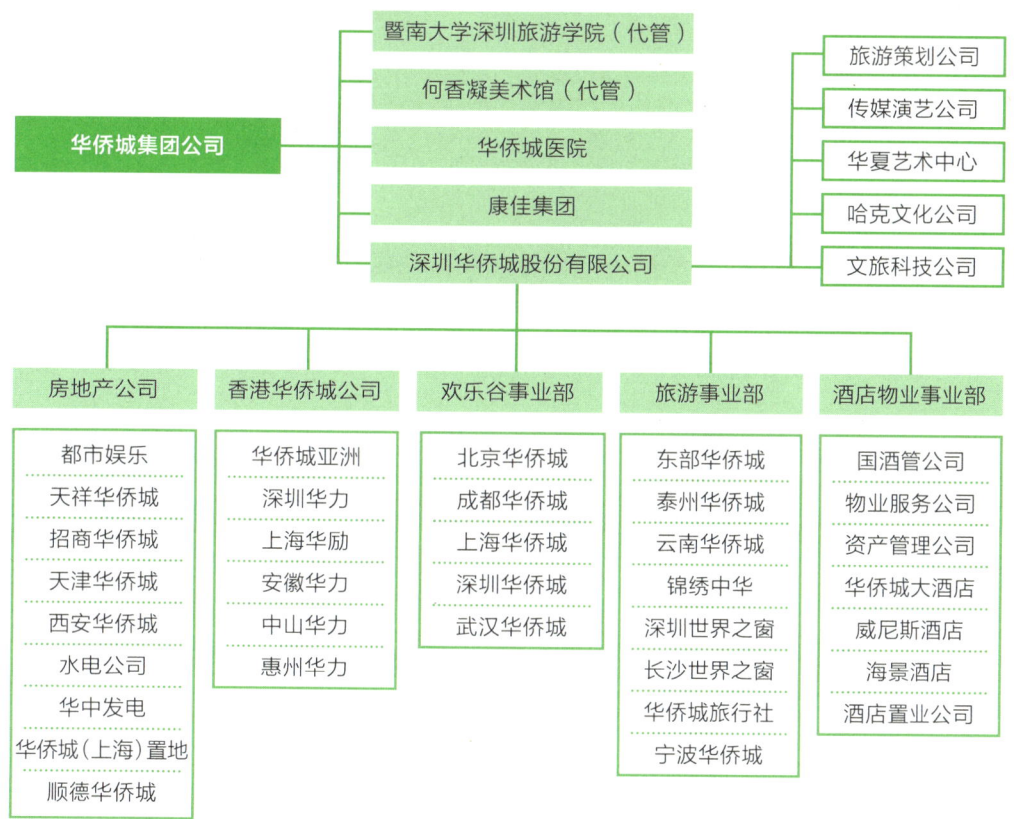

图 3-17　华侨城集团业务构架

（二）发展现状

　　华侨城集团旗下地产业务主要由华侨城地产负责。华侨城地产截止至 2013 年底，共有地产项目 15 个，分布在深圳、上海、天津及西安四个城市。与一般地产企业广泛布局不同的是，华侨城地产的项目地点可以明确地看出其发展策略，从深圳走出来的华侨城地产仍将以深圳作为核心发展地，因此项目最多。后在以经济发达、区位良好或是旅游较为发达的地区布局发展，上海、天津及西安就是华侨城选出来的城市，每个城市分别有 3 个华侨城地产项目。

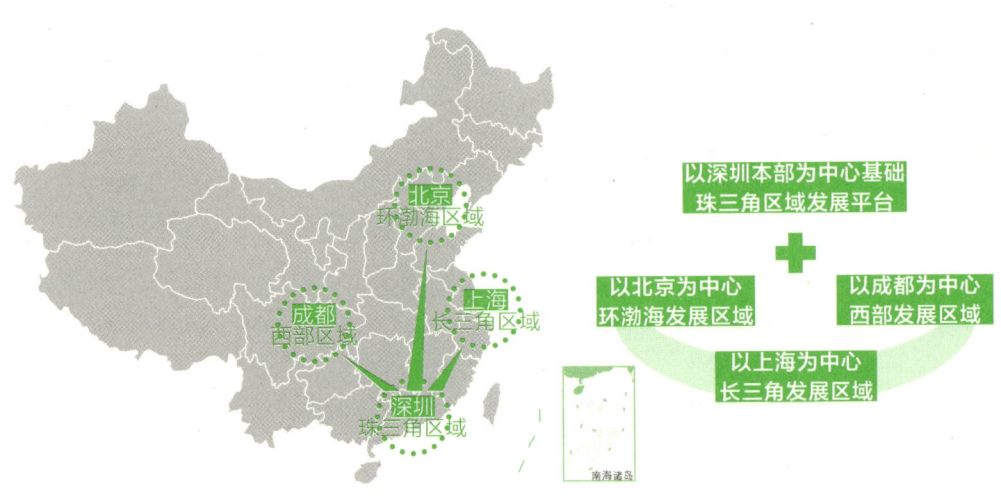

图 3-18　华侨城地产区域战略

从华侨城地产的项目分布来看，彻底地贯彻了华侨城地产的"1+3"全国战略，以深圳本部为中心基础的珠三角区域发展平台，带动以上海、北京、成都为中心的长三角、环渤海、西部发展区域共同发展，布局全国。

	华侨城地产项目列表		表 3-7
城市	**项目名称**	**城市**	**项目名称**
深圳	波托菲诺	上海	华侨城苏河湾
	曦城		浦江华侨城
	燕晗山居	西安	西康路 989
	侨城馨苑		西安华侨城
	东方花园		108 坊
	锦绣花园		天鹅堡
天津	天津华侨城		
	纯水岸		
	天鹅堡		

华侨城集团以其独特的旅游地产发展模式闻名全国，旗下除了从旅游发展之后衍生出来的华侨城地产项目系列之外，还拥有华侨城景区管理公司。旅游与地产两条腿同时走路，让

华侨城在国内旅游地产的地位愈发重要。

深圳华侨城旅游景区管理有限公司是华侨城集团旗下全资子公司，是华侨城旅游景区运营管理的专业化平台公司。曾从事旅游景区规划、建设和经营管理 25 年，一直秉承高标准规划、高品质管理的理念，开发出一系列旅游产品，业态覆盖文化主题景区、连锁文化主题公园、旅游度假区、旅游综合体、儿童职业体验园，针对各路消费群体的不同需求，打造了生态度假、都市娱乐、滨海休闲、养生旅游等旅游产品。

截至目前，已参与开发建设旅游综合项目 14 处（包括国家 5A 级旅游景区 4 家、4A 级旅游景区 3 家，国家生态旅游示范区 1 家），成功开创了中国第一个主题公园连锁品牌"欢乐谷"。

（三）旅游地产开发特征

华侨城在全国共有旅游地产 12 个，其中 4 个是新签约或在建项目，全部是大型的主题旅游地产或是生态文化旅游地产综合体，保持着"一个城市一个华侨城"的传统，

华侨城旅游地产项目列表			表 3-8
华侨城旅游地产项目一览表			
城市	项目名称	城市	项目名称
深圳	东部华侨城	武汉	武汉华侨城
深圳	华侨城	西安	西安华侨城
成都	成都华侨城	重庆	文化旅游综合项目（在建）
昆明	云南华侨城	宁波	文化旅游综合项目（在建）
泰州	泰州华侨城	顺德	文化旅游综合项目（签约）
天津	天津华侨城	福州	文化旅游综合项目（签约）

1. 凭借深厚的政府关系，以旅游之名，低价拿地

华侨城集团作为隶属于国务院国资委直接管理的大型中央企业，其过硬的政府背景自然不言而喻，再加上在深圳耕耘多年，其在深圳的人脉关系网亦十分深厚，如果注意地产业界动态，便可有感觉，华侨城几乎很少参与土地公开交易的竞争。

2004 年以前取地主要是政府协议转让土地，地价非常低廉，著名的东部华侨城项目的

地块也是通过这种模式得来。细数下东部华侨城开发的所有地产项目，稍微计算一下便可得出其销售额已超百亿，而整个东部华侨城拿地价只有 3.5 亿元，土地价格之低，利润之高，让其他开发商可望而不可即。

2004 年 8 月国土资源部规定所有土地出让均通过公开招拍挂。华侨城集团也开始进入公开招拍挂的流程之中。例如，华侨城在成都市金牛区拿地 2 平方公里（约 3000 亩），其中用于主题旅游区和地产各为 1500 亩。这部分地产总价值 12 亿元，平均 80 万元 / 亩，该地块附近市场地价目前已超过 150 万元 / 亩。华侨城在武汉东湖拿地也很顺利，占地估计 3000 亩左右，公园占一半、地产占一半。虽然无法从公开渠道获知拿地的具体成本，但据知情人士透露，"华侨城在武汉拿地的成本，还不及当地政府为吸引华侨城入驻所支付的拆迁费用。"

2. "主题公园 + 地产"模式深入人心，主题公园品牌众多

华侨城的旅游地产项目，多有主题公园相伴，从最初的深圳华侨城开始，之后的每一个华侨城几乎都有主题公园随行。"主题公园 + 地产"的旅游地产开发模式，已经成为了华侨城的代名词，其旗下的旅游地产项目 75% 以上拥有主题公园配套，未来不排除在一些已有项目附近植入主题公园。

华侨城旅游地产中主题公园配套列表 表 3-9

旅游地产项目	主题公园
深圳华侨城	世界之窗、锦绣中华、中华民俗村、欢乐谷
成都华侨城	欢乐谷
云南华侨城	温泉水公园、滇越铁路主题公园
天津华侨城	欢乐谷
武汉华侨城	欢乐谷、玛雅水公园
福州华侨城	欢乐谷（规划）
重庆华侨城	欢乐谷（规划）、玛雅水乐园（规划）
宁波华侨城	欢乐海岸（规划）
顺德华侨城	欢乐谷（规划）

3. 西学中用，成功的小镇复制开发

茵特拉根小镇——瑞士文化主题的茵特拉根酒店及以 1：1 复制的建造茵特拉根小镇，风光旖旎，仿佛让你来到了异国，领略这里的建筑文化和人文风情。

图 3-19　茵特拉根小镇实景图

海菲德小镇——以葡萄酒文化为主题的美洲风情小镇，原木与砖石相结合的建筑温馨质朴，系列铜雕展示了从葡萄采摘到红酒酿造的全过程，演绎了 19 世纪美国加州纳帕山谷的红酒小镇风情。

图 3-20　海菲德小镇实景图

茶翁小镇——娴雅的氛围，山风柔柔地吹过，看端庄儒雅的茶艺师娴熟茶道表演的茶文化小镇；看绿绿的茶叶在杯中沉浮；看身旁青竹摇翠，远处云雾缭绕，耳边水声敲石，诗情画意难以言说。

图 3-21　茶翁小镇实景图

（四）旅游地产典型项目——成都·华侨城

成都华侨城是集旅游、娱乐、购物、休闲、度假、文化、居住等功能于一体的都市大型综合项目。将是成都乃至西南地区最具创造力和影响力的都市娱乐、文化、高尚人文居住区。

成都华侨城基本信息　　　　表 3-10

项目位置	成都交大立交桥外侧西华大道 9 号	物业类型	高层公寓、别墅、商业
占地面积	3000 亩	内部配套	欢乐谷主题公园、50 万 m² 商业区、幼儿园、小学
开盘时间	2008 年 8 月 16 日	开发企业	成都天府华侨城实业发展有限公司
规划设计	华侨城旗下建筑规划公司	物业公司	华侨城物业管理有限公司

图 3-22　成都华侨城

　　区位交通：项目位于成都中心区域西北部，处于成都市正在快速发展的三环路沿线带状区域，社会资源和区位优势明显，交通条件便利。临近市中心区域，生活和商业配套齐全，3 公里内囊括教育、医疗、商业、交通、餐饮、金融、酒店等资源，生活出行配套非常丰富便利。

图 3-23　成都华侨城区位图

整体规划：项目整体规划遵循"规划为先、依托自然、以人为本"的原则，项目把旅游、地产、商业完美结合，创造性地提出了"中央欢乐区 CHD"概念，全力打造优质生活及创新欢乐体验的城市核心区域。

图 3-24 成都华侨城总体规划

旅游：1200 亩欢乐谷主题公园，国家首批 5A 级旅游景区，引领成都，快乐向西。

商业：50 万平方米方核心商业，打造高端餐饮、购物、星级酒店等主城区核心商业新领地。

教育：全城最优教育系统，金苹果幼儿园、人北小学、万达七中、西南交通大学。

环境：位于成都市主城区规划预留的通风口，收这城市了每一口最新鲜的空气。

项目采用主题公园＋地产的启动模式，旅游、商业等配套项目与地产产品同步滚动开发，是典型的旅游与地产相互借力的大盘开发模式。

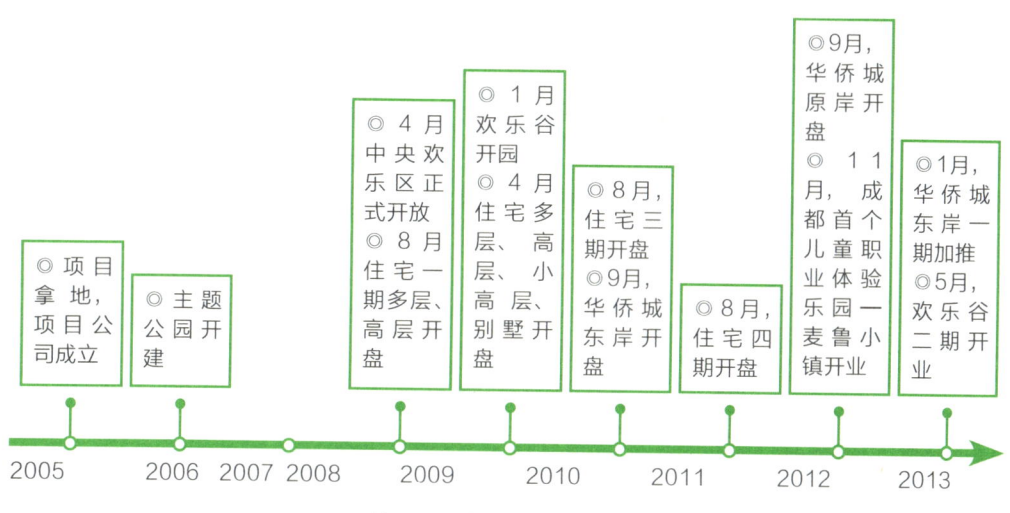

◎ 项目拿地，项目公司成立

◎ 主题公园开建

◎ 4 月中央欢乐区正式开放
◎ 8 月住宅一期多层、高层开盘

◎ 1 月欢乐谷开园
◎ 4 月住宅多层、高层、小高层、别墅开盘

◎ 8 月，住宅三期开盘
◎ 9 月，华侨城东岸开盘

◎ 8 月，住宅四期开盘

◎ 9 月，华侨城原岸开盘
◎ 11 月，成都首个儿童职业体验乐园麦鲁小镇开业

◎ 1 月，华侨城东岸一期加推
◎ 5 月，欢乐谷二期开业

2005　　2006　2007　2008　　2009　　2010　　2011　　2012　　2013

图 3-25　成都华侨城开发时序

⊙ 2008 年启动推广欢乐谷，2009 年对外开放，欢乐谷对提升区域影响力作用非常大，许多客户来之后才发现地产。

⊙ 2008 年 7 月开盘，洋房 + 小高层产品，约进账 10 个亿，启动仅靠 LOFT 空间，简单园林等低成本配套，确保项目回现。

⊙ 2013 年一季度，深圳、成都、武汉三地连锁的麦鲁小城春游市场全线飘红，累计接待人数 10 余万人次，年卡销售近 3000 张，收入过千万元。

图 3-26　成都华侨城分期规划

华侨城纯水岸是成都主城区不可多得的低容积率大规模社区，充分体现现代居住和成都地方居住文化特色，并具备丰富生活情趣的高尚居住社区和城市娱乐商业综合区。一区刚改产品为主，二期产品线最为丰富，包含别墅、多层、高层等多种产品形态；三、四期是纯刚需产品组团。

成都欢乐谷主题公园——是成都市文化产业重点项目和旅游产业重点项目，占地 1200 亩，总投资约 20 亿元，内置 130 多个项目，是华侨城欢乐谷目前规模最大、投资最多、最具生态特色和时代魅力的现代主题公园。一期于 2009 年 1 月开业、二期于 2013 年 5 月开业。至 2012 年年底，成都欢乐谷年游客接待量已超过 240 多万人次，是西南区域影响力最大的主题游乐园。

图 3-27　欢乐谷

麦鲁小城——麦鲁小城是华侨城集团旗下的新型儿童职业体验乐园，由深圳华侨城哈克文化有限公司进行开发。是成都首个室内儿童职业体验乐园，占地占地面积约 12000 平方米。

所有建筑都是按现实世界的 2/3 比例打造的。

成都麦鲁小城设置了 50 多个职业场馆近 70 种职业。成都麦鲁小城融合了巴蜀文化特色，小朋友在体验的同时，也学习了民俗文化。

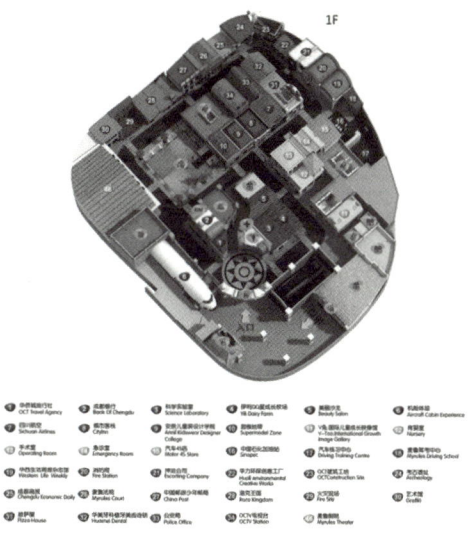

图 3-28　麦鲁小城布局图

三、港中旅集团

（一）企业概况

中国港中旅集团公司（以下简称：港中旅集团）创立于1928年4月，是香港四大驻港中资企业之一。港中旅集团旅游产业链完整、服务要素齐全、经营规模广泛，现已发展成为以旅游为主业，以实业投资（钢铁）、房地产、物流贸易为支柱产业的海内外知名大型企业集团，是国务院国资委直接管理的国有重要骨干企业。同时港中旅还是受国家公安部委托在香港地区唯一办理"港澳居民来往内地通行证"和"台湾居民来往大陆通行证"的指定单位。

1. 发展历程

港中旅前身是由中国早期著名银行家陈光甫先生于1928年4月在香港创立的香港中国旅行社。自1928年成立到1985年为港中旅的创立阶段，在此期间港中旅形成自己的第一板块业务——旅行社，并于1953年被中央政府接管，企业性质转变为央企，最终港中旅业务区域发展为中国香港、澳门、台湾及海外。

当旅行社发展到30余家，港中旅开始探索新的业务。从1984年开始，花了近20年时间，大胆探索酒店、运输、景区、地产领域，开拓出酒店业务和客货运输体系，并通过投资开发景区、商业地产、住宅，确立了旅游地产开发的"度假景区＋地产"理念。1992年港中旅在香港成功上市（股票代码为308）。

从2004年开始，港中旅把业务重点放到大陆。港中旅在珠三角、黄渤海、长三角等地均有部署，期间开发了海泉湾休闲旅游度假系列产品和山景旅游度假项目产品。在旅游地产业确立了自己的地位，加快旅游地产全面布局，抢占优质资源，实现旅游休闲度假区、旅行社网络布局、酒店规模、陆海客运、体育休闲、旅游演艺、旅游房车营地都成为中国规模最大的旅游单元。

创立阶段	探索阶段	高速发展
1928～1983 年	**1984～2003 年**	**2004 年至今**
● 1928 年港中旅成立 ● 1928 年 4 月 1 日中国旅行社香港分社成立 ● 1934 年 2 月海外第一间分社 ——新加坡分社成立 ● 1934 年 11 月 10 日香港分社第一间支社 ——德辅道支社成立 ● 1936 年台湾分社成立 ● 1953 年港中旅被中央人民政府华侨事务委员会正式接收成为国企 ● 1965 年 4 月 6 日第一间分社 ——九龙分社开业 ● 1983 年牵头成立香港中国旅游协会并多次组团访京及内地各省市	● 1984 年 10 月 4 日购买第一家酒店 ——华国酒店 ● 1985 年 4 月香港中旅酒店管理公司注册成立 ● 1991 年 12 月 31 日世界之窗破土动工 ● 1992 年 11 月 11 日香港中旅国际投资公司上市 (股票代码：308) ● 1998 年 11 月 8 日中旅快线在珠海成立 ● 2000 年开发温莎广场商业地产 ● 2001 年 10 月 8 日在北京成立中旅国际旅行社有限公司 ● 2003 年 6 月 7 日在深圳投资开发	● 2004 年门户网站开通 ● 2006 年珠海海泉湾开业 ● 2007 年中国中旅正式并入港中旅 2010 年中旅·蓝爵公馆项目开盘；青岛海泉湾·港中旅公馆开盘 ● 2012 年港中旅华贸国际物流股份有限公司在上海证券交易所上市 ● 2013 年：珠海海泉湾二期项目开工；港中旅 (鞍山) 温泉度假健康城开工

图 3-29　港中旅集团发展历程

2. 业务构架

经过几代人的开拓经营，中国港中旅集团公司已发展成为海内外知名大型企业集团，是国务院国资委直接管理的国有重要骨干企业。港中旅的主业为旅游，支柱产业为实业投资 (钢铁)、房地产、物流贸易，其中旅游业涵盖旅行社、酒店、旅游度假休闲景区、主题公园、网上旅游交易平台、旅游演绎、高尔夫球会、海陆客运等多项业务领域。

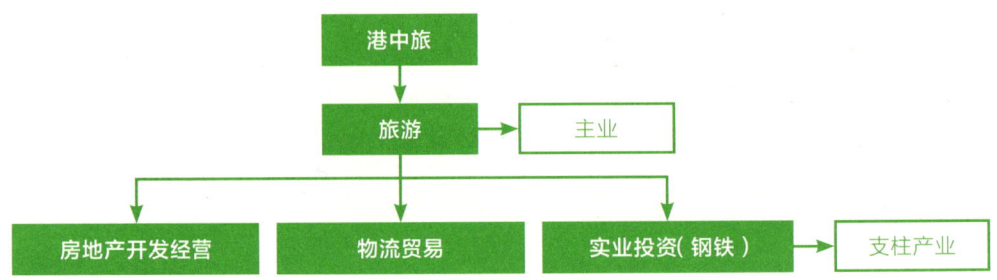

图 3-30　港中旅集团业务构架

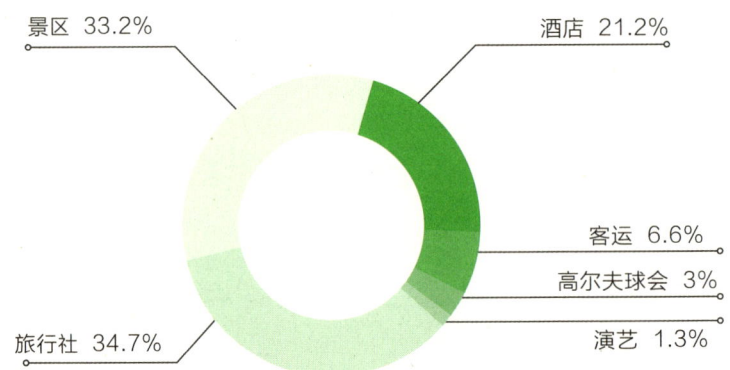

图 3-31　港中旅集团 2013 年旅游业务营业收入分布

图 3-32　港中旅集团主营业务种类

（二）发展现状

截至 2013 年 12 月 31 日，港中旅累计实现营业收入 517 亿元人民币，实现利润总额 18.66 亿元人民币，资产规模达到 709 亿元人民币，员工总数 4.5 万人。通过业务范围的拓展，积极应对当下经济形势、市场环境和部分行业周期波动，港中旅突破自身发展瓶颈，较 2012 年资产净值略有增长。

图 3-33　2009～2013 年港中旅集团资产净值变化

　　港中旅的发展不但体现在资产数字上，还可以通过港中旅的产业链表现出来。

　　目前港中旅产业布局遍布香港、内地、海外，单单旅游产业链就涵盖了旅行社、酒店、旅游度假休闲景区、主题公园、网上旅游交易平台、旅游演艺、高尔夫球会、海陆客运等多项业务。1997 年，港中旅开始涉猎房地产，先后投资开发住宅、商业地产和旅游地产。集团通过整合旅游业务和房地产业务，继而确立了的旅游地产的发展路线。

（1）旅行社板块

　　港中旅在国内拥有 8 大区域公司、150～160 个分公司、子公司、500 家直营门市，在海外 16 个国家和地区还分布有 20 多家旅行社，连续数年排名全国百强国际旅行社第一名；旗下芒果网是中国内地最受欢迎的在线旅游网络公司之一；旅游客运业务在粤港跨境业务中保持市场占有率第一。

（2）酒店板块

港中旅是央企最大的酒店管理集团，在"全球酒店集团 300 强"中名列第 43 位，现拥有"维景"、"旅居"两大系列四个品牌酒店公司。截至 2013 年 12 月 31 日，港中旅已投资、管理 40 余家酒店，其中香港和澳门地区 5 家，内地公司遍布北京、上海、深圳、厦门等热门商务和旅游城市。

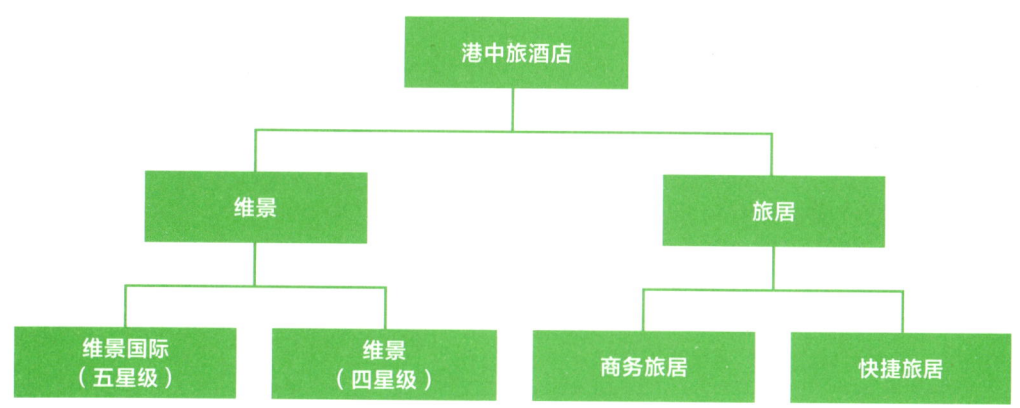

图 3-34　港中旅酒店业务架构

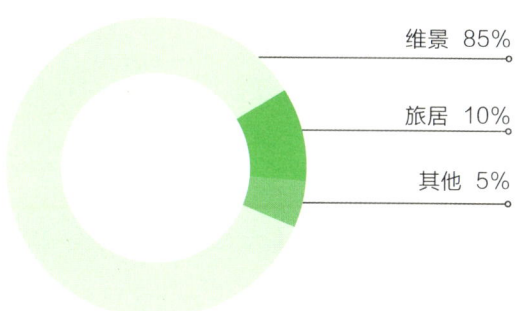

图 3-35　港中旅酒店品牌分布

（3）景区业务板块

巩固并形成了三大系列景区：以世界之窗、锦绣中华为代表的传统人造主题公园景区，以珠海海泉湾、青岛海泉湾、咸阳海泉湾、赤壁海泉湾、成都花水湾为代表的温泉休闲度假景区，以嵩山为代表的山地休闲度假景区，同时进入景区配套业务，投资管理了庐山、黄山、衡山等几条索道和长春净月潭滑雪场。集团正积极推进北京、河北、广东、海南、辽宁、河南等地的综合性旅游度假区项目。

（4）演艺业务板块

港中旅演艺业务代表作为"功夫传奇"，自2006年至今，演出总场次已逾5000场，接待观众近300万人，功夫传奇不但在国内享有盛誉，且代表国家参加文化交流演出活动，先后在美国、加拿大、日本、俄罗斯、英国、西班牙等国巡演、驻演达1100余场。

（5）高尔夫球会板块

港中旅的高尔夫球会注重改革创新，销售渠道拓宽，球场资源充分利用，创收项目开发，成本控制。截至2010年，高二夫球会营业额为0.57亿港元，比2009年的0.5亿港元增长约14.00%，全年打球人数约85000人次。

（6）房地产业务板块

港中旅在地产业务投资开发包括两个方面：中高端住宅和旅游地产，其中中高端住宅有深圳中旅国际公馆、上海汇丽花园、苏州·蓝岸国际等项目。旅游地产有珠海海泉湾、青岛海泉湾、咸阳海泉湾、沈阳中旅·国际小镇等经典旅游地产项目。截至2013年12月31日，港中旅的房地产区域部署已遍布深圳、珠海、上海、宁波、青岛、沈阳、咸阳、成都。

（三）旅游地产开发特征

港中旅作为中国最大的旅游公司，发展旅游地产是其规划的重点之一，其发展战略规划为利用5～8年时间，完成全国十大旅游基地战略部署（深圳、珠海、上海、宁波、青岛、北京、沈阳、咸阳或成都、重庆、海南）。

截至2014年10月，港中旅有8个已经推出或在建的旅游地产项目，其旅游地产开发与集团战略部署相联系，以此布局来主导市场，从开发深圳中旅国际公馆起涉足房地产，而后投资建设珠海"海泉湾"度假城、青岛"海泉湾"度假城，形成了打造旅游度假基地的概念。

港中旅旅游地产项目列表　　　　　表 3-11

项目名称	项目位置	时间	建成情况	住宅
珠海海泉湾	广东珠海	2003	建成	二期启动住宅
赤壁海泉湾	湖北赤壁	2005	建成	景观别墅；产权别墅；VIP 别墅
咸阳海泉湾	西安咸阳	2007	建成	高层
棋盘山欧陆风情小镇	沈阳棋盘山	2007	建成	联排别墅；花园洋房
青岛海泉湾	山东墨市	2008	建成	别墅；高层
汤山国际温泉城	南京汤山	2009	建成	住宅
鞍山港中旅温泉	沈阳鞍山	2013	在建	小高层；别墅
灵峰旅游综合体项	浙江安吉	2013	在建	住宅（规划中）

1. 先开发引擎，再延伸地产

开发旅游地产，港中旅有自己的一个模式，首先开发引擎配套设施或者景区，借助引擎为项目集聚人气，提高知名度，然后再开发地产。相对地产而言，旅游业利润较薄，港中旅投资的景区短时间很难收回成本，那么，在这种情况下，港中旅通过建造住宅产品来平衡项目的投入产出关系，进而降低总体投资风险。

以咸阳海泉湾项目为例，该项目是集室内温泉、餐饮、住宿、娱乐为一体的综合性温泉度假休闲中心。项目总占地面积为 23.3 万平方米，分期开发，一期打造温泉世界和城市广场，二期建设五星级酒店，一二期已于 2011 年完工营业，三期占地 12.6 万平方米，建造高层住宅，尚在建造中。

根据数据统计，从 2006 年到 2013 年，咸阳海泉湾游客量周末平均只能达到 2500 多人，最高纪录是日接待量 3800 人次，可是这个接待量和 4600 次 / 日的饱和量还有一定差距。咸阳项目投入已达到 3.5 亿元，但住宅项目还未开售，资金还在一直投入，想要收回成本遥遥无期。加之每年的折旧成本，目前经营压力非常大。在其巨大压力下，最好的方式就是尽快开发房地产，回笼资金。

图 3-36　咸阳海泉湾开发时序

2. 温泉为重要引擎

　　截至 2013 年 12 月 31 日，港中旅开发了 8 个旅游地产项目，其中以温泉为引擎的多达 85%。那么港中旅为何如此青睐温泉引擎呢？温泉的度假、疗养、康体定位，决定了消费人群的高端特征和产品的高附加值，同时，温泉旅游消费一般都有较长的期限，少则一周，长则半月，加之疗理需多个周期，消费群体一旦形成，固定性较强。温泉引擎能大大延长港中旅产品的服务时间和服务链条。

港中旅旅游地产项目列表 表 3-12

项目名称	配套设施						住宅	
	温泉	酒店	主题公园	码头	商业街	会议中心	公寓	别墅
珠海海泉湾	√	√	√	√	—	—	—	—
赤壁海泉湾	√	√	—	—	√	—	—	√
咸阳海泉湾	√	√	—	—	—	—	√	—
青岛海泉湾	√	√	—	—	—	—	√	—
汤山国际温泉城	√	√	√	—	—	√	√	—
鞍山港中旅温泉	√	√	—	—	√	√	√	√
灵峰旅游综合体	√	√	—	—	√	√	—	—

3. 酒店助阵旅游地产开发

港中旅最擅长的是旅行社、酒店、海陆空运等旅游业务，对于旅游地产开发，主要和集团已经开拓的业务品牌合作。集团开发的八个旅游地产项目中九成左右均配套酒店，其中60% 是港中旅旗下成熟品牌——维景系列，剩下的是按照旅游项目所在地的人文和景区风格来配备五星级标准的特色酒店。

维景系列是港中旅酒店业务的核心品牌，维景系列包括维景国际和维景。截至 2013 年12 月 31 日，该系列共有 34 家，其中维景国际 22 家，维景 12 家。维景国际为五星级酒店，设计气派非凡，服务个性化专门定制，为尊贵人士营造尊贵享受；维景遍布中国港澳内地，无论商务酒店或公寓，都以时尚现代的设计和周到热情的服务著称。

港中旅旅游地产分布于二三线城市，鉴于二三线城市人均 GDP 水平，港中旅的中高端酒店品牌正好迎合了市场需求，港中旅在酒店业业务成熟，将酒店这一现有资源结合到旅游地产中去，完善了港中旅旅游度假基地的吃、住、行、游、购、娱的度假模式。此外港中旅的温泉引擎需要搭配酒店，来完善顾客休闲度假的模式。

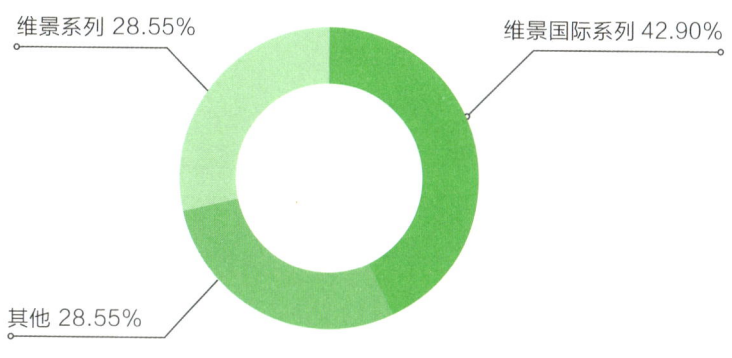

维景系列 28.55%　　维景国际系列 42.90%

其他 28.55%

图 3-37　港中旅旗下旅游地产项目酒店配比

4. 依托自然景观资源，打造旅游地产

港中旅开发的 8 个旅游地产主要依托山、湖、海、温泉等景观资源，配以休闲区域、酒店和住宅，打造旅游地产。其中棋盘山风景区的植物园和世博园均于 2007 年成为国家

5A 级景区，同时配有 5 万平方米湖景、5 万平方米私家岛屿森林；汤山国际温泉城选址于
2013 年被正式评为国家 5A 级乡村旅游景区的汤山，汤山历史悠久，是中国最古老的温泉
养生地之一。

港中旅旅游地产资源列表 表 3-13

项目名称	资源
珠海海泉湾	① 2.7km 长海岸棕榈路　② 14.2 万 m² 湖面水系　③ 罕有的海洋温泉
赤壁海泉湾	①风景区陆水湖　②赤壁古战场
咸阳海泉湾	天然温泉基地
棋盘山欧陆风情小镇	① 2007 年棋盘山风景区植物园和世博园被评为 5A 级旅游景区　②棋盘山国际风景区是沈阳最大的自然风景区　③森林公园景区（58km²）　④秀湖景区（48km²）
青岛海泉湾	①即墨鳌山湾近千米的金色沙滩　②稀缺海洋温泉
汤山国际温泉城	① 2013 年被正式评为国家 5A 级乡村旅游景区　②汤山既具备神奇的温泉资源，又拥有深厚的历史文化传承。2010 年，汤山温泉正式通过认证，汤山温泉水质标准在欧洲和日本均属上等水平
鞍山港中旅温泉	①汤岗子镇温泉资源丰富　②宝石山森林公园、金斗凤凰山森林公园

（四）港中旅代表项目解读——青岛·海泉湾

青岛海泉湾是港中旅集团依托近千米的金色沙滩和溴盐温泉两个天然资源，兴建的一
个以海洋温泉为核心产品的大型综合旅游休闲度假区。项目占地面积 2800 亩，总投资达
到 50 亿。项目建成运营后，辐射整个"东北亚经济圈"，成为亚洲知名旅游休闲度假目的地。

青岛海泉湾基本信息 表 3-14

项目位置	青岛即墨鳌山湾滨海大道东侧	设计单位	阿特金斯
占地面积	2800 亩	建筑面积	100 万 m²
总投资额	50 亿元人民币	核心引擎	海洋温泉引擎
装修情况	精装度假区 + 毛坯住宅	开放时间	2011 年
开发企业	港中旅集团	规划配套	维景国际酒店；餐饮海鲜大世界；天创大剧院；奥特莱斯商业街；海洋温泉

区位交通：青岛海泉湾位于即墨鳌山湾滨海大道，南靠崂山风景区，北接田横岛旅游度
假区，据青岛市中心 40 公里，距即墨市中心 15 公里，距青岛流亭国际机场 30 公里，交通便利，
四通八达。

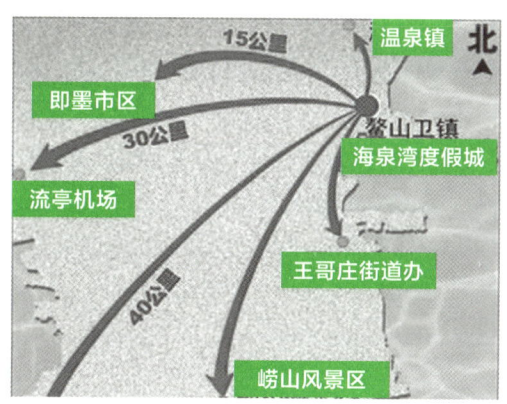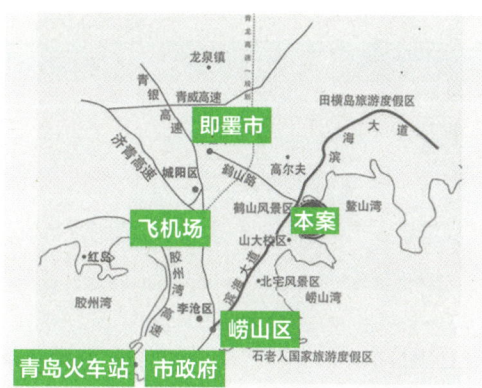

图 3-38　青岛海泉湾区位图

整体规划：项目总体占地面积 2800 亩，规划建设包括居住、商业、养生、娱乐、酒店度假村等。由于项目比较大，规划分期投资开发，一期已投资 50 亿元，二期项目计划投资 100 亿元。

图 3-39　青岛海泉湾整体效果图

项目一期：项目一期规划包括五星级会议度假酒店、海洋温泉、奥特莱斯、天创大剧院和海鲜大世界五大特色产品和住宅项目，集团致力打造一站式满足游客吃、住、玩、购物等需求的度假圣地。

青岛海泉湾一期产品信息	表 3-15
规划产品	**基础信息**
五星级酒店	占地面积 11 万㎡
海洋温泉	占地面积 3.4 万㎡
奥特莱斯	占地面积 5.4 万㎡
天创大剧院	建筑面积 1.2 万㎡
海鲜大世界	建筑面积 6000 ㎡

项目引擎：其中海洋温泉是其核心引擎，温泉项目总投资额 3.4 亿元，建筑面积 3.4 万平方米，是由港中旅打造的兼具娱乐、养生功能和海洋文化为主题的海洋温泉。海洋温泉由室内、室外两部分组成，其半球形网壳结构建筑的穹顶跨度最大处达 128 米，是当前国内跨度最大的室内海洋温泉，日同时接待量可达 2800 人次。

图 3-40　青岛海泉湾海洋温泉实景图

一期住宅：一期的住宅项目港中旅公馆占地面积有 9.5 万平方米，总建筑面积达到 69820 平方米，物业类型包括别墅和洋房两种。2010 年 12 月，住宅项目一经推出 2 小时即售罄，2011 年 7 月住宅产品加推，再一次快速售罄。一期住宅市场反响强烈，港中旅公馆后期推出的别墅、洋房、高层形势一片大好。

港中旅公馆产品信息			表 3-16
占地面积	9.5 万 m²	建筑面积	11 万 m²
开盘时间	2010 年 12 月	总户数	1200 户
物业类型	别墅、洋房	物业配比	19：90
销售情况	售罄	容积率	0.68

二房 18.9%
四房 20%
三房 61.1%

联排别墅 81.6%
双拼别墅 15.8%
独栋别墅 2.6%

图 3-41　港中旅一期花园洋房户型配比　　　图 3-42　港中旅一期别墅户型配比

户型鉴赏：港中旅公馆推出的别墅卧室方正，露台阔绰，其双层客厅挑高，让住户尽享空旷空间。室外庭院景致，花园入户，住户尽可享受动静分离又舒适轻松的别墅生活。

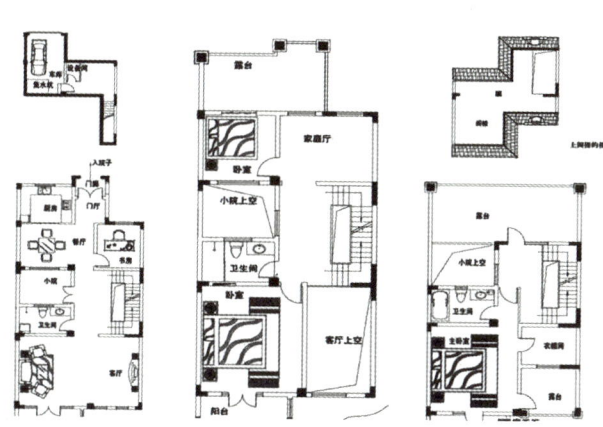

图 3-43　四室四厅别墅户型（283 ㎡）

青岛海泉湾的一期工程已经交付使用，二期工程正在建设当中。二期总占地面积达到 3000 亩，总建筑面积 130 万平方米，集团对项目非常重视，计划投入 20 亿。项目规划兴建白金五星级酒店、房车小镇、游艇俱乐部、住宅区，预计 2015 年可基本建成。

图 3-44　青岛海泉湾整体规划

一期销售：港中旅公馆一期于 2010 年 12 月开盘，一经推出 2 小时即售罄，2011 年 7 月一期住宅产品加推，再一次快速售罄。2011 年第一季度成交面积最多，达到 35145 平方米。基于 2010 年 12 月项目才开盘，很多客户都是 2011 年第一季度才签合同正式成交，所以 2011 年第一季度成交面积达到最大值。

从 2012 年第三季度开始，陆续推出二期期房销售，成交面积基本呈稳定范围内，在一期的大好形势下，二期销售稳定前行。进入 2014 年后，基于 2014 年的房地产行情不乐观，港中旅公馆销售面积情况一般。

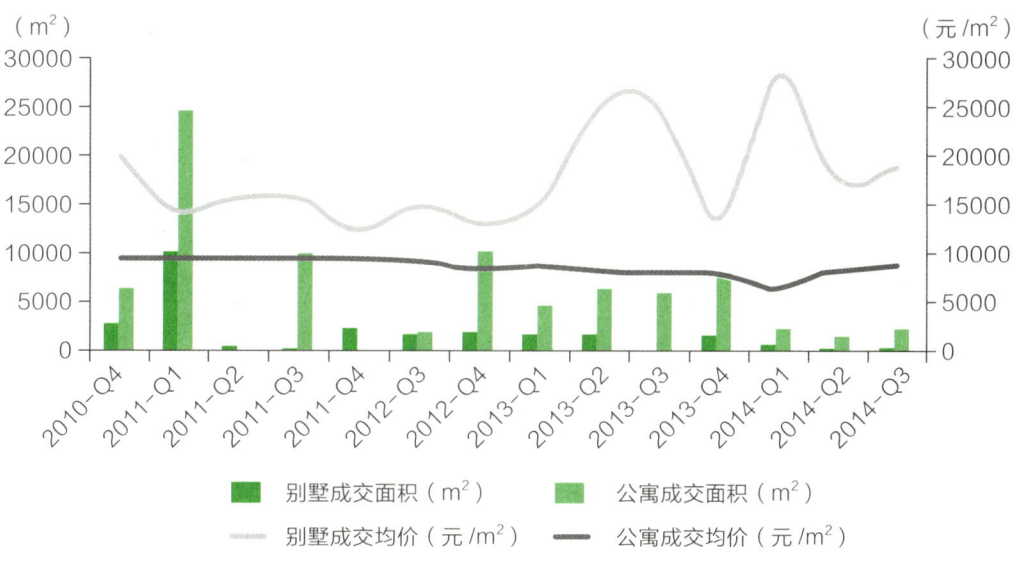

图 3-45 2010 ~ 2014 年港中旅公馆成交面积与均价

　　从数据图来看，别墅的成交均价处于总体上升趋势，出现均价波动较大的原因是当期推出了总价较高的独栋别墅(联排别墅、双拼别墅均价 1.5 万元左右,而独栋别墅的均价为 3.5 万元左右)。公寓的价格波动性较小，一期均价基本没有变化，只在尾盘销售时略有降低。二期在一期热销情况下，受到近两年房地产市场受政府调控影响，并没有高价高调入市，价格稳定。

　　港中旅公馆的热销对青岛东部地区，尤其是鳌山湾畔的旅游地产发展及岛城高端居住环境的打造具有重要意义。通过项目一期产品的热销，青岛房地产的品牌影响力进一步扩大，青岛房地产市场定会以绝佳产品回馈市场热捧。

四、悦榕集团

（一）企业概况

悦榕控股有限公司（以下简称悦榕集团）是顶尖度假村、酒店及 Spa 的跨国营运开发商，其总部位于新加坡。自 1994 年在泰国普吉岛开设第一家度假村以来，悦榕集团在全球已扩展成为一家集项目的开发、运营、管理于一体的多元业务企业，于 2006 年悦榕集团在新加坡证券交易所上市。截至 2013 年底，悦榕集团的项目分布全球 28 个国家，未来还会在墨西哥、巴贝多斯、印度和希腊陆续有项目开业。

悦榕集团在世界顶级度假村中已经获得普遍认可，在中国也是远负盛名，集团以投资建造高端度假村方式打开市场，经过 9 年的品牌深根，悦榕庄已经成为中国最具浪漫色彩的顶级度假村。2008 年丽江悦榕庄开业，被冠以"中国最贵度假村"之名，当时其平均房价为466 美元每晚，远高于当时的 300 美元一晚的五星级金茂君悦酒店。

1. 发展历程

1991 年，悦榕集团创立于新加坡，创始之初只有 7 名员工。经过 20 年的发展，截至 2012 年，悦榕集团的职员总数已达到 9000 名，来自超过 50 个不同国家。纵观这 20 年，悦榕集团的发展历程大致可以分为三个阶段：自 1991 年成立以来，集团大力发展海外市场；至 2004 年，集团的业务遍布泰国、马尔代夫、印度尼西亚、曼谷、塞舌尔等多个国家，项目共计 7 个。集团选择在这些均属于旅游业发达国家开发项目，选址也都是有海景、山景的区域，借助有利资源打造旅游度假圣地。

2005 年，悦榕集团正式进入中国，开启了中国市场的探索阶段，当时虽然中国市场旅游业逐渐成熟，但悦榕对新市场态度十分谨慎，集团选择先从国内旅游业较为发达的区域——云南及三亚开始布局，先后推出仁安悦榕庄、丽江悦榕庄和三亚悦榕庄；集团对中国市场初步了解以后，伴随着国内房地产业的突飞猛进及旅游业的迅速崛起，从 2009 年开始，集团发力中国市场，紧锣密鼓布点于长三角、澳门和环渤海区域；截至 2013 年底，集团在中国共开发了 8 个项目。

海外市场发展阶段	中国市场探索阶段	中国市场高速发展
1991 ~ 2004 年	**2005 ~ 2008 年**	**2009 年至今**
● 主要分布在江浙一带 ● 主要功能为湖泊观光，以围绕着天然湖畔的旅游观光为核心，这一阶段的旅游产品主要为酒店	● 这一阶段由于大量人工湖泊、人工水库筹建（千岛湖、太平湖），迎来新一轮湖泊热潮 ● 大量的投资转入滨湖附近的旅游业，大规模的度假设施和旅游住宅开始形成 ● 千岛湖周边成为这一阶段发展主场	● 国务院确立了旅游产业战略地位以后，全国掀起了旅游发展高潮，滨湖旅游地产继滨海旅游地产之后，进入黄金发展期 ● 国内经济及房地产的迅速发展使得湖泊开发不再单一 ● 围绕着天然湖畔、人工湖畔不断展开建造 ● 伴随着旅游地产的发展，西南地区的滇池等滨湖旅游地产陆续发展起来，滨湖项目可谓是遍地开花

图 3-46　悦榕集团发展历程

2. 业务构架

悦榕集团目前已发展成为一家集开发设计、运营和管理为一体的企业，2013 年，集团总营业收入同比 2012 年增长 5%，达到 3.56 亿美元。旗下目前已形成八大业务领域，包括酒店投资、产权式酒店销售、酒店管理、SPA 营运、精品店营运、产业销售、产业酒店基金、设计与其他服务等（设计及项目管理、高尔夫俱乐部营运服务及其他业务）。2013 年，酒店投资业务收入为 2.21 亿元，占到总收入的 62.1%，超过集团收入半成。

（亿元）

图 3-47　2009～2013年悦榕集团营业收入及变化

自 2009 年至 2013 年，集团营业收入总体趋于上升状态。但是相对 2009 年高达 3.479亿营业收入，2010～2012 年均低于 2009 年。这三年间悦榕集团在中国开启了多个新项目，投入较大，且旅游房地产开发周期长，资金回笼慢，使得集团营业收入一度处于停滞状态。所以相比于 2009 年，后面 3 年其营业收入虽年年增长，但直到 2013 年其营业收入才略高于2009 年。但长远来说，悦榕集团在中国投资开发的项目已陆续投入使用，悦榕集团在中国的发展将势不可挡。

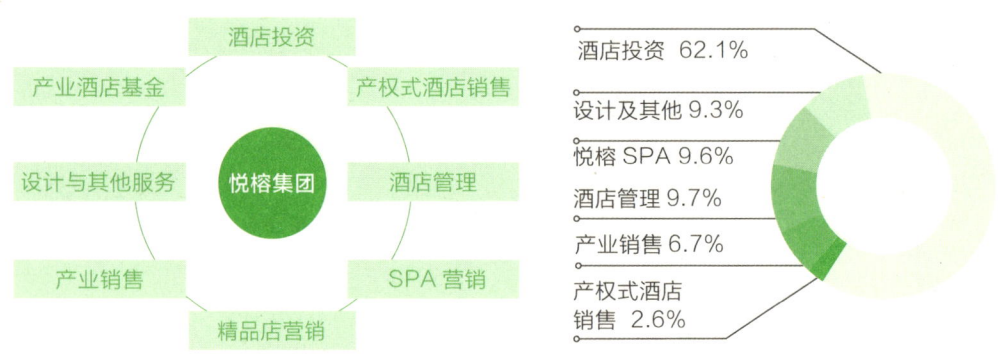

图 3-48　悦榕集团业务分类　　图 3-49　2013 年悦榕集团营业收入构成（百万美金）

酒店投资——悦榕集团投资开发的旅游地产遍布全球，主要投资其品牌下的酒店，包括悦榕庄、悦椿度假村和位于乐古浪的度假酒店；

酒店管理——悦榕集团主要管理集团投资开发的度假村内的酒店，但也为其他业主管理悦榕庄及悦椿品牌下的产业；

Spa 营运——身为热带花园 Spa 的先锋，悦榕 Spa 在全球已经有超过 63 家直接经营店（截至 2014 年）；

精品店营运——悦榕的零售业务悦榕阁包含 5 个附属品牌，在全球有超过 81 家直营店（截至 2014 年）；

产权式酒店——主要在悦榕轩品牌下销售；

产业销售——酒店营运以外的产业由悦榕的子公司乐古浪集团（Laguna Resorts and Hotels）及其位于乐古浪普吉岛的附属公司销售；

设计与其他服务——建筑与室内设计由集团设计单位 Architrave 负责。其他收费服务包括高尔夫球俱乐部的营运服务；

产业酒店基金——于 2011 年 5 月底正式开启中国酒店基金，悦榕基金集合私募基金与其他投资源头为集团未来的项目发展提供一个具有成本效益的资金结构。

（二）发展现状

截至 2013 年底，悦榕集团管理或拥有 35 家酒店及度假村、约 72 间 Spa 和 85 间精品店以及 3 座高尔夫球场，业务遍布 28 个国家. 并预期将于 2017 年于 33 个国家增加至 66 家酒店及度假村、117 间 Spa 和 151 间精品店。

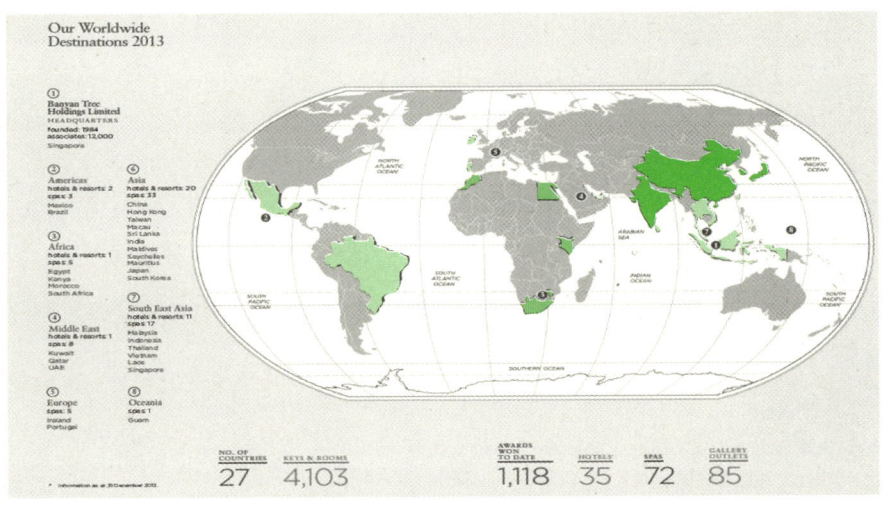

图 3-50 悦榕集团业务全球分布图

悦榕集团业务全球各区域分布数量列表　　　　　　　　　表 3-17

区域	美国	非洲	中东	欧洲	亚洲	东南亚	澳洲
度假村/酒店	2	1	1	0	20	11	0
SPA	3	5	8	5	33	17	1

截至 2013 年底，悦榕集团在中国已有 8 个项目，项目分布于珠三角、长三角、两广区域和海南区域。在接下来的 10 年里，悦榕集团将在中国开业酒店总数达到 30 多家，集团在中国的资产业从 2007 年的 5% 上涨到 2013 年的 9%。

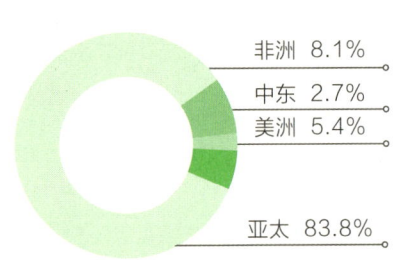

图 3-51　悦榕集团酒店 & 度假村全球分布比例

图 3-52　悦榕集团酒店 & 度假村中国分布

从 1994 年悦榕集团推出自己的第一个项目普吉岛度假村开始，20 年的时间悦榕集团不仅仅是在业务范围和业务数量上有所提升，还在品牌上有所拓展。除了业务之初的乐古浪和悦榕品牌，集团充分发挥创新精神，于 2000 年推出新的品牌悦椿。目前，集团的各业务均围绕悦榕庄和悦椿品牌展开．目前集团已经形成 "悦榕庄" 与 "悦椿" 知名姐妹品牌。

图 3-53　悦榕集团旗下三大品牌

悦榕 & 悦椿品牌发展信息列表				表 3-18
品牌	推出时间	酒店或度假村数量	SPA 数量	商品零售	产品定位
悦榕	1994	23	24	29	奢华度假体验
悦椿	2000	14	39	39	乐活新鲜体验

悦榕集团形成的多品牌战略给顾客提供了更加全面的服务，其中，悦榕是其核心品牌，悦榕度假村占集团度假村的 51.4%。悦榕的品牌概念是给顾客提供一个放松身体和心灵的避难所，针对的是高端奢华的度假型消费者。悦椿则专为现代感十足及充满活力的年轻族群而设计的生活品牌，SPA 占到集团 SPA 的 61.9%。集团通过这两个品牌占领了目标市场的领导地位，也扩宽了自己的产品范围和市场覆盖面。

图 3-54　悦榕集团旗下三大品牌占比　　　　图 3-55　悦榕集团 SPA 类型占比

（三）旅游地产开发特征

作为一家成熟的集设计、开发、运营、管理为一体的旅游地产商，悦榕集团在旅游地产的开发上坚持一站式开发运营，无缝对接，避免了旅游业和房地产业的生硬拼接。集团对高质量旅游资源进行整合，并充分发挥集团的多品牌优势，带动旅游地产的开发、运营和管理。多年积累下，悦榕集团的旅游开发形成了自己的开发管理模式，并呈现其多样特征。

1. 融合地域文化，打造连锁但风格各异度假村

悦榕集团开发的虽为连锁度假村，却家家建筑特色不同。这是因为集团在发展自己品牌产品的同时，注重融合地域文化特色，悦榕集团的旅游地产在不同地点的度假村建筑和设计都不会相同，而是自成一格，均能衬出客户所到之处的特色，让住户留下鲜明印象。集团并没有以浮夸来装点设计度假村，而是因地制宜，依靠当地的自然风光，尽量保存原有自然状态，打造出顾客身在酒店，又仿佛身在景区的效果。项目充分利用世界各地的地理优势和与众不同的文化，打造出旗下一家家特色度假村。

以塞舌尔悦榕庄为例，其建筑设计均呈现维多利亚风格，白色平房附带美丽景观露台。内部装潢保留塞舌尔传统工艺，均出自本土手工艺术者之慧手。当地画家专门为度假村绘制出一幅幅关于传说中当地 coco-de-mer 海耶树的奇妙画作作为装点。度假村占领整个山林和海滩，其中包含的孕育鸟类和蝙蝠、海龟的湿地区域均得到最大限度的保护，成为了度假村的一大特色。

图 3-56 塞舌尔悦榕庄

2. 营销推广——无声胜有声

悦榕集团花在形象推广上的资金很少,因为它有独特的营销推广方式。悦榕每进入一个市场,均会做深入调研,会根据消费者的年龄、收入、习惯、需求等把市场细分,最终结果显示其目标人群为能承受 250 ~ 500 美元、年龄在 35 ~ 45 岁之间,追求生活品质和隐私的高端度假人士。于是其营销方式采取的是无声胜有声,集团不屑于平面广告之类的宣传,注重的是其声誉名气的积累,自创立以来,获奖已有 100 多项,这无形之中给客户传递的就是鲜花盛开,蝴蝶自来。同时度假村还邀请知名人士亲身体验悦榕庄生活,詹姆斯、希尔顿就曾称悦榕庄是他们眼中的世外桃源,这些名人效应的引导,给悦榕庄带来了更多殊荣和客源。

图 3-57　杭州西溪悦榕庄颁奖大典　　　　　　　　图 3-58　各大明星体验悦榕庄

3. 悦榕旅游地产王牌衍生品——悦榕 SPA

悦榕 Spa 在 1994 年设立于泰国普吉岛,其灵感来源于世代相传的古老健康疗方。它是世界公认的最佳 SPA 品牌之一,所有悦榕集团的项目均配备悦榕 SPA。悦榕 SPA 作为亚洲领先的 Spa 运营商以及热带花园 Spa 概念的先锋,诠释了传承世代的美容和健康秘方。多年来,这一王牌产品,斩获了超过 400 多项荣誉,悦榕 Spa 巧富灵性的手法和精湛技艺是我们足迹遍布全球的关键所在。

图 3-59 悦榕 spa

4. 独特经营模式

　　说到悦榕集团的旅游地产，就得先介绍一下悦榕轩。悦榕旗下度假村的常客每年平均入住悦榕度假村 1～2 次，顾客享受到超五星级的美景和服务后，有一些向度假村反映想拥有属于自己的度假屋的想法，于是集团根据客人的需求设计出了悦榕轩这个旅游地产项目，悦榕集团通过给客户完美体验，对租用的度假产品赞不绝口后，再推出其心仪产品。

　　悦榕轩是悦榕集团的重要产品，也是应运而生的辅助完善产品。悦榕轩模式即是住户在度假村体验别墅开放式私密空间的奢华、尊贵，然后再复制一模一样的产权式别墅销售给有意向独自拥有的业主。悦榕轩于 2006 年成立，为快速回收现金流，其经营方式采取了销售与持有结合的方式，客户在购买别墅后签订返租协议，交由悦榕集团托管经营。

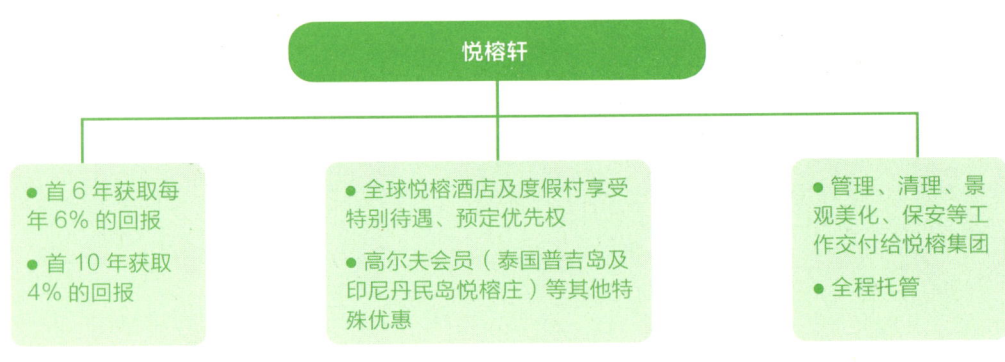

图 3-60 悦榕轩经营模式

图 3-61　悦榕轩效果图

（四）悦榕集团在中国的旅游地产典型项目解读——丽江悦榕庄

丽江悦榕庄是悦榕集团投资开发的号称"中国最贵的度假村"，位于丽江束河古镇，占地面积达到 600 多亩。初期建设 55 栋别墅，现在别墅增至 120 套。度假村内 120 栋纳西式的别墅均朝东北向，每栋别墅都可欣赏到海拔五千六百公尺的玉龙雪山山顶。丽江悦榕庄在旅游地产内享有盛名，2007 年在中国酒店星光奖颁奖典礼上被授予"中国最佳豪华酒店及最佳水疗度假村"称号。

丽江悦榕庄基本信息			表 3-19
项目位置	云南省丽江市束河悦榕路	开发商	拉古娜度假村及酒店公共有限公司
占地面积	600 亩	配套设施	悦榕 SPA、悦榕阁、悦榕轩
开放时间	2006 年	开发企业	悦榕集团
建筑面积	128001m²	设计单位	Architrave 设计
容积率	0.32	绿化率	45%

区位交通： 丽江悦榕庄位于丽江束河古镇，倚傍在风景迷人的玉龙雪山脚下，拥有独一无二的高原风光和少数民族风情。丽江悦榕庄距离飞机场 36 公里，约 40 分钟车程，火车站 4 公里，长途汽车站 6 公里，距离丽江古城只需 15 分钟车程。

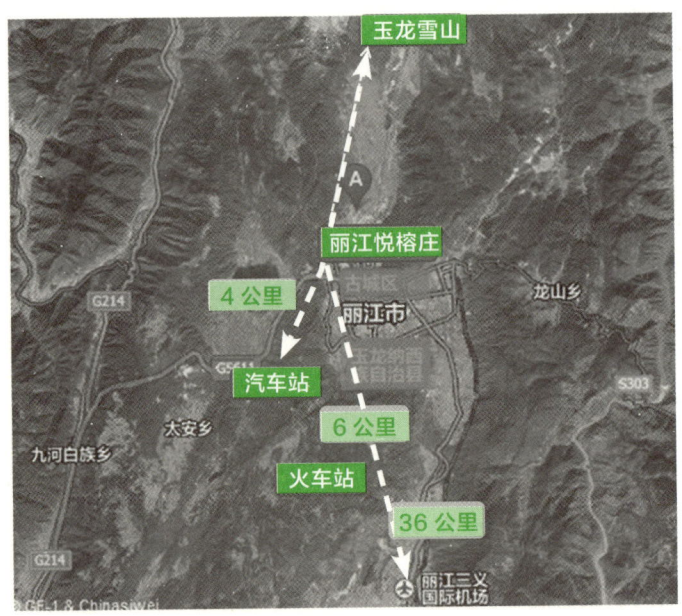

图 3-62　丽江悦榕庄区位图

整体规划： 项目占地面积 600 亩，共分三期开发：一期为自营部分，不外销，主要包括悦榕庄酒店、悦榕 SPA、悦榕阁、悦榕餐厅等度假产品；二期、三期采用售后返租形式，推出悦榕轩。项目通过一期酒店经营建立市场口碑、树立高端形象，而后开发住宅物业，以博取更高的市场接受度及价值增长。

丽江悦榕庄分期物业及经营方式　　　　　　　　　　　　表 3-20

项目分期	经营方式	物业类型
项目一期	自营	别墅
项目二期	返租销售	别墅
项目三期	返租销售	别墅

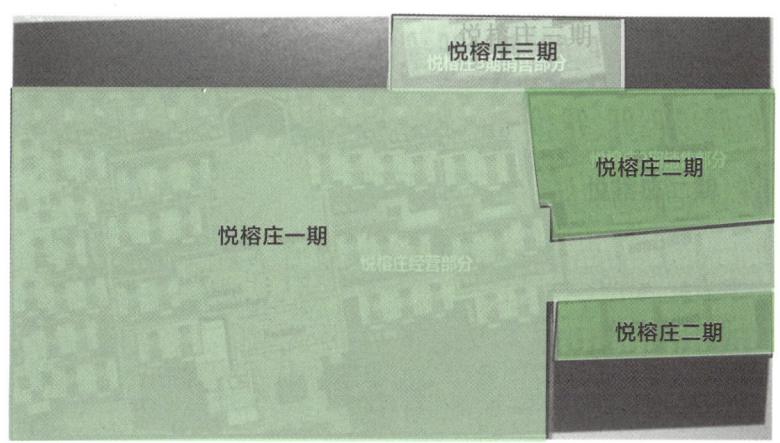

图 3-63 丽江悦榕庄分期规划

建筑风格：丽江悦榕庄的特色之一即是独特纳西式设计，在整个的建筑风格上，丽江悦榕庄不但沿袭了悦榕品牌优雅浪漫的独特风格，而且整体的建筑风格又十分地方化，丽江古城文化和原色在悦榕庄的建筑中得到了充分利用和体现，其建筑题材均采用当地建材新建而成，例如五彩石和纳西灰砖，而传统的红瓦屋顶也取自当地砖窑。丽江悦榕庄的整体设计又很好地利用了借景的原则，别墅朝向均为东北，每位嘉宾在别墅的床上均可欣赏到海拔 5600 米的玉龙雪山美景。

图 3-64 丽江悦榕庄

丽江悦榕庄一期规划全面，其中最主要的驱动引擎当属丽江悦榕庄酒店。位于海拔2000 米的丽江悦榕庄酒店，建有 40 栋花园别墅，13 栋泳池别墅，1 栋双房式泳池别墅及 1 栋总统别墅。其配套包括健身室、瑜伽室、泉疗室、网球场等。与一般五星级酒店所不同，丽江悦榕庄所有的房子都是单门独户，55 幢别墅的平均入住率仍然可达 70% 以上，旺季时甚至可达 90% 以上。

图 3-65　丽江悦榕庄酒店

丽江悦榕庄酒店客房单价列表　　　　　　　　　　　表 3-21

房型	2014 年单价（元 / 晚）	房型	2014 年单价（元 / 晚）
花园套房	1627	豪华泳池别墅	3243
高级套房	1863	豪华两房双层别墅	4367
豪华花园别墅	2783	双卧室按摩池别墅	6437
三卧室按摩池别墅	10091	SPA 联排别墅	2208

悦榕庄的餐厅有提供豪华中餐宴的白云，也有提供自助餐服务的明月餐厅，还有可以听现场音乐会，吃小点心、喝特色饮料的文海吧。悦榕庄还提供的一项"特殊餐饮服务"，就是客人不仅可在任何一个餐厅、酒吧或自己的别墅内用餐，服务生还可在度假村内的任何地方为客人临时摆放餐桌，如室外草坪、游泳池边、水疗馆内等，让客人倍感家的随意。悦榕庄的任何设计都是为客户考虑，给客户最舒服的度假方式、更多的美食选择。

图 3-66　丽江悦榕庄餐厅

悦榕 SPA：悦榕 SPA 是丽江悦榕庄中最富特色的部分，共设有 6 间护疗室，一间配有各种设备的护疗亭，春木夏火秋金冬水，融合了中国传统五行的 SPA，让整个 SPA 过程充满特色神奇。作为全球著名的 SPA 营运商，丽江悦榕庄设计了室外按摩浴池。尽管在海拔 2400 米的室外会感到些许寒意，不过浴池的水是经过加热的。丽江悦榕 Spa 在 2014 年荣获了两项大奖，　分别为 2014 年第七届 TTG 中国年度旅游大奖之中国最佳水疗度假村和 2014 年 1 月荣获 2013 年度旅游休闲杂志最佳 Spa 大奖。

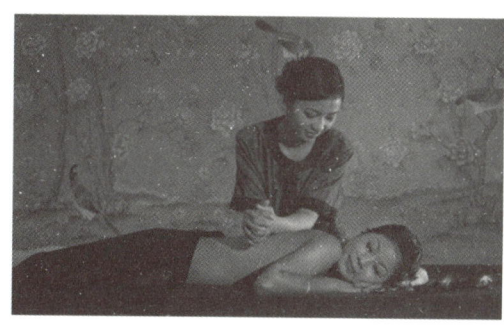

图 3-67　丽江悦榕庄 SPA

悦榕轩：丽江悦榕庄通过极为成功的酒店开发，对尾随其后的悦榕轩产生了巨大的拉动作用。2008 年底，悦榕轩以一期悦榕庄为模板，作为二期、三期产品投入市场，两期共推出 25 栋纳西式风格别墅。其中包括 16 栋联排双卧房别墅，6 栋独栋双卧房别墅和 3 栋独栋 3 卧房别墅，售价从 500 万元到 1000 多万元不等，三期推出 4 栋三卧室独立泡池别墅，目前已经全部售罄。

图 3-68　丽江悦榕庄内景图　　　　　　　图 3-69　丽江悦榕庄全景图

在胡润所做的千万富豪酒店品牌倾向调查中，丽江悦榕庄是中国富豪最青睐的十佳酒店之一。丽江悦榕庄除了为宾客提供设计良好、服务周全的居住环境外，悦榕集团更注重融入当地文化，让宾客对丽江悦榕庄流连忘返。丽江悦榕庄只是悦榕集团无数优秀作品中的一个，已经给宾客来了无限的欢乐时光，相信宾客入住不同地域的悦榕旗下酒店，宾客都能享受到独一无二的异域体验。

第四章

2014常见旅游地产
类型发展解读

滨海旅游地产

滨湖旅游地产

山地旅游地产

温泉旅游地产

高尔夫旅游地产

古镇旅游地产

我国常见旅游地产类型有滨海旅游地产、滨湖旅游地产、山地旅游地产、温泉旅游地产、高尔夫地产以及古镇旅游地产六大类。从各类型项目数量来看，滨湖旅游地产项目数量最多，有 3198 个，占全国旅游地产项目总数的 40.15%。

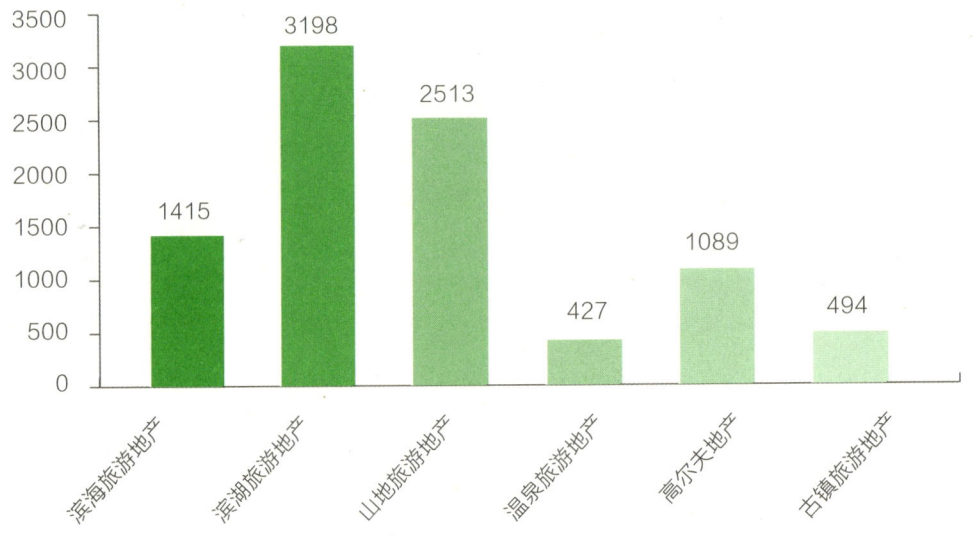

图 4-1　2014 年我国各类旅游地产项目数量（单位：个）

从不同类型的旅游地产项目用地情况来看，2014 年由于滨湖旅游地产项目数量的增长，导致滨湖旅游地产项目的用地规模上升至六类旅游地产项目用地规模的第一名，共有 126.104 万亩，山地类旅游地产项目的用地规模也有 105.364 万亩，用地规模最小的依然是古镇类旅游地产项目，共有 13.558 万亩。

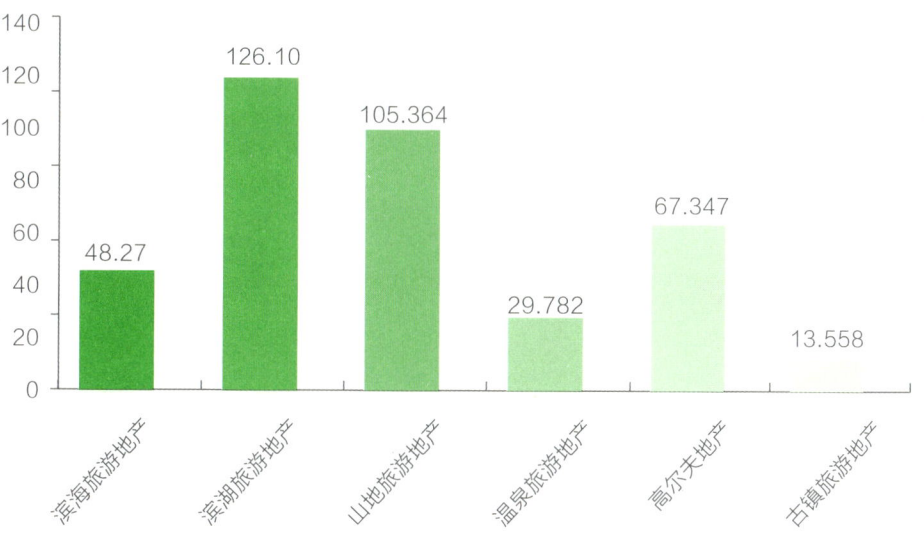

图 4-2　2014 年我国各类旅游地产项目用地规模分析（单位：万亩）

一、滨海旅游地产

在我国 960 万平方公里土地上，大陆海岸线长度为 1.8 万公里（其中，适宜居住的海岸线更是只有 1800 公里）；国务院 2009 年 7 月的人口普查统计显示，我国现有人口 13.8 亿，这样算来，我国的人均海岸线仅有 1.3 厘米。

截至 2014 年底，我国共有 1415 个滨海旅游地产项目，占旅游地产项目总数的 17.77%，开发面积达 482764.7 亩。

（一）滨海旅游地产开发历程

滨海旅游地产是我国旅游地产中是常见的产品，滨海资源也是最受市场欢迎的旅游地产资源。根据不同时期的表现特点，我国滨海旅游地产的发展大致可以划分为三个阶段，目前我们正处于繁荣阶段。据统计，我国只有 1800 公里的海岸线，其中还有很多是滩涂和礁石，还有一些是人不能亲近的海滩，真正适合居住的沙滩少之又少，其资源的稀缺及不可替代性不言而喻。随着可开发滨海资源的减少，未来滨海旅游地产的开发量也将不断减少。

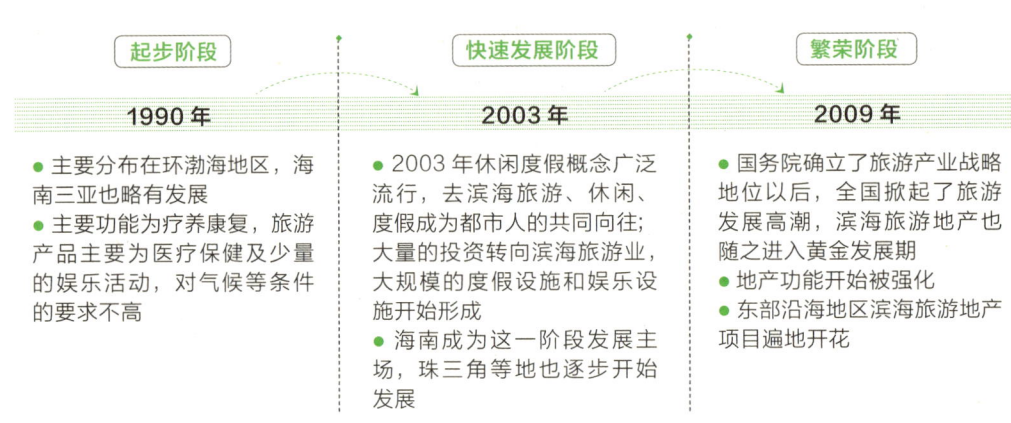

图 4-3　滨海旅游地产发展历程示意图

（二）2014 年滨海旅游地产发展格局

我国滨海旅游地产项目集中分布在环渤海板块和海南区域。其中，环渤海板块占比达到 40.78%，共有 577 个项目，占到全国滨海旅游地产项目数四成。另外，海南板块的滨海旅游地产项目数占比达 29%。此外两广、闽东南、长三角地区也有不少滨海旅游地产项目。

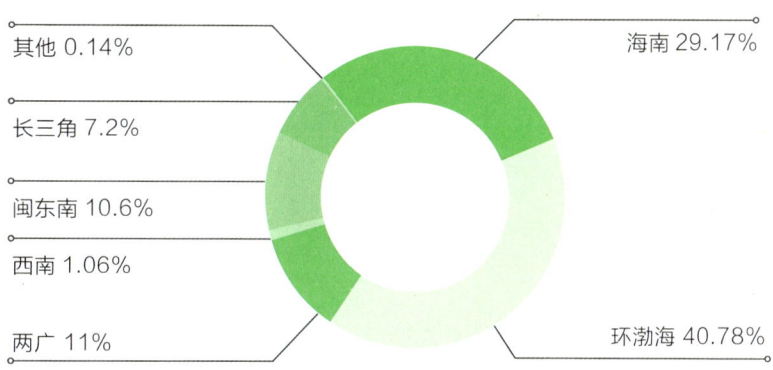

其他 0.14%
海南 29.17%
长三角 7.2%
闽东南 10.6%
西南 1.06%
两广 11%
环渤海 40.78%

图 4-4　2014 年滨海旅游地产区域分布情况

根据项目数量和市场影响力，我国最值得关注的滨海旅游地产细分区域分别为海南、广西北海、广东惠州、山东半岛（青威烟）、辽东半岛（大连）以及东戴河区域 6 大区域。

2014 年滨海旅游地产重点分布区域一览表　　表 4-1

区域	项目数	资源特征	依托市场	核心客群
辽东半岛	147	具有一定区域优势的资源	依托环渤海经济圈和东北市场的区域性市场	以北京为该区域核心客群
山东半岛	493	具有一定区域优势的资源	依托环渤海经济圈和东北市场的区域性市场	以北京为该区域核心客群
大戴河区域	37	有较好的环境资源基础，但是资源并不稀缺	依托环渤海经济圈的区域性市场	核心客群以环渤海客户为主
广东惠州	47	良好的海景资源，但是由于地理位置不具竞争优势	依托珠三角经济圈的区域性市场	核心客群以深圳客户为主
广西北海	43	拥有独特的资源与景观环境	阵痛之后缓慢恢复的全国性市场	东北和北海本地客群为核心客户
海南	412	稀缺的滨海资源与景观环境	比较成熟的全国性度假市场	全国性客群

（三）2014 年滨海旅游地产发展特征

1. 区域格局变化明显

2014 年滨海旅游地产区域格局变化显现，海南稳居第一梯队，广东、青岛以及大连以项目数量优势成为滨海旅游地产的第二梯队，厦门、长三角区域以及秦皇岛经过近几年的快速发展成为第三梯队。

图 4-5　2014 年滨海旅游地产发展区域梯度示意图

重点区域 2012 ~ 2014 年滨海旅游地产项目数量对比表　　　　表 4-2

	海南	环渤海	两广	广东	青岛	大连
2012 年项目数	317	102	34	15	24	15
2013 年项目数	383	464	96	53	164	111
2014 年项目数	412	577	157	108	185	127
2014 年增长率	7.57%	24.35%	63.54%	103.78%	12.8%	14.41%

2. 二线滨海城市多建立滨海新区，打造产城一体化

在滨海旅游地产中，滨海城市一直是开发商的首选之地。滨海城市指的是拥有一定海岸

线，对于海洋有依赖背景和发展牵连的城市。中国著名的滨海城市有大连、秦皇岛、青岛、日照、连云港、上海、宁波、厦门、深圳、三亚、海口、北海、浙江等，这些城市，特别是海南的城市，早在第一波国际旅游岛的热潮中被开发了。而屈居二线、甚至是三线的滨海城市，并没有知名的滨海城市容易得到开发商的投资青睐。

　　近年来，部分三线滨海城市政府通过层层审批，形成了自己的滨海新城或者滨海新区，这些城区多抓住区域发展机会，由政府牵头，选择靠近海岸的有利地块，成立管委会，拉动区域的投资，形成一定的产业，再加上区域内的临海住宅建造及旅游设施打造，形成独特的产城一体化，建成后会形成产业新城、滨海休闲度假基地、生态新城、旅游地产住宅区等。

全国个城市建立滨海新区简介表　　　　　　　　　　　　　　　　　表 4-3

城市	新区名字	简介
天津	滨海新区	天津滨海新区地处华北平原北部，海河流域下游，渤海湾顶端，濒临渤海，拥有中国最大的人工港。以新区为中心，方圆 500 公里范围内还分布着 11 座 100 万人口以上的大城市。滨海新区拥有海岸线 153 公里，陆域面积 2270 平方公里，海域面积 3000 平方公里
绍兴	滨海新城	滨海新城地处杭州湾金南翼，位于上海、杭州、宁波三大城市中心地带，规划总面积近 500 平方公里，空间结构为"三区、两带、一心"。"一心"是绍兴滨海新城目前正在重点开发的江滨区域，规划面积 142 平方公里
钦州	滨海新城	钦州滨海新城位于中国—东盟的滨海门户，是距离首府南宁最近的滨海地区，集"江、海、湖、山、岛"为一体，资源独特，环境优美。滨海新城规划面积 110 平方公里，建设用地 45 平方公里，规划人口 50 万

3. 海南填海造地又要来袭

　　滨海旅游地产的建造从来都是双向的，除了选择沿着现有海岸拿地造项目外，还有另外一个选择，填海造城，由于一线海景资源稀缺，为了提高项目价值，借填海造地占据资源高地的做法受到很多开发商的赞同。填海后所建设出的项目依然为滨海旅游地产，但其项目整体的内部规划却可以在填海之时就做下工夫，可以充分发挥开发商对于项目的想象。而填海造城的成本也是巨大的，从填海的申报、到政府的协助，企业自身的雄厚资金以及深入的人脉关系，无一不可缺少。

　　2014 年，填海造城，还是在海南。

　　海南填海造地由来已久。如今，13.8 平方公里的海甸岛，有大半部分面积来自填海。千禧年后，海南开始了填海造地的第一波浪潮。直到 2007 年底，全海南省共批准填海造地项目 180 项、使用海域面积 2031.84 公顷。但就全国来说，当时海南填海造地所占比重仍不到 2%。继海口填海造地后，三亚凤凰岛掀起三亚市第一波填海造地的高潮。作为三亚标杆，凤凰岛的建成带来了经济利益，但也备受争议。据国务院批复，海南省海洋功能区划 2011 年到 2020 年，将全省建设用围填海规模控制在 11150 公顷以内。目前大于 50 公顷以上的填海项目必须报国家审批。

2014 年 9 月 20 日，龙栖湾·新半岛举行媒体见面会，隆鑫集团推出又一力作龙栖湾·新半岛项目，该项目将是三亚标杆凤凰岛之外，又一个大规模填海造城的旅游度假巨舰，其中填海部分建筑面积达到 40 万平方米。

图 4-6 龙栖湾·新半岛概念图

据介绍，龙栖湾·新半岛功能分区上主要规划为填海部分和岸上部分。填海部分亮点众多，包含金字塔酒店群、帐篷酒店、水下皇宫、运河酒店、运河商业街以及酒店式公寓等，其中金字塔酒店群位于填海部分最深入大海的区域，集中体现了新半岛的开拓性特质。路上部分为旅游地产常规的住宅区，包含高层公寓、联排别墅、独栋别墅等。新半岛可售货值预估约 200 亿元，岸上部分面积约 9 万平方米，可售货值月 20 个亿，填海部分面积约 40 万平方米，货值高达 180 个亿。项目销售周期计划长达 8 ~ 10 年。

综合来看，填海造城的新半岛未来看上去是一个集酒店、商业、休闲、观光以及旅游地产于一体的高端度假旗舰大盘。在海南目前严控一线岸线商品房开发的政策环境下，在新政府愈加严格的管控之下，新项目的出现被认为是填海造城的再次复兴，也许会带领填海造城的新热潮。

（四）2014 年滨海旅游地产典型案例——珠海·格力海岸

格力地产整合海岛资源在中国南海画出"88 海里环海岛生活圈"，将居住版图从陆地向海洋衍生，打造的旅游地产项目——格力海岸。格力海岸项目做到了真正的离岸生活，开启中国"海生活"元年，以涵盖自然山海与国际都市的气魄，创造前所未有的海岸气质，以独特的"离岸资源"，打造奢华的亲海生活之旅。格力海岸是一个集高尚居住、旅游度假、商业办公为一体的高档居住社区，配套了珠海唯一私家大型游艇码头，整合了珠海四大海岛资源，是珠海海景第一豪宅。

格力海岸项目概况			表 4-4
项目位置	香洲情侣北路 3333 号	物业类型	高层、洋房、别墅
占地面积	391990m²	建筑面积	1035508m²
开盘时间	2012 年 11 月	内部配套	热带风情园林、瞰海会所、8000m² 人工湖、18 班幼儿园、滨海风情商业街、游艇码头
容积率	3	绿化率	35%
开发商	珠海格力房产有限公司	物业公司	珠海格力地产物业服务有限公司

区位交通：项目踞珠三角臻罕南向半岛之上，位处与近代文明伴生的南中国海第一湾——珠海唐家湾，千年福地，靠山向海。拥 1.5 公里阳光海岸线，享 200 万平方米原生山脉天然氧吧，邻 5000 公顷红树林湿地。港珠澳大桥及其人工岛建成后，可形成由淇澳岛、人工岛、东澳岛、庙湾岛等旅游景点构成的 88 海里环海岛生活圈。

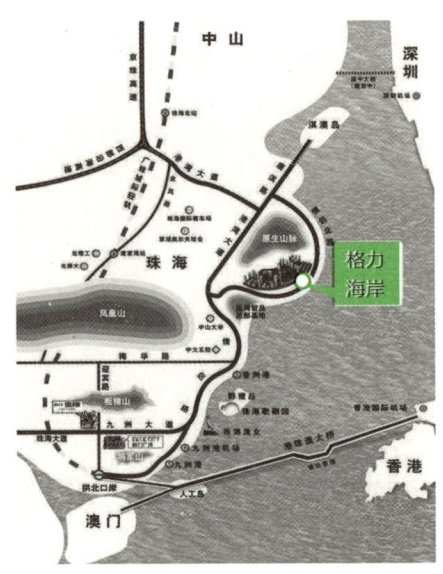

图 4-7　格力海岸项目整体交通线路示意图

功能布局： 项目由规划道路分成五部分，共由 6 宗地块组成，其中 S1、S2、S4、S5、S6 为居住用地，占地 301154 平方米，S3 地块为商业服务设施用地，占地 38419 平方米。

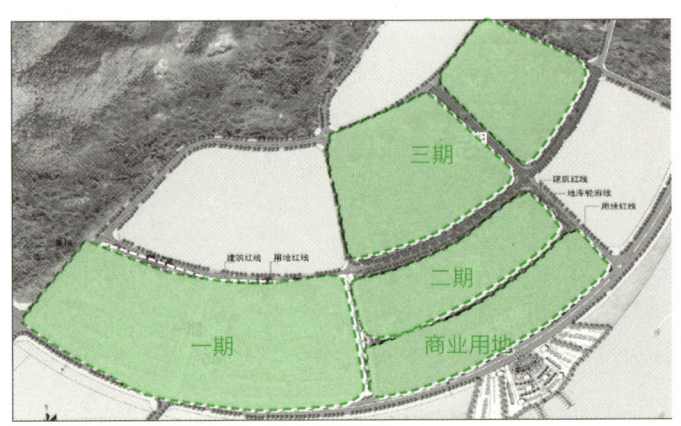

图 4-8　格力海岸项目整体布局示意图

项目一期： 一期总占地 180 亩，由风帆洋房、蝶式高层、凌云高层等多元化建筑错落布局而成，已于 2012 年 11 月开盘。

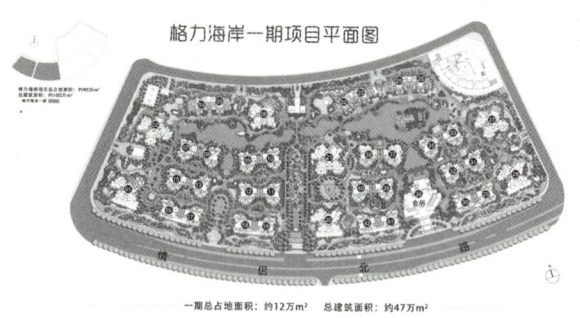

图 4-9 格力海岸一期楼栋分布示意图

销售情况： 项目一期房源分两次推出，第一次于 2012 年 11 月推出，有风帆洋房 612 套，蝶式高层 1155 套，截至 2014 年 12 月，全部售罄。经过前期风帆洋房、蝶式高层的全面热卖，已成功树立亚洲大都会滨海生活代表作的高端形象。格力海岸乘胜追击，2014 年 5 月推出凌云高层 468 套，再一次受到广大购房者的热捧。

（五）2014 年值得关注的滨海旅游地产项目（排名不分先后）

2014 年值得关注的滨海旅游地产项目　　　　　　　　　　表 4-5

项目名称	项目位置	项目特色
格力海岸	珠海	居住版图从陆地向海洋衍生，做到真正的离岸生活
世茂·怒放海	文昌	世茂旅游地产旅居生活的开篇
波波利海岸	乐东龙栖湾	海南人文度假 3.0 时代开篇之作
国信龙沐湾	海南乐东	紧邻中国唯一的国家级热带森林公园——尖峰岭热带原始森林自然保护区
金汤湾海水温泉小镇	漳州	特设置顶级温泉 SPA 岛，仅供专属人员享受
恒大海上夏威夷	广东省阳江市	"三园一岛一海岸"独一无二布局
雅居乐月亮湾	文昌铜鼓岭世界级度假湾区	巨资打造 28000m² 的国际滨海高尔夫练习场
碧桂园十里金滩	山东省阳海市	2013 年 8 月开盘热销 4800 套，平均每 4 秒一套房成交
大连世茂御龙海湾	大连新市区	东北亚首个海洋主题岛乐园 - 魔幻岛
鲁能海蓝福源	海口市西海岸	中国目前单一开发的最大度假综合体项目
		特别设置禅修文化景区

二、滨湖旅游地产

滨湖旅游地产是我国数量最多的旅游地产产品。截至 2014 年底，我国共有 3198 个滨湖旅游地产项目，占旅游地产项目总数的 40.15%，开发占地面积达 1261043.96 亩。

（一）滨湖旅游地产开发历程

滨湖旅游地产是我国最早的旅游地产类型之一，随着近年来旅游地产的兴起，以观光游览、水上运动、游船休闲和湖滨酒店度假为代表的湖泊旅游地产开发，更是为湖泊旅游带来了前所未有的发展机遇，其资源的可再生性，更是使其成为国内旅游地产界的宠儿。

我国的滨湖旅游地产可分为三个阶段，从天然湖畔的观光旅游到大量人工湖泊及水库的兴起，直至现在处于发展阶段，滨湖项目遍地开花。

初级阶段	起步阶段	发展阶段
20 世纪三四十年代	**20 世纪 60 年代**	**21 世纪初**
● 主要分布在江浙一带 ● 主要功能为湖泊观光，以围绕着天然湖畔的旅游观光为核心，这一阶段的旅游产品主要为酒店	● 这一阶段由于大量人工湖泊、人工水库筹建（千岛湖、太平湖），迎来新一轮湖泊热潮 ● 大量的投资转入滨湖附近的旅游业，大规模的度假设施和旅游住宅开始形成 ● 千岛湖周边成为这一阶段发展主场	● 国务院确立了旅游产业战略地位以后，全国掀起了旅游发展高潮，滨湖旅游地产继滨海旅游地产之后，进入黄金发展期 ● 国内经济及房地产的迅速发展使得湖泊开发不再单一，围绕着天然湖畔、人工湖畔不断展开建造 ● 伴随着旅游地产的发展，西南地区的滇池等滨湖旅游地产陆续发展起来，滨湖项目可谓是遍地开花

图 4-10　我国滨湖旅游地产发展历程示意图

（二）2014 年滨湖旅游地产发展格局

我国湖泊资源丰富，分布广泛，因此滨湖旅游地产的发展也呈现遍地开发的格局。根据 CRIC 2014 年的数据，我国滨湖旅游地产项目最为集中的区域是长三角板块。2014 年长三角地区拥有 692 个滨湖旅游地产项目，占全国滨湖旅游地产项目总数的 21.64%。此外，西南地区的滨湖旅游地产项目数量也较多，截至 2014 年底有 482 个项目，占全国滨海旅游地产总数的 15.70%。

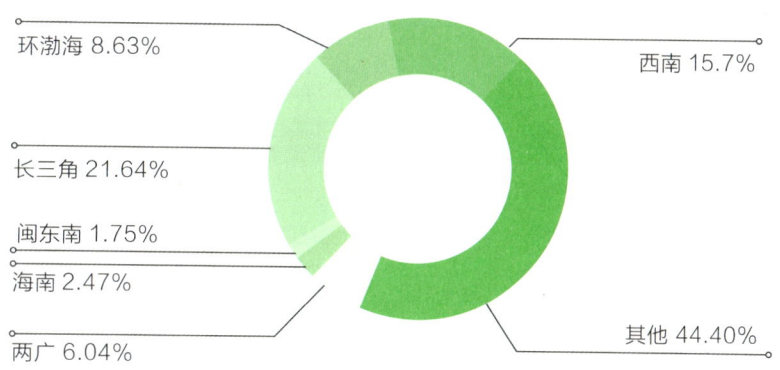

环渤海 8.63%　西南 15.7%　长三角 21.64%　闽东南 1.75%　海南 2.47%　两广 6.04%　其他 44.40%

图 4-11　2014 年我国滨湖旅游地产项目区域分布情况

根据区域所拥有的项目数量和市场影响力，我国最值得关注的滨湖旅游地产发展区域分别为长三角区域、广东省以及云南省。

区域	项目数	资源特征	依托市场	核心客群
长三角	389	具有良好的湖景资源	依托长三角经济圈和全国性市场	以长三角及全国客户为该区域核心客群
广东省	150	有较好的环境资源，优势并不突出	依托珠三角经济圈	以两广客群为该区域核心客群
云南省	4	湖景资源品质极高，但规模有限	依托云南旅游的区域性市场	核心客群以西南客户为主

2014 年滨湖旅游地产重点分布区域一览表　表 4-6

（三）2014 年滨湖旅游地产发展特征

1. 区域格局变化明显

滨湖旅游地产主要集中于长三角、西南以及环渤海区域。长三角区域以千岛湖、太湖为首的滨湖旅游地产较为发达，经济环境较好；西南地区区域滨湖资源发达；北部以北京为首滨湖旅游地产也不断发展起来。

截至 2014 年，滨湖旅游地产长三角共 692 个，依然是滨湖旅游地产开发的重点区域，遥遥领先。

2014 年重点区域滨湖旅游地产项目增长情况　　表 4-7

	长三角	西南	环渤海
2012 年项目数量	323	47	65
2013 年项目数量	389	68	70
2014 年项目数量	692	482	276
2014 年增长率	77.89%	608.8%	294.28%

2. 2014 年新入市项目公寓物业面积更大

湖与海不同，海给人以波澜壮阔之感，而湖给人以隐世静谧之感，这与很大一部分处于城市之中，占有闹中取静的绝佳位置的滨湖地产有着很大的相同点，这一类型的滨湖地产是很多都市客群城市住宅的不二之选。

在 2014 年新上市销售的滨湖旅游地产项目中，我们发现处于城市之中的滨海地产项目其公寓物业的面积不断增大，很多项目户型都出现了四房，公寓的面积甚至出现了 150 平方米以上。

2014 年部分新入市滨湖旅游地产项目户型面积一览表　　表 4-8

2014 年新入市滨湖项目	城市	湖泊	公寓户型面积
世茂之西湖	杭州	西湖	87~196m²
名门壹品	扬州	揽月湖	104~234m²
湖滨一品苑	南京	固城湖	127~203m²
官房·都铎城邦	昆明	滇池	87~153m²

3. 环湖步道落有利于滨湖地产整体环境打造

由于湖泊多数为闭合式，相对于海的"动"，湖是更加"静"的。滨湖旅游地产的环境打造除了项目内部之外，很大一部分依赖于湖泊的生态环境，由于一个项目只能占据湖泊的一小段，因而湖泊本身的环境构建显得尤为重要。

2014年，无锡西蠡湖慢游系统初现雏形。目前，健步道路基已基本完成，其他笼式篮球场、笼式足球场都已进入最后整修期。不久，市民期待已久的西蠡湖慢游系统就将正式开放，届时周边的滨湖项目也将得力于设施的完善。

渤公岛到环湖路原先只有一座桥连通，而且这座桥是一座公路桥，以供车辆行驶为主；如今在桥旁数十米处新建了一座步行桥，贯通了渤公岛和环湖路的步行道，将来行人和车辆即可分开行走，在景区内步行环绕西蠡湖可成现实。

慢游系统中还设有时尚运动区。区域内几块笼式足球场和篮球场已初步建成，在靠湖边的户外休闲运动场，新铺好的草坪上安装了一批健身器材，在此一旁是一片三四百平方米的瑜伽健身区，这块区域可称得上是无锡最美的瑜伽健身区。

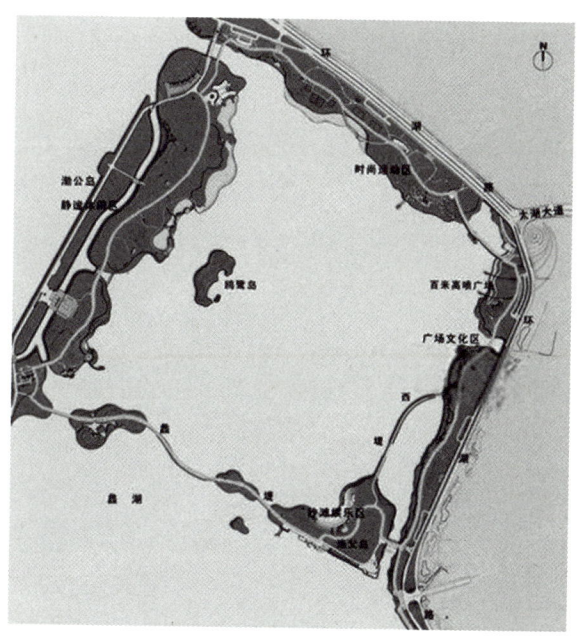

图 4-12　无锡西蠡湖慢游步道示意图

（四）2014 年滨湖旅游地产典型案例——宁波·开元九龙湖畔

宁波·开元九龙湖畔项目是杭州开元集团进驻宁波的第一个楼盘，项目位于宁波镇海九龙湖度假旅游区内，背靠九龙山，前临凤凰湖。整个项目总用地面积 2800 余亩，其中建设用地 800 余亩，三面环山、一面临水，环境极佳。规划建设白金五星级标准度假酒店、低密度高档住宅区、高层休闲度假公寓区，总建筑面积为 52 万平方米，同时租赁用地约 2000 亩规划建设山林休闲公园。

宁波·开元九龙湖畔项目概况　　　　　　　　　　　　　　　　　　　　表 4-9

项目位置	镇海九龙湖旅游风景区凤凰湖旁郎家坪地块	物业类型	别墅
占地面积	2800 余亩	产权年限	70 年
建筑面积	520000m²	户型面积	500～1300m²
加推时间	2014 年 3 月（三期）	内部配套	九龙湖旅游风景区、五星级度假酒店、山间私人会所、天然山林休闲公园
容积率	1.00（综合容积率）	开发商	宁波开元华城置业有限公司
绿化率	35%	物业公司	开元物业

区位交通：项目距离宁波市中心约 18 公里，公交 965 路线到九龙湖度假区站下。打的起步价便可到达项目现场。自驾车从市区出发 30 分钟，即可抵达九龙湖旅游风景区。

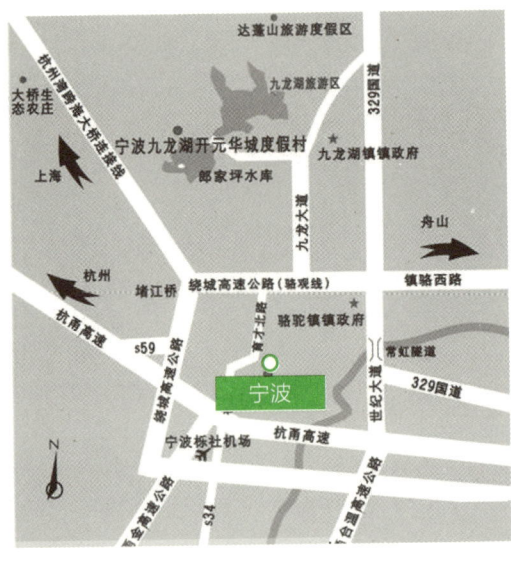

图 4-13　宁波·开元九龙湖畔项目区位交通示意图

开发分期：项目分三期开发，一期工程主要为约 5.5 万平方米的五星级度假酒店和约 5.2 万平方米低层住宅（66 幢低层住宅和一个会所）；二期为 158 幢低层住宅；三期为低层住宅和高层公寓。

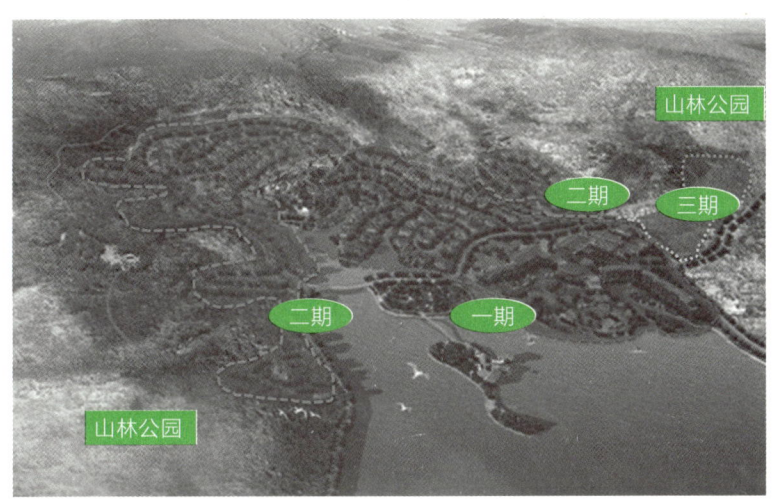

图 4-14　宁波·开元九龙湖畔项目开发分期示意图

项目三期：项目开元九龙湖畔三期为山院联排，由 86 套低层排屋住宅组成，以 260 平方米典型户型为根本，结合法式、英式、意式三种风格类型组合序列，形成 14 个类型。

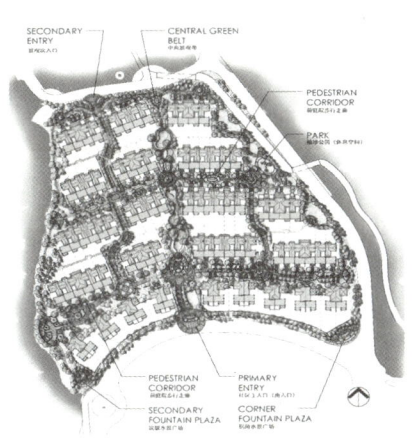

图 4-15　宁波·开元九龙湖畔项目三排布示意图

（五）2014 年值得关注的滨湖旅游地产项目（排名不分先后）

2014 年值得关注的滨湖旅游地产项目　　　　表 4-10

项目名称	项目位置	项目特色
开元九龙湖畔	宁波	建筑囊括了法式、安达卢西亚风格、西班牙式、意大利式、草原式、美国西北式、托斯卡纳风格、英式八种建筑风格
雅居乐白鹭湖	惠州汝湖	"南中国最美湖畔小镇"
罗山湖旅游度假区	桂林	属于该区域综合性旅游航空母舰级项目
中信森林湖	青岛少海	一期容积率仅为 0.5
万科松花湖	吉林市	175 公顷滑雪面积
长泰淀湖观园国际	上海	2 万 m^2 湖岸坡地花谷
青山湖麒麟山庄	临安	精致雕琢创造的 HILL TOWN 社区
中海独墅岛	江苏 苏州	与外界仅以两座桥相连，私密感极强
天屿千岛湖	杭州千岛湖	北美佛罗里达风情度假大宅
御海蓝岸	广东东莞市	意大利托斯卡纳风情古镇风格
世茂龙湾	武汉	华中生态新城新地标

三、山地旅游地产

截至 2014 年底，我国共有 2513 个山地旅游地产项目，占旅游地产项目总数的 31.59%，开发占地面积达 1053647.1 亩。

（一）山地旅游地产开发历程

我国是个多山之国，据统计，山地、丘陵和高原的面积占全国土地总面积的 69%，在如此好的先天条件之下，相对于滨海与滨湖旅游地产的火热，山地旅游地产发展平缓。山地旅游地产最早出现在安徽黄山周边，大部分项目没有资源的强势不可替代性，并且山地类项目大多位于偏远的陌生区域。从我国山地旅游地产的发展阶段特征来看，大致可以划分为四个阶段，目前我们正处于稳步发展阶段。

萌芽期	起步阶段	发展阶段	稳步发展期
20 世纪 90 年代	**2000 ~ 2005 年**	**2005 ~ 2010 年**	**2010 年至今**
● 1992 年中国第一批国家旅游度假区武夷山开始，至 1999 年海南伴随滨海旅游地产火热的南山文化旅游区的火热，我国山地旅游地产开始萌芽	● 随着 2003 年休闲度假概念的广泛流行，去旅游、休闲、度假成为都市人的共同向往。大量的投资转向旅游地产，大规模的度假设施和娱乐设施开始形成 ● 云南、四川等西南地区率先起步	● 山地旅游在旅游产品中占很大比例，山地旅游地产的发展随着名山旅游热潮不断发展，形成三个大板块 ● 第一个是东北板块，长白山、吉林、哈尔滨等地 ● 第二个是中东部板块，以陕西、浙江、福建、江西、安徽等名山旅游为主 ● 第三个是西南板块，以云南、四川、贵州等山地资源丰富地区为主	● 2010 年房产新政及国家对旅游与文化产业的重视，加上我国滨海资源的缺乏，山地资源的丰富，山地度假大盘慢慢崛起 ● 著名房地产开发商纷纷大规模投资山地旅游地产，龙头老大万达集团更是在东北长白山、四川、西南地区及海南等大面积拿地，山地旅游地产开发进入热潮

图 4-16 中国山地旅游地产发展历程示意图

（二）2014 年山地旅游地产发展格局

根据 2014 年的数据统计分析，山地旅游地产项目最为集中的区域分别是长三角和环渤海。其中，长三角地区的山地旅游地产项目数量累计达到 727 个，占全国山地旅游地产项目总数的 30.86%；环渤海地区有 494 个山地类旅游地产项目，占全国山地旅游地产项目总数的 12.19%。另外，两广地区的山地旅游地产项目数量与西南相近，分别为 342 个和 300 个。

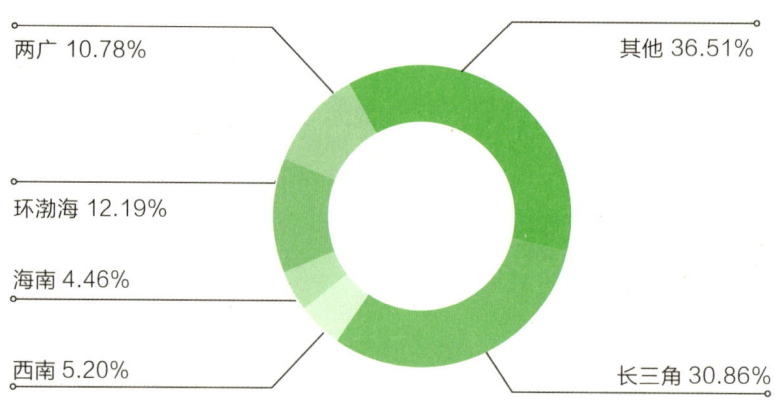

两广 10.78%
其他 36.51%
环渤海 12.19%
海南 4.46%
西南 5.20%
长三角 30.86%

图 4-17　2014 中国山地旅游地产项目区域分布情况

根据各区域的项目数量和市场影响力，我国最值得关注的山地旅游地产区域分别为西南区域、山东半岛以及华中区域等。

2013 年中国山地旅游地产项目区域分布情况　表 4-11

区域	项目数	资源特征	依托市场	核心客群
长三角	727	具有极好的山地资源，全国多处名山都在长三角	依托长三角经济圈和全国性市场	以长三角及全国客户为该区域核心客群
环渤海	494	有较好的环境资源，通常与海景资源结合形成复合吸引力	依托环渤海经济圈和东北市场	以区域核心客群和全国性客群为主
云南省	38	在区域内具有一定的资源优势	依托云南旅游的区域性市场	核心客群以西南客户及全国客户为核心客群

（三）2014 年山地旅游地产发展特征

1. 区域格局变化显现

山地旅游地产项目多集中在山景资源丰富区域，以环渤海、西南、山东以及中部为主要开发区域。2013 年山地旅游地产项目数增加最多的区域为环渤海区域，增加了 330 个项目，仅山东地区就增加了 240 个项目。

2014 年中国山地旅游地产项目区域分布情况   表 4-12

	海南	环渤海	山东	福建	西南
2012 年项目数	57	20	10	6	56
2013 年项目数	60	164	117	67	70
2014 年项目数	95	494	357	88	300
2014 年增长率	60%	201.2%	205.13%	31.34%	328.58%

2. 滑雪场成为山地旅游地产配套新助力

相对于滨海旅游地产的产品组合，山地旅游产品相对匮乏。2014 年，山地旅游地产在诸多方面均在探索，其中最重要的是给山地旅游加入了新的助力——滑雪场，这一产品的出现弥补了冬季山地旅游的空白，让山地旅游达到了"春可山地探险，夏可度假避暑，秋可尽赏美景，冬可滑雪游乐"的四季不败的状况。

滑雪场相对于蹦极、漂流、攀岩等山地旅游产品，滑雪场日接待游客数量庞大，滑雪运动一般都是团队、家庭一起娱乐，这给山地旅游地产带来大量人群。此外，滑雪运动不像蹦极、漂流等一次性体验活动，滑雪是体育竞技运动，技术性强，持续时间长，周边旅游地产成了其理想的居住场所。

2014 年山地旅游地产带滑雪场项目列表   表 4-13

项目名称	项目开业时间	项目规划	日接待人数
照金国际山地滑雪场	2015 年末	规划包括：照金滑雪场、照金牧场提升改造、镇区公共设施及景观建设和产权式酒店	6000
礼泉九·山必捷滑雪	2014 年 12 月	项目总投资 4 亿元，分四期建设，总占地面积 300 亩，总建筑面积 18.85 万 m²。一期建设的必捷滑雪场，占地 10 万 m²	4000
六盘水玉舍国家森林公园滑雪场	2014 年 1 月	玉舍国家森林公园滑雪场总面积 50314 亩，最高海拔 2503 米，最低海拔 1700m，相对高差 803m，是贵州目前唯一的高山滑雪场	6000
巨石山滑雪场	2014 年 1 月	巨石山滑雪场投资数亿元，一期总面积 20000m²，能够满足不同滑雪爱好者需求	—

3. 解决交通问题成就山地旅游地产

山地旅游地产一般都地处非中心区域，一方面这是其资源稀缺的优势，另一方面也造就了其交通不便的劣势。度假旅游，追求的是轻松愉快，但是如果度假旅游需要大费周章，路途折腾，游客势必会影响他们的选择，交通道路问题一直在影响山地旅游地产的发挥。

2014年，各政府部门集中注意力解决山地旅游交通问题，一来修桥拓路，二来通高铁，专车，更有甚者通专机。据报道，中线高速、毛阳到水满旅游公路正在建设中，五指山旅游交通条件正在得到改善；自成锦乐客专通车，每天给峨眉山带来2.5万客流；2014年9月，香港至黄山旅游包机开通 首航上座率接近95%，相信这些改变对于山地旅游地产具有一定的促进作用。

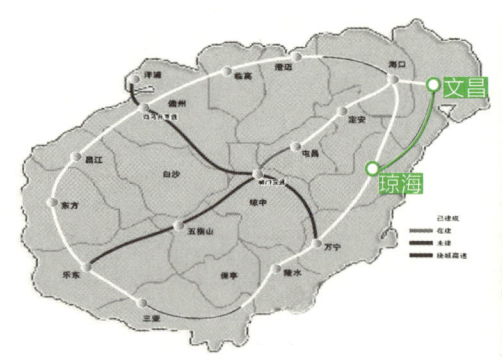 

图 4-18　文昌至琼海100公里高速公路　　　　　图 4-19　港至黄山旅游专机

（四）2014年山地旅游地产典型案例——莫干山·安缇缦

莫干山·安缇缦度假区总占地面积达1200亩，坐落于浙江湖州莫干山山麓处的德清县境内1200亩的私人自然保护区——莫干山一片田园般的松树林中。度假区的风格融合了当地原生态元素，将自然、亲近的生态格调注入亚洲特色的装饰布局中。安缇缦是在共享远离大都市生活方式的愿望，以及渴望回归纯净自然生活的理念下应运而生的，是一个集餐饮、住宿、游泳、SPA、休闲娱乐等服务于一体的休闲度假项目。

莫干山·安缇缦旅游度假区项目概况　　　　　　　　　　表4-14

项目位置	浙江省湖州市德清县莫干山镇	物业类型	别墅、公寓、酒店
占地面积	1200亩	容积率	0.0875
开盘时间	2015年6月 （一期）	内部配套	餐饮配套、商业设施、服务中心、SPA养生会馆——Andaman Spa、赛马场、网球场、篮球场、高尔夫球练习场、越野车A级体验中心、露天休闲泳池、山地自行车体验赛道、儿童娱乐活动中心、户外垂钓、湖上水上活动、游泳池运动、露天剧场、山地高尚运动等
物业公司	德清御隆旅游开发有限公司	开发商	御庭酒店集团

区位交通：随着2010年申嘉湖高速的通车，从上海市浦西商业区或浦东机场到莫干山均只需2.5小时；随着贯穿中国的高铁投入运营，旅客从上海客运中心到杭州以及德清县的时间平均少于2小时；在火车上的总时间少于1小时。

图4-20　莫干山·安缇缦旅游度假区项目区位交通示意图

整体规划：安缇缦度假区项目总占地1200亩，总建筑面积达7万多平方米，覆盖6个山头和1个水库。酒店总客房将达到600间，各种特色餐厅共12间，譬如泰式餐厅、体现当地美食的农家菜系、意大利美食餐厅、铁板烧餐厅，还有360度全景的树顶餐厅等。

占地超过150000平方米的户外公共活动场地，包括赛马场、网球场、篮球场、高尔夫球练习场、越野车A级体验中心、露天休闲泳池、山地自行车体验赛道、儿童娱乐活动中心、户外垂钓、湖上水上活动等。

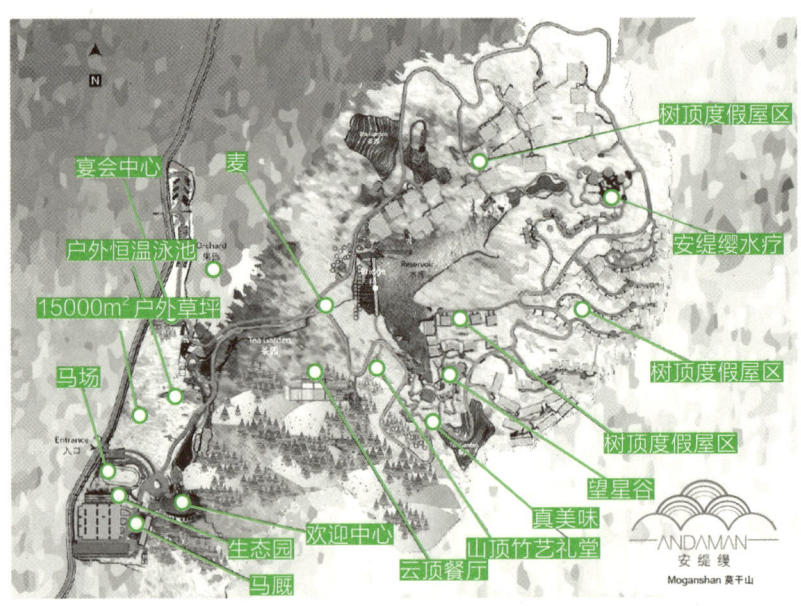

图 4-21　莫干山·安缇缦旅游度假区项目产品布局示意图

一期规划： 2014年年底，安缇缦项目开出第一批物业，其中包括30套公寓、12套别墅以及5套超大别墅。

莫干山·安缇缦一期产品情况		表 4-15
客房类型	客房数量（套）	面积（m²）
海棠（公寓，18套大床房，12套双床房）	30（42床）	73
百合（2房别墅，含1间大床、1间双床）	12（36床）	167
玉兰（2房别墅，含1间大床、1间双床）	5（15床）	243

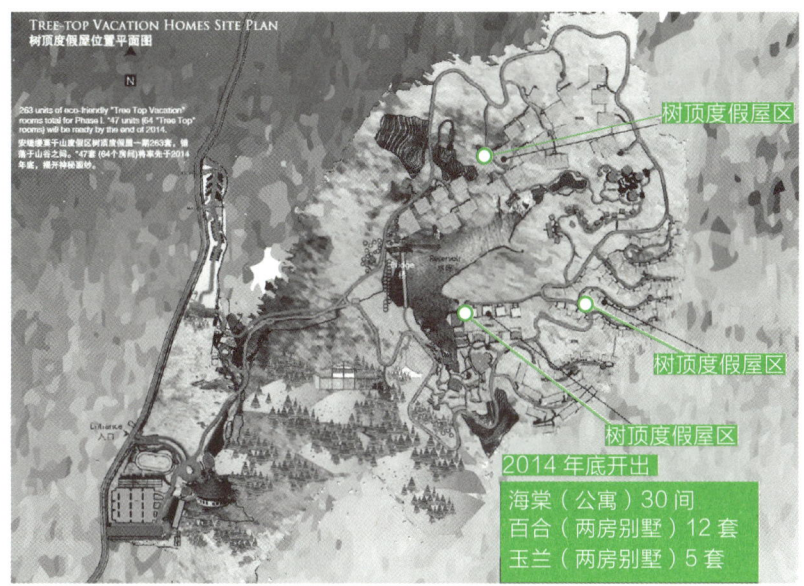

图 4-22　莫干山·安缇缦树顶度假屋位置示意图

投资运营：在安缇缦莫干山购买一套拥有不动产权的度假屋，包括与房产公司签署一份买卖协议，以及与酒店资产管理公司签署一份租赁管理协议和条件契约。管理协议要求购买者以业主的名义向酒店资产管理公司出租其房屋以供其管理。

业主在前五年享受固定租金回报，以及每年 30 天免费入住业主所有权房屋或同类型房屋，但每年 30 天的免费入住使用条件受限。固定租期满 5 年后，可以与酒店资产管理公司再签署一份灵活租金回报的租赁管理协议，享受灵活租金回报。

（五）2014 年值得关注的山地旅游地产项目（排名不分先后）

2014 年值得关注的山地旅游地产项目　　　　表 4-16

项目名称	项目位置	项目特色
莫干山·安缇缦	浙江省莫干山	超过 150000m^2 的户外公共活动场地
雅居乐·云南原乡	保山 腾冲	雅居乐高黎贡山下的"第二人生"
世茂·紫帽山	福建泉州	设置高端商务文化体验谷
金茂·雪山语	丽江 古城区	净心度假综合体，雪山近在咫尺
万达·北纬 41 度	吉林省白山市	打造中国首家滑雪场温泉
悦景庄·西双版纳	云南 西双版纳州	绿化率达到 70%
大理·苍山小院	大理 七里桥	苍山脚下最后一块可开发用地
梦云南·雨林澜山	云南 西双版纳州	森林覆盖率高达 78.4% 位于中国空气质量最好的城市和中国长寿之乡
重报·云麓	重庆黑山谷	所处位置平均海拔 1050m 的度假村
龙泉谷·三亚的山	海南三亚	中国北纬 18° 以南唯一一个靠近城中雨林植被区的项目

四、温泉旅游地产

由于可供开发的温泉旅游资源相对较为稀缺，我国温泉旅游地产的开发规模较为有限。截至 2014 年底，我国共有 427 个温泉旅游地产项目，占旅游地产项目总数的 5.5%，开发占地面积达 325248.27 亩。

（一）温泉旅游地产开发历程

我国的温泉旅游地产最早起源于温泉疗养。近年来温泉由于有良好的养身功能受到了现代人追捧，温泉旅游地产得到了快速发展。自 2005 年以来，温泉旅游行业的投资平均以10% 左右的速度增长，与此同时，温泉旅游消费也始终保持着 15% 左右的年均增长速度。根据各阶段的不同特点，我国温泉旅游地产大致可以划分为四个发展阶段。

公休疗养阶段	萌芽阶段	发展阶段	多元发展阶段
新中国成立后	**改革开放以后**	**20世纪90年代末至21世纪初**	**21世纪初至今**
● 新中国成立后，随着温泉医疗事业的发展，国家政府机构、企事业单位、专业工会、部队、厂矿等在温泉地建立了各种工人温泉疗养院，如广东从化温泉、辽宁鞍山汤岗子、昆明安宁温泉等 ● 主要是政府主导发展阶段，温泉地产的旅游性不明显，以公休疗养为主	● 改革开放以后，社会经济的大幅提升，对外开放的温泉疗养院发展较快，该阶段的温泉旅游以室内温泉为主，休闲因素开始初步融入温泉开发 ● 如辽宁省熊岳温泉疗养院、大连市安波温泉疗养院、北京龙脉温泉疗养院等，这标志着我国温泉旅游地产由此真正的发展起来	● 1995年开始执行双休政策，1999年开始"黄金周"政策，我国旅游业逐渐由观光旅游向休闲度假旅游转化，以观光娱乐、休闲度假、保健疗养等功能为主的大型综合温泉旅游度假区（度假村、度假城）。在全国特别是在我国南方地区不断涌现，尤其是"露天温泉"模式，珠海·御温泉是这一阶段中的典型代表	● 2002年后在中国市场掀起一阵消费热，温泉SPA，消费理念出现重大转变，其最大的特点是与SPA紧密结合，如云南丽江的悦榕庄、四川九寨沟的九寨天堂，都非常具有代表性，提升了温泉旅游地产的档次 ● 2010年国土资源部首批中国温泉之乡名单出炉，2011年辽宁省人民政府关于加快发展温泉旅游的意见，随着市场布局的扩展和细分市场的经营，呈现出的多元化发展格局 ● 产品形式和开发模式也都更加多样化，如热带雨林温泉、黄河文化温泉、海盐文化温泉、森林温泉、火山温泉等多种文化主题温泉旅游地产产品 ● 有机蔬菜、生态农场、温泉旅游地产、垃圾处理器、生活垃圾&温泉水、含有温泉微量元素的循环肥料

图 4-23　中国温泉旅游地产发展历程

（二）2014 年温泉旅游地产发展格局

根据 2014 年的数据统计分析发展，我国温泉旅游地产项目分布的区域集中性特征及为突出。相比较而言，温泉资源丰富且品质较高的海南、环渤海以及西南地区的温泉旅游地产项目数量相对较高。其中，海南的温泉旅游地产数最多，共有 135 个项目，占全国温泉旅游地产项目总数的 31.6%。

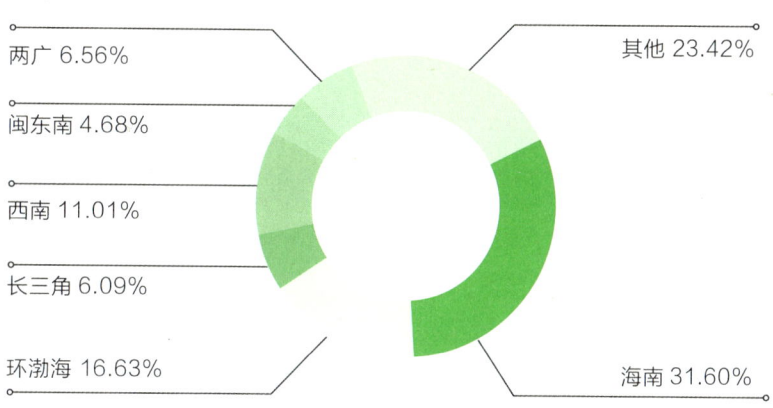

图 4-24 2014 年中国温泉旅游地产项目分布情况

根据当前温泉旅游地产项目数量和我国温泉资源的丰富程度，我国最值得关注的温泉旅游地产发展区域为长三角区域、西南区域以及福建区域。

中国温泉旅游地产重点发展区域特征　　　　　　　　表 4-17

区域	项目数	资源特征	依托市场	核心客群
西南区域	47	拥有全国稀缺的高品质温泉资源	依托成渝区域经济和以云南为中心的区域性市场	以西南本地客群为该区域核心客户
长三角区域	26	具有一定区域优势的温泉资源	依托长三角经济发达区域市场	以长三角本科客群为该区域核心客户
福建区域	20	拥有较好的具有全国竞争力的温泉资源	依托海峡西岸经济区市场以及福建旅游市场	核心客群来自全国各地

（三）2014 年温泉旅游地产发展特征

1. 发展格局变化显现

西南地区由于温泉资源品质高，一直是我国温泉旅游地产项目的发展中心。但近两年，随着温泉开发和利用技术的进步，东部经济发达地区的温泉旅游地产项目呈现较快的发展势头。2014 年温泉旅游地产项目数量增加最多的是海南省，增加了 67 个项目。此外，闽东南在全省大力发展温泉旅游的号召下也新增了 12 个温泉旅游地产项目，项目数量增长了150%。

2012 ~ 2013 年中国温泉旅游地产重点发展区域项目增长情况　表 4-18

	西南	长三角	闽东南	海南
2012 年项目数量	31	14	5	56
2013 年项目数量	33	17	8	68
2014 年项目数量	47	26	20	135
2014 年增长率	42.42%	52.94%	150%	98.52%

2. 温泉旅游地产与生态农业结合，实现 1+1>2

2014 年，温泉旅游地产项目除了以温泉资源为产品龙头之外，还加入了科技生态农业这一休闲板块为辅助。科技生态农业的加入，不仅仅是 1+1=2，更是将温泉旅游地产项目的开发带入了健康绿色、可持续发展的未来。项目加入科技生态农业，即实现了循环经济，又为温泉旅游地产项目带来了可持续发展理念和蔬菜产品直接输送上餐桌的绿色健康卖点，且与温泉养生疗养的主题不谋而合。

2014 年 8 月份开业的一亩阳光即为这样的温泉旅游地产加生态农业的项目，项目位于院格庄街道王官庄村，院格庄的温泉资源丰富，除五星级温泉度假酒店之外，还为农业观光项目配建了 2600 平方米的温泉会所，总规划面积约为 3000 余亩，其中 500 亩是一个以生态开发为宗旨，集科研、种植、养殖、生态观光、大型果蔬采摘为一体的综合生态农业项目。

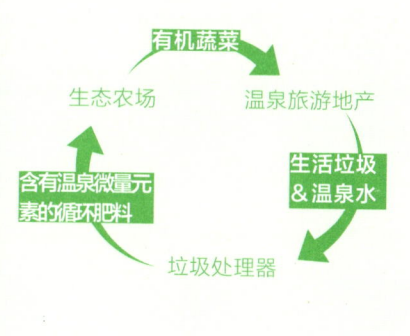

图 4-25　一亩阳光效果图　　　　　　　　　图 4-26　生态农业循环图示意图

3. 产权式酒店是温泉旅游地产项目管理的发展方向

由于温泉产品的特殊性，温泉产品一般与酒店进行整合搭配，达到可观盈利，而市场上推出的很多温泉旅游地产在销售出去后，客户购置的温泉旅游地产绝大部分时间里都是闲置状态，很多有意愿购买温泉度假产品的客户在高空置率下都要踱步徘徊，这势必会影响温泉旅游地产的销售。2014 年，温泉旅游地产启用了海南滨海旅游地产的成熟管理方式——产权式酒店管理，开启温泉旅游地产新的管理方向。

温泉旅游地产改变运营管理方式，将购置的温泉旅游地产交由专业酒店管理，这样产品自住和投资性质兼备。从投资者的角度出发，温泉旅游地产成为了客户度假、投资的最优选择，客户没有房子闲置浪费的担忧，其购买动机会有所加强。而从运营者角度来看，与传统的房地产项目相比，如果经营方式得当，温泉旅游地产项目盈利空间更大，其发展前景和升值空间是毋庸置疑。

2014 年部分温泉项目信息列表 表 4-19

项目名称	物业类型	开盘时间	管理方式	配套					备注
				温泉	酒店	游艇	高尔夫	主题公园	
勤天·熹乐谷	公寓	2014.10	白天鹅酒店管理	√	√	—	—	—	按东南亚星级度假酒店标准打造，53 万元／套起，送五星级豪装，全屋家私家电，保障年均 6% 稳健投资回报
罗山湖产权式温泉酒店	公寓	2014.08	戴斯酒店集团	√	√	√	√	√	可独立办理产权，每年约 10% 稳定投资回报，5 年后房价 110% 回购，每年 7 天免费入住权、水上乐园终身 VIP 卡
温泉山谷·望湖公馆	公寓	2014.06	星级酒店托管	√	√	—	—	—	70 年产权，5 年 40% 稳定收益，业主可享每年 30 天免住权
顺天·明月湾	公寓	2013.10	港中旅酒店托管	√	√	—	—	—	通过产权式酒店运营，提供 10 年稳健返租

（四）2014 年温泉旅游地产典型案例——大连·碧龙潭温泉小镇

碧龙潭温泉小镇是舜天海川在大连的稀释珍作，项目周围群山环抱，空气清新，夹河水系从中穿过，风景秀美，自然资源得天独厚，让业主的居家、度假、休闲、养生生活触手可得。

大连·碧龙潭温泉小镇项目概况 表 4-20

项目位置	大连普湾新区大谭镇	容积率	1.0
占地面积	210000m²	物业类别	公寓、别墅
建筑面积	2000000m²	周边配套	老帽山、老白山、千年古莲、五姑城庙、夹河庙等旅游风景区
开盘时间	2014 年 7 月一期开盘	开发企业	大连大源房地产开发有限公司

区位交通：碧龙潭温泉小镇位于大连普湾新区东侧的扩展区大谭镇，由兴唐线与陈元线围合而成，路网纵横，交通便利。距离大连市中心 85 公里，与兴唐快速公路相邻，"普湾大桥"、城市快轨、地铁、哈大高铁、轻轨共同成就"1 小时"出行圈，普湾新区与主城区间的距离极速拉近。

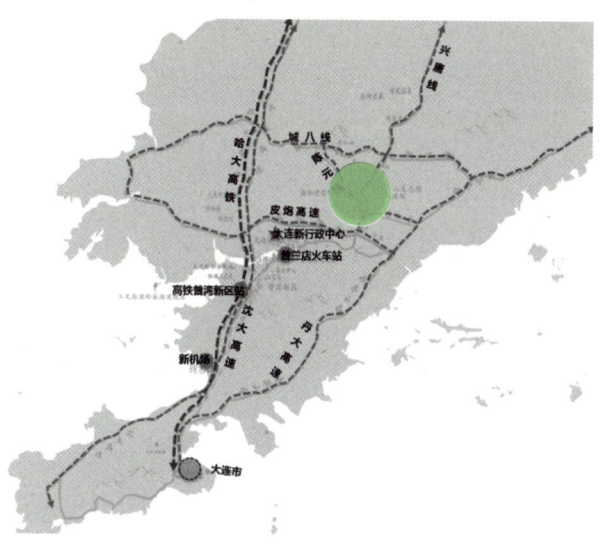

图 4-27　大连·碧龙潭温泉小镇项目区位交通示意图

整体规划： 项目以一轴一带四组团为整体规划，夹河横穿项目整体，打造七公里滨河互动景观带，现状道路将基地分为东西两部分，沿路打造商业主轴线，满足周边消费需求。

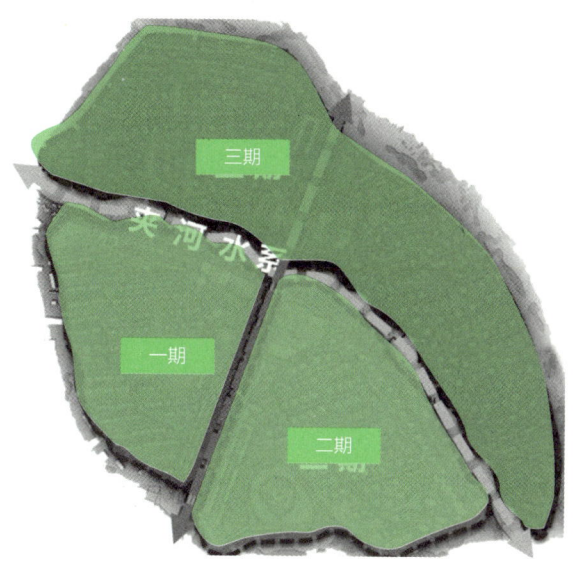

图 4-28　大连·碧龙潭温泉小镇项目开发分期示意图

　　项目一期：占地 21 万平方米，建筑面积约为 33 万平方米。分为 4 种产品类型，一座五星白金酒店、仿古文化餐饮娱乐商街、高层养生公寓、徽派独栋及联排温泉度假别墅，住宅物业包括 3 栋高层、38 栋独栋别墅、29 栋双拼别墅、25 栋联排别墅。

图 4-29　大连·碧龙潭温泉小镇项目一期开发示意图

大连·碧龙潭温泉小镇项目一期物业住宅快发一览表　　　　　　表 4-21

概况	分区	套数	户型区间	物业类型	总价（万元 /m²）	销售情况
占地 21 万 m²，建筑面积约为 33 万 m²，住宅物业包括 328 套高层公寓和 354 套低层别墅，共 682 套。	公寓	328	80 ~ 138m²	高层建筑	31-74	良好
	独栋别墅	37	700 ~ 780m²	低层别墅	均价 2.2 万，一房一价	少量剩余
	双拼别墅	32	500 ~ 520m²	低层别墅	均价 2.2 万，一房一价	少量剩余
	四联排别墅	84	400 ~ 450m²	低层别墅	均价 2.2 万，一房一价	余量充足
	六联排别墅	201	300 ~ 450m²	低层别墅	均价 2.2 万，一房一价	余量充足

（表格左侧"一期"）

　　立面设计：建筑设计采用徽派建筑风格，同时对古典徽派建筑进行优化，保留部分元素与现代建筑融合，凸显了独具韵味的现代中式建筑风格。

图 4-30　大连·碧龙潭温泉小镇立面示意图（马头墙、石雕）

（五）2014 年值得关注的温泉旅游地产项目（排名不分先后）

2014 年值得关注的温泉旅游地产项目　　　　表 4-22

项目名称	项目位置	项目特色
碧龙潭温泉小镇	大连	亚洲最大的温泉小镇
雅居乐依云小镇	湖南长沙灰汤镇	湖南首个综合性原生态的旅游地产项目
融汇温泉城	福州市晋安区	福建省首例荣膺"全球人居环境住区"大奖
避寒山庄	西双版纳	大型温泉旅游复合体项目
恒大海上夏威夷	阳江 海陵岛	设计 5 公里长的沿江风光带
温泉孔雀城	廊坊 固安	规划打造"三园一岛一海岸"的布局
保利锦里	广东 东莞	设计中利用景观步行系统连接各个邻里空间，延伸全区
恒大泉都	广东 恩平	堪称"中国南部华清池"温泉水系
西柏坡国御温泉度假小镇	河北石家庄市	全球首席世界温泉度假城
富力南昆山温泉养生谷	广东南昆山旅游度假区	被列为河北省重点项目和十二五重点建设项目
		国家级 4A 风景区南昆山生态旅游区
		现代都市山居度假养生模式典范

五、高尔夫旅游地产

截止至 2014 年底，我国共有 1089 个高尔夫旅游地产项目，占旅游地产项目总数的 14.02%，开发占地面积达 410713.01 亩。

（一）高尔夫旅游地产开发历程

高尔夫旅游地产作为旅游地产中较为高端的产品，一直深受商务休闲人士的喜爱，高尔夫的资源更是一度受到旅游地产市场的热捧。但是近年来，由于国家调控升级，对于高尔夫土地的批准不断紧缩，甚至一度取消高尔夫球场的审批，使得高尔夫地产未来的发展更加扑朔迷离。我国高尔夫旅游地产的发展与高尔夫在我国的发展密不可分，根据高尔夫在我国的萌芽、发展直至今日与地产相结合，大致可以划分为三个阶段，目前高尔夫旅游地产正处于快速发展期。

萌芽期	发展期	缓慢发展期
20 世纪 90 年代	**2000 ~ 2007 年**	**2007 年至今**
● 高尔夫旅游地产伴随高尔夫的发展而发展，1982 年第一个深圳高尔夫俱乐部成立，1984 年国内第一座高尔夫球场中山温泉高尔夫乡村俱乐部开业 ● 1992 年以香港骏豪集团为平台建成第一个观澜湖高尔夫球场。观澜湖 1997 年开始高尔夫旅游地产别墅的开发，1998 年昆明春城高尔夫旅游地产开业 ● 南方高尔夫发展迅速	● 2000 年初，中国旅游业迅猛发展带动中国高尔夫旅游的发展，特别是广东、北京、上海、云南、海南、山东等地区，同时高尔夫旅游地产项目大量增加。高尔夫旅游的兴旺是带动旅游地产重要因素 ● 2004 年后，我国高尔夫球场项目逐步被纳入限制类项目，国土资源部基本停止审批高尔夫球场建设。至此高尔夫旅游地产的发展陷入了进退维谷的阶段	● 国家旅游局在 2007 年发布《关于进一步促进旅游业发展的意见》，其中就包括了高尔夫旅游的发展 ● 此后，海南、重庆等地方政府重新放开高尔夫项目的审批。在 2009 年高尔夫运动加入奥运后，2011 年年底，中国内地新增高尔夫超过 100 个，总数达到 450 个左右。其中 80% 的高尔夫球场是伴随旅游地产开发。全国各区域的高尔夫旅游地产都在不同程度发展 ● 国家政策的不明朗导致高尔夫旅游地产在困顿中进行

图 4-31　中国高尔夫旅游地产发展历程示意图

（二）2014 年高尔夫旅游地产发展格局

根据 2014 年的数据统计，发现我国高尔夫旅游地产项目主要集中分布在两广、环渤海两个区域，这两个区域的项目总数占到了全国高尔夫旅游地产总数的 44.72%。其中，环渤海板块的高尔夫旅游地产数量最多，有 270 个，占全国高尔夫旅游地产总数的 24.7%。

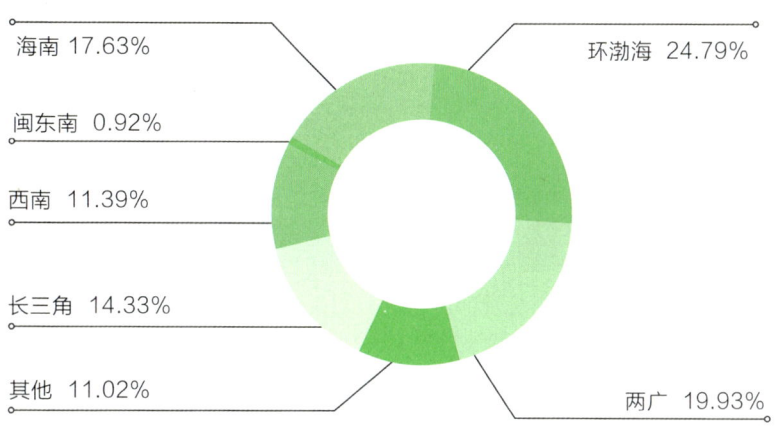

海南 17.63%
闽东南 0.92%
西南 11.39%
长三角 14.33%
其他 11.02%
环渤海 24.79%
两广 19.93%

图 4-32　2014 年中国高尔夫旅游地产区域分布图

根据各区域项目的数量和市场影响力，我国最值得关注的高尔夫旅游地产发展区域为海南省、广东惠州以及环渤海区域。

2014 年中国高尔夫地产重点发展区域特征				表 4-23
区域	项目数	政策环境	依托市场	核心客群
环渤海	270	较严格的控制政策	依托环渤海经济圈和东北市场的区域性市场	以北京商务政要为该区域核心客群
广东惠州	75	相对宽松的政策环境	依托珠三角经济圈的区域性市场	核心客群以深圳客户为主
海南	192	相对最积极的政策	比较成熟的全国性度假市场	全国性客群

（三）2014 年高尔夫旅游地产发展特征

1. 两广地区继续引领高尔夫旅游地产发展

两广地区，尤其是广东省，是我国高尔夫旅游地产发展最早的区域。截至 2013 年年底，两广地区的高尔夫旅游地产项目数量为 190 个，位处六大区域之首。而且从项目品质来看，在观澜湖高尔夫、从化温泉高尔夫、中山迪茵湖高尔夫等高品质项目的基础上，广东地区的高尔夫旅游地产项目类型丰富、档次齐全，基本可以满足普通商务客户以及高端商务客户的运动休闲需求。

2014 年中国高尔夫地产重点发展区域项目增长情况   表 4-24

	海南	环渤海	两广
2012 年项目数量	159	53	50
2013 年项目数量	178	178	190
2014 年项目数量	192	270	217
2014 年增长率	7.87%	51.69%	14.21%

2. 高尔夫球场控制节点来临

自 2004 年国务院办公厅发布《关于暂停新建高尔夫球场的通知》以及 2011 年国家发改委、国土部、环保部等 11 部委联合下发了《关于开展全国高尔夫球场综合清理整治工作的通知》要求各地开展高尔夫球场综合清理整治工作以来，高尔夫球场的审批以及发展一直扑朔迷离，国家一再明令禁止。

2014 年 7 月，国家发改委、国土资源部等 11 个部委联合下发《关于落实高尔夫球场清理整治措施的通知》。该文件明确全国各地高尔夫球场按照取缔、退出、撤销、整改四类要求进行处理，取缔类球场必须在 2014 年 12 月 31 日结束；退出和整改工作都必须在 2015 年 6 月 30 日前完成，这意味着中国高尔夫球场迎来了命运的节点。

3. 高压政策下，唯有"偷换概念"潜行

目前有众多开发商采取"偷换概念"办法，打着体育公园、生态园、休闲园、绿化项目

等旗号从地方上获得审批，绕开高尔夫球场建设要上报国家部委的规定。根据有关数据统计，距离 2004 年国务院下发《关于暂停新建高尔夫球场的通知》。禁令颁布十年后，我国高尔夫球场数量不减反增，由 2004 年的 178 家增加到目前的 587 家。其中方法在于建设高尔夫球场的人总能找到理由打擦边球，他们将营业执照注册为体育会所、"健康休闲俱乐部"、商务俱乐部、"乡村俱乐部"、生态园区等，以此掩人耳目、蒙混过关。

（四）2014 年高尔夫旅游地产典型案例——北京·龙熙顺景

龙熙顺景别墅，总建筑面积 60 余万平方米，配套开发面积高达 33 万余平方米。拥有500 多套大小独栋别墅、12 栋叠拼别墅以及 12 栋景观公寓，集顶级稀有资源 27 洞国际标准高尔夫球场、五星级温泉度假酒店、别墅社区三位为一体，或临果树，或依清流，真正实现了人、建筑、自然的多维重合，在整个华北地区都十分罕见，由 2004 年滚动开发至今，已经形成规模。

2014 年初，龙熙顺景的新一区别墅组团开盘，成为了老盘加推的典型项目。

龙熙顺景项目概况   表 4-25

项目位置	大兴庞各庄镇瓜乡路	物业类型	公寓、别墅
占地面积	908856.97m²	建筑面积	693719m²
容积率	0.4	内部配套	高尔夫球场、五星级温泉度假酒店
物业公司	北京龙熙兴悦物业有限公司	开发企业	北京龙熙顺景房地产开发有限公司

区位交通：龙熙顺景项目周边交通发达，出入方便，东距京开高速瓜乡桥 1000 米，据玉泉营仅十几分钟的车程，真正的出可入世、退守宁静。

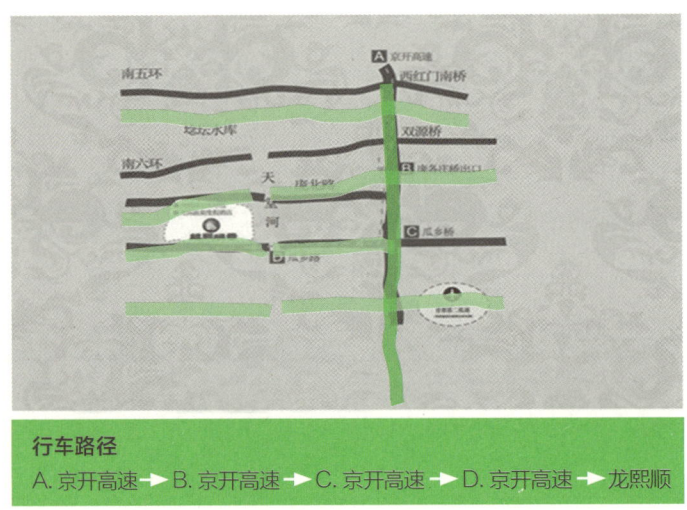

行车路径
A. 京开高速 ➤ B. 京开高速 ➤ C. 京开高速 ➤ D. 京开高速 ➤ 龙熙顺

图 4-33 龙熙顺景项目区位交通示意图

整体规划： 整个小区由两横两纵四条路区隔成 A、B、C、D 四个区，周边日渐配套成熟。该项目以绿色、养生、休旅度假为核心，项目与龙熙国际高尔夫球场和五星级龙熙温泉度假酒店（均为本集团开发）有机融为一体，尽享绿色清新。

图 4-34 龙熙顺景项目产品布局示意图

　　球场概况： 龙熙温泉高尔夫俱乐部由国际标准 27 洞球场和豪华五星级酒店会所组成。A、B 场的 18 洞由美国著名设计公司 JMP 公司设计师 Mark.E.Hollinger 倾力打造，C 场 9 洞则由英国圣安德鲁斯第 6 球场设计师大卫·汉斯托克（David Hemstock）协同经验丰富的澳洲名师莱斯·沃兹（Les Watts）精心设计。94 公顷原生地上，高尔夫水系园林绵延起伏，1 万余码的球道，细致唯美中彰显大气与尊贵，潇洒快意人生。

图 4-35　龙熙高尔夫项目高尔夫球场实景图

（五）2014 年值得关注的高尔夫旅游地产项目（排名不分先后）

表 4-26

项目名称	项目位置	项目特色
龙熙顺景	北京市大兴区	龙熙顺景项目系京南最大的一块别墅用地
西郊高尔夫庄园	大连市甘井子区	大西山国家 5a 级景区
九州绿城·翠湖香山	珠海凤凰山北麓	珠海最大的高尔夫城市别墅群
庆隆南山高尔夫	重庆南岸南山风景区	杆锦标赛级山地高尔夫球场
威海全球候鸟度假地	威海 南海新区	容积率仅为 0.29
金沙湖高尔夫观邸	郑州 经济技术开发区	中原唯一的城区高尔夫豪宅社区
观云庄园	湖州 德清	离杭州西湖最近的高尔夫别墅
驿山高尔夫	武汉高新大道	华中首个国家正式批建的高尔夫项目
远洋高尔夫国际社区	重庆 巴南区	重庆首部高端力作带来全新的"SINO 别墅区"社区规划及生活理念
太阳山国际生态旅游养生休闲度假区	云南 澄江	观澜湖集团入驻云南的首个项目

六、古镇旅游地产

截至 2014 年底，我国共有 494 个古镇旅游地产项目，占旅游地产项目总数的 6.36%，开发占地面积达 135576.29 亩。

（一）古镇旅游地产开发历程

古镇旅游地产是旅游地产中较小众的产品，相对于其他旅游地产产品所占比例较小。据统计中国现有百年历史以上的古村镇共 220 个，分布在中国的 24 个省市。古镇旅游地产由于受到古镇资源规模的限制，发展相对于其他产品一直较为缓慢。我国古镇旅游地产的发展从最初的古镇观光旅游，到 20 世纪 90 年代末期的古镇旅游地产兴起，直至现今主动开发古镇资源形成古镇旅游地产，大致可以划分为三个阶段。目前我们正处于主动开发中的古镇旅游本地产快速发展时期。

萌芽期	发展期	快速发展期
20 世纪 80 年代	**20 世纪 90 年代末至 21 世纪初**	**2009 年至今**
● 1984 年，陈逸飞先生一幅《故乡的回忆》使得苏州周庄享誉海内外，不仅成功开创江南水乡古镇的品牌，更使周庄成为中国古镇旅游发展的开拓者 ● 继周庄之后，苏州同里古镇于 1986 年开展旅游事业；这个阶段以政府主导模式为主，以周庄古镇为典型代表，由镇政府投资建设古镇基础设施，并通过行政审批权在宏观层面上对古镇旅游开发进行管理 ● 主要以古镇自身的开发为主，几乎不含相应的酒店、住宅等旅游地产配套	● 江浙、四川、重庆、安徽、江西等地都在打造各自的古镇旅游地产品牌 ● 1997 年丽江大研古镇申遗，随后乌镇、西递、宏村、鱼梁为代表的徽州传统村镇崛起；2001 年，江南六镇共同被列入世界文化遗产预备清单；2003 年和 2005 年相继公布了两批共 44 个历史文化名镇 ● 这个阶段是以浙江乌镇、平遥古城为代表，有政府主导的项目公司模式。以湖南凤凰古镇为代表的企业开发模式	● 2005 年楚雄彝人古镇 2008 年重庆长寿古镇，以及山西大同耗资上百亿，修建了一面崭新的"明代古城墙"。甘肃敦煌投资 30 亿元，复建敦煌古城；连湖凤凰古镇也要耗资 55 亿元，建一座全新的"山寨古镇"。这些造镇计划不断陆续上演，建造仿古建筑形成一股热潮 ● 更多的古镇开发依据当地的文化资源，通过仿古建筑对某一时期传统文化的展现，集旅游、休闲、餐饮、娱乐、购物、度假、住宅于一体，重现或者更大的恢复景观，功能配套

图 4-36　中国古镇旅游地产发展历程示意图

（二）2014 年古镇旅游地产发展格局

根据 2014 年的数据统计，发现古镇旅游地产项目集中分布在长三角板块、海南板块、环渤海板块和西南板块。长三角地区的古镇类旅游地产项目数有 201 个，占全国旅游地产项目总数的 40.69%。另外，海南板块、环渤海板块和西南板块项目数量分别为 72、66 和 64 个。

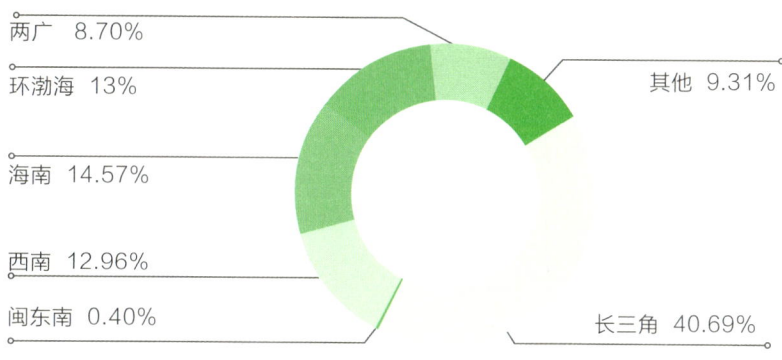

两广 8.70%
环渤海 13%
海南 14.57%
西南 12.96%
闽东南 0.40%
其他 9.31%
长三角 40.69%

图 4-37　2014 年中国古镇旅游地产项目区域分布图

但从古镇资源的分布来看，浙江、四川和江苏三省是古镇资源最为丰富的区域，分别有39、38 和 23 个古镇坐落于这三地。预计未来这三地的古镇旅游地产项目将有较大的发展。

中国古镇分布一览表　　　　　　　　　表 4-27

省份	总计	比重	省份	总计	比重
浙江	39	17.73%	海南	5	2.27%
四川	38	17.27%	河北	4	1.82%
江苏	23	10.45%	山西	4	1.82%
安徽	15	6.82%	陕西	3	1.36%
贵州	14	6.36%	山东	2	0.91%
重庆	13	5.91%	北京	2	0.91%
云南	11	5.0%	河北	2	0.91%
福建	11	5.0%	天津	1	0.45%
上海	10	4.55%	内蒙古	1	0.45%
广西	7	3.18%	甘肃	1	0.45%
江西	7	3.18%	新疆	1	0.45%
广东	5	2.27%	西安	1	0.45%

（统计来源：中国古镇网）

根据各区域古镇旅游地产项目的数量和古镇资源的数量，可以判断我国古镇旅游地产项目发展潜力最大的区域分别为长三角区域和西南区域。

2013 年中国古镇旅游地产重点发展区域特征　　　　　　表 4-28

区域	项目数	资源特征	依托市场	核心客群
长三角	201	古镇资源丰富且品质极高，具有极强的市场吸引力	依托长三角经济圈和全国性市场	核心客群以全国客群以及长三角客群为主
西南	64	古镇资源丰富且品质极高，具有极强的市场吸引力	依托西南经济圈的区域性市场河全国性市场	核心客群以全国客户为主

（三）2014 年古镇旅游地产发展特征

1. 古镇旅游地产功能复合性加强，加入办公功能—企业孵化园

传统古镇旅游功能主要包括景区、酒店、沿街商铺、餐饮、特色客栈等，而 2014 年古镇功能加入了新的板块——企业孵化园。企业孵化园投资收益明朗度虽然不高，但是投入资本相对较低。虽然企业孵化园的市场还处于前期探索阶段，但是对于古镇的旅游地产是一个好消息。企业孵化园的加入一来可以为古镇旅游地产带来更多需求人群，创业者需要居有定所，工作者需要方便上下班，企业孵化园周边的古镇旅游地产变成了最好的选择。再者从长远角度来看，企业孵化园的兴起给当地人带来了更多的致富机会，提升了需求人群对于旅游地产的购买能力，这无疑会给古镇旅游地产带来更多的机会。

所谓企业孵化园即主要以符合注册微型企业条件的"八类人群"，如大中专技校毕业生、城镇失业人员等为目标，为创业者提供创业孵化场地和基本办公条件，以及融资担保、管理咨询、人才培养等服务，并负责帮助孵化企业申请各级扶持资金和创业资金，为企业开展创业培训指导。

2014 年部分古镇加入企业孵化园概况　　　　　　　　　　　表 4-29

古镇名称	地点	时间	详情
肇兴古镇	贵州	2014.01	黎平县首个"创业孵化园",主题为城归人员创业园。主要以个体农家乐、开办民间工艺作坊、"公司＋农户"、成立旅游合作社、发展农业产业龙头企业 5 种创业模式为主
下司古镇	贵州	2014.04	打造产城融合、产城互动发展的电子信息示范产业园,力争 3 年左右将下司古镇打造成凯麻同城及黔东南州经济的增长点
长寿菩提古镇	重庆	2014.07	长寿古镇旅游文化微型企业孵化园是长寿区政府重点打造的微企孵化平台之一,目的是为微型企业和初创企业的生成发展提供低成本和全方位服务
震泽(蚕丝古镇)	苏州	2014.12	震泽的蚕丝文化创意产业园规划建设项目不仅被文化部、财政部列入文化产业国家财政贴息项目,还被省商务厅、财政厅作为商贸流通业的支持重点

2. 古镇运营结合节日,古镇旅游火爆,带热古镇旅游地产

古镇运营以后大多会遇到一个问题,即旺季门庭若市,淡季门可罗雀,如此一来,古镇旅游地产也会受其影响..2014 年,古镇旅游运营多结合节日来推动,即结合中国传统节日或者当下时尚节日来平衡淡旺季落差,古镇旅游的节日牌打中了游客的度假需求,给游客度假休闲产生了更多归属感,古镇旅游的人流量得到提升,也给古镇旅游地产带来更多机会。

2014 年, 崇州街子古镇乘着国庆节推出蜀山栖镇 3 期别墅及店面,当时楼市整体不景气,而 10 月也非传统的旅游地产旺季,项目在试水首批次商铺时,只邀约了 100 多组客户,而结果完全超出预料,街子古镇 5 天假期游客量达到了 49.5 万人次, 游客量在十一期间同比增长约 50%,其中黄金周第一天古镇旅游人流量就达到 9.8 万人次,火热的古镇旅游,也给古镇旅游地产带来了大量客户。项目首批次推出的旅游商业地产 51 套 ,仅一天时间,就售出 47 套。

图 4-38 蜀山栖镇项目示意图

3. 古镇旅游紧跟形势，推出互联网运营

当下各行各业均处于网络化运营的潮流中，互联网的各种优点均得到共识：效率高、覆盖面广、使用量多，2014 年我国多个古镇均启用网络互联网参与古镇运营，比如智能停车场系统、景区自住服务 APP、扫码支付等，其中扫描二维码支付应用最广。方便快捷现代化的网络服务系统为古镇内部和周边旅游地产带来了新的看点，既有传统文化味道，又与现代文明密切接轨。古镇旅游地产也充分享受其便捷网络服务系统，在纷纭变幻的房地产行业不断升级优势。

2014 年部分古镇互联网应用概况　　　　　　　　　　　　　　表 4-30

古镇名称	互联网应用
青岩古镇	景区纷纷推出自动售票系统、智能停车场系统、景区自助服务 APP 等——用互联网思维经营景区，依靠的东西也并不复杂，就靠我们平常屡见不鲜的消费积分
乌镇	乌镇，扫码支付普及，网络营销发达，免费无线 WIFI 覆盖，"智慧旅游"
北塘古镇	北塘古镇是我国首个游戏主题古镇，游戏玩家可以在虚拟世界与现实世界中寻找共同的津味景观
同里古镇	同里组织了"幸福简讯诗中同里"微信咏月活动，关注同里古镇微信公众平台"leyoutongli"
皇城相府	景区开通的手机导游、智能语音导游、智能旅游客户端、微官网、移动免费无线 WiFi 等，为游客提供了方便快捷的智慧旅游服务

（四）2014年古镇旅游商业地产典型案例——金茂丽江J·Life

丽江，自然景观壮丽，文化底蕴深厚，吸引了大批的海内外游客。方兴地产投入巨资选择在丽江开发国内首屈一指的旅游度假综合体——金茂雪山语；其中，由方兴地产商业事业部打造的金茂雪山语的零售商业部分——金茂丽江J·LIFE，已于去年12月正式揭幕亮相。作为方兴倾力打造的旅游度假商业产品，金茂丽江J·LIFE围绕度假生活服务配套的核心理念，满足目标人群全方位的度假休闲体验，营造以方兴旗下品牌"金茂"所象征的品质感、体验度、舒适型的一站式旅游度假商业旗舰。

金茂丽江 J·LIFE 项目概况 表4-31

项目位置	古城区北部高端度假休闲生活区	建筑风格	纳西式
开发商	方兴地产	招商率	社区商业部分已开业，酒店商业部分将于今年年中开业
商业面积	1.5万㎡，其中社区商业1.37万㎡，酒店商业0.19万㎡	投资额	3亿元

区位交通： 金茂丽江J·LIFE，坐落于丽江古城区北部高端度假休闲生活区内，是去往玉龙雪山的必经之路；距离束河古镇不足1公里，位于丽江城市主干道——香格里大道和香江路交叉口仅200米左右，地理位置优越，交通便利，具有良好的展示面，可视性和可达性俱佳。

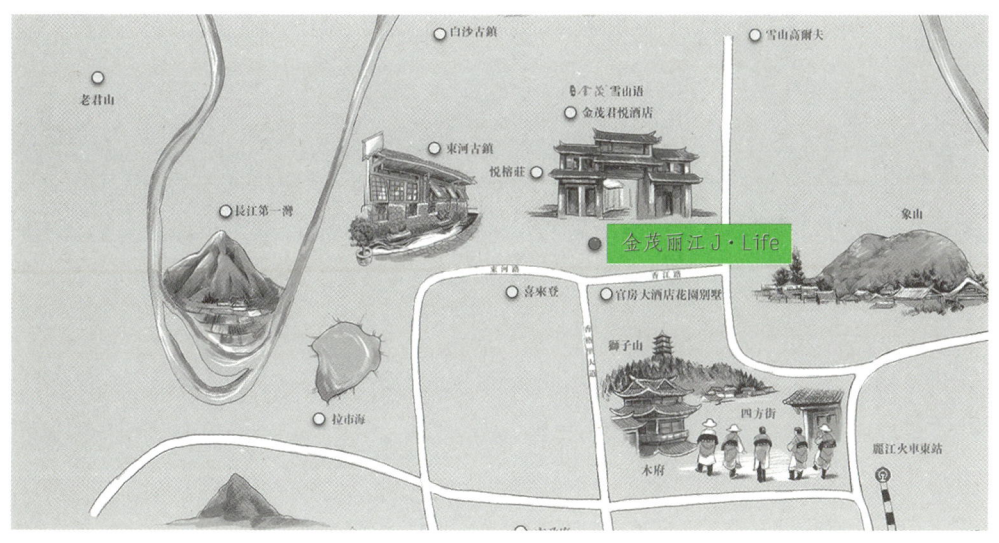

图4-39　金茂丽江J·LIFE区位交通示意图

整体规划: 项目建筑面积约 1.5 万平方米,通过高低错落的建筑,把院落与园景穿插,体现了纳西族的建筑特色与现代商业的有机结合,创造出休闲宜人的建筑氛围,为项目商业高端的定位创造良好的先天条件。

该商业项目由社区商业和酒店商业两部分构成,整体定位为丽江当地唯一的高端商业体,将国际时尚品牌与地方特色精品相结合,打造集国际化餐饮、风情酒吧、高原养生、特色体验以及国际平价奢侈品中心等为一体的,既富于国际化元素又充满民族特色因子的旅游度假商业休闲生活街区、丽江市顶级的时尚生活商圈。

图 4-40　金茂丽江 J·LIFE 规划效果图

业态构成: 业态方面,金茂丽江 J·LIFE 的餐饮在汇集国内齐鲁、川渝、纳西等菜系外,更不乏日韩料理、西班牙菜等众多美食选择;项目引入的其他特色业态都融入了时下最流行的体验概念。在这里可以看到最丽江、最传统的手工艺演示,通过摄影跟拍的方式记录旅行心情,还可以感受国内最潮流的飞行模拟体验带来的极致震撼。

　　金茂丽江 J•LIFE 还引入了一些兼具民族与时尚因子的精品零售。金茂丽江 J•LIFE 作为方兴地产布局丽江的重要一步，以国际餐饮、特色体验及精品零售等业态，为高端旅游度假群体提供一个高品质、重体验的旅游商业中心。

图 4-41　金茂丽江 J•LIFE 实景图

　　运营模式： 金茂丽江 J•LIFE 运营模式不同于一般的商业旅游项目。该项目在其旅游度假综合体配套商业的开发中，始终坚持以"全面持有 + 统一运营"为核心，结合丽江当地实际情况加以本土化，营造旅游度假综合体的生活氛围，开创旅游度假商业的新局面，打造国内旅游度假地产零售商业的第一品牌。避免资源的大量浪费，避免旅游度假综合体在销售完毕之后根本无人入住的尴尬局面，造就精品商业旅游项目。

（五）2014 年值得关注的古镇旅游地产项目（排名不分先后）

2014 年值得关注的古镇旅游地产项目 　　　　　　表 4-32

项目名称	项目位置	项目特色
金茂丽江 J·LIFE	丽江	打造丽江"全面持有＋统一运营"运营模式的精品商业旅游地产项目
御青城	成都 街子古镇	一座以清迈度假圣地为蓝本的度假别墅
绿城乌镇雅园	嘉兴 乌镇	中国首个学院式颐乐养生养老项目
假日半岛	昆山 周庄	围绕"家家临水 户户瞰湖"的核心理念，打造水乡泽国里的"大湖人家"
古城东方	丽江 大研古城	打造丽江城市会客厅
蜀山栖镇	成都 街子古镇	街子古镇 4A 景区
长寿古镇	重庆 长寿	以巴渝文化、中国西部建筑文化为背景
西递 1047	黄山 西递	纯徽派建筑，通体质朴高雅
俊发城	昆明 龙泉古镇	片区内共有历史建筑 26 处，其中 4 处市级文物保护单位、6 处区级登记不可移动文物、16 处推荐历史建筑
勐巴拉六国皇家植物园度假秘境	昆明 勐海	以"六国皇家植物园度假秘境"为规划主题

第五章

中国旅游地产发展
趋势预测

央行放松限贷，总体房地产市场利好，放开限购可能已经不远

国务院下发《关于促进旅游业改革发展的若干意见》，旅游用地成为重点

"丝绸之路"旅游年，呈现丝绸之路文化内涵

反腐波及房地产，旅游地产市场明灭不可见

互联网金融突然发力，旅游地产可能是重点区域

2014 年，从宏观环境来看，经济将继续保持合理增长，总体经济环境依然不佳。从房地产行业来看，2014 年房地产市场上政策起到了引导地位，各类限购、限贷政策的放松使得房地产市场逐渐有了回暖的趋势。

而对于旅游地产而言，2015 年将出现更多新契机，在政策的发布以及社会环境的变化下，应找到适合自己的发展点。对于 2015 年的旅游地产市场，我们有如下预测，仅供大家参考。

一、央行放松限贷，总体房地产市场利好，放开限购可能已经不远

2014 年国庆前夕，央行和银监会发布《关于进一步做好住房金融服务工作的通知》，其中规定，拥有 1 套住房并已结清相应购房贷款的家庭，为改善居住条件再次申请贷款购买普通商品住房，银行业金融机构执行首套房贷款政策。此外，银行业金融机构可根据当地城镇化发展规划，向符合政策条件的非本地居民发放住房贷款。

此项通知内亮点十足，其中明确规定了，对于贷款购买首套普通自住房的家庭，贷款最低首付款比例为 30%，贷款利率下限为贷款基准利率的 0.7 倍，具体由银行业金融机构根据风险情况自主确定。更重要的是，对拥有 1 套住房并已结清相应购房贷款的家庭，为改善居住条件再次申请贷款购买普通商品住房，银行业金融机构执行首套房贷款政策。

这是央行时隔 3 年 8 个月来首次放开限贷。央行上次限贷政策——"国八条"的公布时间为：2011 年 1 月 26 日。时隔 44 个月，限贷的放开使得房地产市场又一次暗流涌动，将会带动房地产行业的再一次增长。另一方面，一直有传言将会放松限购，2015 年限购会否放开是迷，但不可否认的是，房地长市场的政策利好已经展现出来。

二、国务院下发《关于促进旅游业改革发展的若干意见》，旅游用地成为重点

2014年8月，国务院发布《关于促进旅游业改革发展的若干意见》（以下简称《意见》），提出编制和调整土地利用总体规划、城乡规划和海洋功能区规划时，要充分考虑相关旅游项目、设施的空间布局和建设用地要求，年度土地供应要适当增加旅游业发展用地。这对于一直纠结于旅游地产用地性质的开发商来说无疑是最好的消息。

《意见》指出，坚持节约集约用地，按照土地利用总体规划、城乡规划安排旅游用地的规模和布局，严格控制旅游设施建设占用耕地；改革完善旅游用地管理制度，推动土地差别化管理与引导旅游供给结构调整相结合。

《意见》要求，编制和调整土地利用总体规划、城乡规划和海洋功能区规划时，要充分考虑相关旅游项目、设施的空间布局和建设用地要求，规范用海及海岸线占用。年度土地供应要适当增加旅游业发展用地。进一步细化利用荒地、荒坡、荒滩、垃圾场、废弃矿山、边远海岛和石漠化土地开发旅游项目的支持措施。在符合规划和用途管制的前提下，鼓励农村集体经济组织依法以集体经营性建设用地使用权入股、联营等形式与其他单位、个人共同开办旅游企业，修建旅游设施涉及改变土地用途的，依法办理用地审批手续。推动旅游开发向集约型转变，更加注重资源能源节约和生态环境保护，更加注重文化传承创新，实现可持续发展。

三、"丝绸之路"旅游年，呈现丝绸之路文化内涵

国家旅游局将2015年中国旅游主题年确定为"美丽中国——2015中国丝绸之路旅游年"，口号确定为"游丝绸之路，品美丽中国"，"新丝路、新旅游、新体验"。

由国家旅游局主办、陕西省旅游局承办的"美丽中国——2015年丝绸之路旅游年"启动

仪式将于 1 月 8 日在西安大明宫国家遗址公园举办。启动仪式将以"丝绸之路旅游年"主题宣传片开场，通过主持人的主题讲述、播放主题视频等演绎主题的方式，展示丝绸之路沿线丰富多彩的旅游资源和产品，呈现丝绸之路的恢宏历史与文化内涵。

自 1992 年以来，国家旅游局每年推出"旅游主题年"活动，在统筹市场推广、招徕国际游客、引导行业发展等方面起到了积极作用。

丝绸之路旅游年的命名让 2015 年"丝绸之路"一词将会频繁出现在各大场景之中，虽然只是一年的主题，但是由于举办"美丽中国—— 2015 年丝绸之路旅游年"活动是旅游行业贯彻落实习近平主席提出的"一带一路"战略构想的重要举措，有利于加强国内丝绸之路沿线地区旅游合作和联合推广，更好更实地打造"丝绸之路旅游带"，有利于继续深化丝绸之路区域旅游国际合作。

丝绸之路的主题未来将会延续在各大旅游国际合作之中，各大拥有丝绸之路历史渊源、文化以及内涵的旅游景点和旅游地产项目都可以从中获得灵感，从而将自己的旅游地产项目打造得更加深入。

四、反腐波及房地产，旅游地产市场明灭不可见

2014 年，充斥整年的反腐消息一直使得房地产行业人心惶惶。细细数来，整个 2014 年共有 6 家房企，从年头的新鸿基到国庆时期的雅居乐，再是年尾重重一击的佳兆业。一条条耸人听闻的消息背后，反腐波及房地产行业几乎已经成为定局。

其中雅居乐更是旅游地产中的先锋企业，其海南清水湾项目一直是各大旅游地产进入企业的范本项目。

雅居乐风波，最早发端于 2014 年 10 月 3 日，当天香港商人陈浩唯以近万字长文指控雅居乐，并列举公司"官商勾结"。同一天，雅居乐突然宣布紧急停牌。而早在 2014 年 7 月，昆明市原市委书记张田欣因涉嫌腐败而被"双规"，随后数位雅居乐驻云南的高管也遭到羁押。2014 年 10 月 10 日，雅居乐地产控股有限公司公告称：9 月 30 日起，陈卓林被昆明市人民

检察院批准执行指定居所监视居住。10 月 13 日，停牌十日之久的雅居乐开盘当日股价大幅跳水 17%，市值蒸发 34 亿港元。私下，更有一些耸人听闻的传闻在民间流传。

12 月 14 日，雅居乐地产控股有限公司宣布，昆明市人民检察院"指定居所居住措施"对陈卓林已不适用，陈卓林将恢复履行其作为雅居乐执行董事、董事会主席及公司总裁的职务。受这一消息刺激，12 月 15 日，雅居乐地产股价单日涨幅达 11.1%，收报 4.51 港元，最高报 4.54 港元。

事件的真相只有等待最后的调查判决，而雅居乐沉沉浮浮期间，其 2014 年也只能算是草草终结，反腐的漩涡并没有停下的趋势，未来旅游地产企业会否还有涉入其中，只有等待。

五、互联网金融突然发力，旅游地产可能是重点区域

2014 年冒出了很多房地产金融平台，平安好房的"好房贷"、新浪与易居旗下的"一宝六贷"、搜狐旗下的"首付贷"以及易居的房金所等，都是当下流行的产品，房地产市场似乎进入了用互联网金融再造的阶段。

这些产品之所以会出现，一则是由于银行房贷资金紧张，整个房产市场的低迷倒逼房地产行业必须有所变化；二则是由于互联网思维的爆发终于渗入了房地产行业。

新型互联网金融方式——众筹，2014 年也进入大众视野，并且有好几个大型房企探新实施。2014 年 9 月 23 日，苏州万科宣布联手房产网络门户发起了全国首单房产众筹。苏州万科城作为首个房产众筹项目，推出全装 100 平方米三房一套，众筹目标金额为 54 万元。最后的效果如何并不重要，重要的是房地产行业终于也踏出了这一步。

旅游地产作为房地产中并不墨守成规的一个分区，互联网金融的接入实为必然，2015 年应该会有更多的项目选择互联网金融为其助阵呐喊。

六、旅游地产自运营平台搭建成风

随着房地产行业的不断发展，以及国民休闲度假需求的日渐成熟，房地产企业重视运营已然成为了必然。2014 年，"销售＋运营" 的地产开发模式浮出水面，有实力的开发商不再只是寻求合作伙伴，而是自费搭建运营平台，将旗下项目连接起来，形成联动发展。

2014 年 5 月 31 日，七盘联动、启梦云南 "梦云南健康度假养生村" 连锁分时度假平台发布。"梦云南健康度假养生村" 是云南城投旗下集健康、养生、度假、养老、娱乐休闲服务为一体的旅游地产品牌，结合了丰富的自然、历史文化资源，打造了该平台下 5 处位于云南顶级旅游胜地的综合性旅游地产项目。

所谓 "梦云南连锁分时度假平台"，是云南城投专为客户量身打造的全方位优质度假养生服务平台。凡属梦云南健康度假养生村旗下项目业主，均可获云南城投梦云南分时度假卡。客户只需在梦云南旗下 5 个旅游地产项目中任选一处物业，即可加入梦云南连锁分时度假平台成为会员，按其所购物业金额，将在五年有效期内享有特定天数的分时度假时权。

2015 年，也许会有更多的开发商加入到搭建运营平台的队伍之中，或者也可能抱团取暖，度过这段快速发展的时期。

附件：2014年旅游地产大事记

01 月

① 海南2016年前力争建成50个风情小镇：近年来海南省特色风情小镇建设不断取得新进展。经过这两年的持续滚动建设，目前文昌潭牛示范项目已完成，琼海博鳌、白沙邦溪、澄迈福山等一批风情小镇已初具规模、各具特色。白沙、澄迈等市县积极推进美丽乡村规划建设。为全省风情小镇和美丽乡村建设发挥了示范和带动作用。

在风情小镇建设中，海南省坚持不搞大拆大建、盲目造城，而是选择具有区位优势、产业基础和本地特色文化的小城镇，集中资金重点扶持。2013年省级支持的云龙、龙门、龙楼三个风情小镇试点项目，整体改造工作均已全面铺开。海口市城乡综合改革试点和三亚市城乡一体化试点也进展顺利。

② 2014年河南将大力发展养老和文化旅游地产：1月16日，河南省第十二届人民代表大会第三次会议开幕。省长谢伏瞻在工作报告中说，2014年，河南将落实国家当地产市场调控措施，支持自住改善性需求，大力发展城市综合体、文化旅游地产、养老地产等新兴业态，促进房地产业持续健康发展。

③ 上海迪士尼明年年底开园，已启动运营准备：为了适应中国市场，计划于2015年底开园的上海迪士尼乐园，已先期启动了包括应对超大客流在内的运营准备，成为全球迪士尼乐园中较早启动运营准备的乐园。

02月

04 厦门同安丙洲岛投25亿建海洋世界：2014年2月，厦门市旅游局局长黄国彬在会上透露了2014年厦门旅游工作总体思路，并发布了《美丽厦门旅游发展行动计划》。根据《美丽厦门旅游发展行动计划》，未来三五年，厦门将重点策划和建设滨海旅游产品、休闲度假旅游产品以及文化旅游产品。

05 昆明滇池将建11个湿地公园：2014年2月12日昆明市召开滇池生态建设规划专项工作会，12个生态旅游项目的业主分别向昆明市党政领导汇报了规划方案，环湖滨水步道、滇池航运码头等内容出现在多份规划案中。这与会议对未来滇池生态规划的整体方向一脉相承——会议提出，生态圈、文化圈和旅游圈的打造，将与滇池治理及生态修复同步进行，力图打造一个以人为本，让人能休闲、体验、发呆、娱乐的优质湖滨环境。

03月

06 国土部确定不动产登记试点城市：3月10日，参加全国两会的国土资源部部长姜大明回应了不动产登记、小产权房、耕地保护等热点问题。姜大明称，2014年6月将启动不动产统一登记，同时将建立包括9个部门的部际联席会议制度。建立不动产统一登记制意为落实2007年开始执行的《物权法》，把现在分散在各个有关部门的土地、房屋、草原、林地和海域那些不动产，以土地为核心统一由国土资源部来控制。目前，国土部已选择了南京、宁波（楼盘）、郑州（楼盘）等几个城市作为试点，2014年年初上述试点城市已经将试点工作列入政府工作计划。

07 《国家新型城镇化规划（2014—2020年）》发布：中共中央、国务院印发《国家新型城镇化规划（2014—2020年）》，指出根据不同地区的自然历史文化禀赋，体现区域差异性，提倡形态多样性，防止千城一面，发展有历史记忆、文化脉络、地域风貌、民族特点的美丽城镇，形成符合实际、各具特色的城镇化发展模式。规划提出发展目标，即"常住人口城镇化率达到 60% 左右，户籍人口城镇化率达到 45% 左右"。

08 上海迪士尼六大园区首度公布方案：上海迪士尼度假区于 3 月 19 日凌晨宣布了主题乐园第一个园区的设计方案。该园区被命名为"宝藏湾"，将呈现系列电影《加勒比海盗》中的故事和角色。这将是全球迪士尼乐园中首个以海盗为主题的园区，也是上海迪士尼乐园六大园区中独具特色的一个。

09 宋城股份投 10 亿在丽江造宋城旅游区：异地复制的第二单——丽江宋城旅游区也于 3 月 8 日试营业，据悉，丽江宋城旅游区由宋城投入 10 亿元打造，距离丽江古城 6 公里，毗邻文笔海自然景观，与玉龙雪山遥相呼应。

据了解，这一旅游区包含茶马古城、那措寨、殉情谷、冒险谷等五大公园，或古风扑面或浪漫唯美，无论是怀旧或寻找时尚，不同游客群体的游览体验都可以在这里得到满足；而《丽江千古情》、《惊天烈焰》等十大演艺秀，也堪称实现文化与高科技的完美融合。这种一站式旅游体验方式，最大限度地延伸了旅游"吃、住、行、游、购、娱"的产业链，也开创了云南省旅游景区经营的新模式，在云南旅游界引起了不小轰动。

10 贵州将建 50 个旅游小镇，每个小镇将会投入至少 50 亿元：经过组织专家筛选和贵州省城乡规划设计研究院的编制设计，贵州省 50 个旅游小镇已经选址确定。50 个旅游小镇中，分依托自然风光选址的旅游小镇有 13 个，如贵阳修文的香巴湖生态湿地小镇 / 黄果树石头寨特色旅游小镇；依托历史文化而选址的有 18 个，如贵阳青岩大明雄城主题小镇 / 开阳水东文化旅游小镇 / 丹寨造纸文化小镇等；依托民族文化选址的有 9 个，如雷山丹江苗族文化小镇 / 惠水好花红布依文化小镇 / 平塘卡浦毛南族文化小镇等；依托温泉选址的有 4 个，如乌当的金螺湖 / 石阡中坝温泉小镇等；依托体育文化选址的有紫云格凸河水塘国际攀岩小镇和关岭顶云体育文化小镇；依托特色产业选址的有 4 个，如贵定音寨农耕文化主题小镇 / 修文珍珠岛兰花风情小镇等。

04月

⓫ **上海迪士尼增资 50 亿元"扩容"，游客设计容量近千万**：美国时间 4 月 28 日，上海迪士尼项目美方股东—华特迪士尼公司在加州伯班克其总部宣布，已与在中国的合资伙伴上海申迪（集团）有限公司达成协议，增加 8 亿美元投资（约 50 亿元人民币），主要用于乐园的"扩容"。该增资扩容计划已获得上海市和国家有关主管部门的核准。上海迪士尼此次"扩容"的新增项目包括在一期乐园已有景点之外，进一步引进海外其他迪士尼乐园中广受欢迎的大型景点和娱乐演出。

⓬ **福建打造三大旅游产业龙头，厦门建全域 5A 旅游城市**：福建将推进福州、厦门、武夷山三个旅游中心城市建设，形成闽东北、闽西南、闽西北地区旅游集散枢纽和旅游产业发展龙头，打造特色鲜明的国际性旅游综合服务中心和集散枢纽。

福州着力打造城市休闲与文化体验结合的闽都文化城，重点在温泉养生、商贸会展、滨海度假、文化体验方面推出一批旅游精品，发展对台旅游，增进区域合作，带动闽东北片区发展。在旅游景区方面，将加快建设福州"三坊七巷"保护修复工程、马尾·中国船政文化城（一期）、闽安古镇及周边文化保护创意产业生态旅游项目（二期）等。

⓭ **烟台打造 6 个滨海旅游综合体，主推"仙居逍遥游"**：2014 年 4 月 11 日，山东省"仙境海岸"度假产品上线动员会议在海阳召开，青岛、烟台、威海、日照四个地级市将联合打造"仙境海岸"品牌，并推出"仙境海岸"度假综合体上线产品。

所谓"仙境海岸"度假综合体，就是以度假酒店等接待设施为核心，通过完善餐饮、娱乐等服务功能，整合半小时车程内的旅游服务、休闲娱乐配套设施以及景区养生修学等资源，打造可以提供 2—7 天以"仙居、道宴、逍遥游、养生修学"为主体的度假综合体。

05 月

⑭ 雅居乐宣布以 8.55 亿元购入马来西亚吉隆坡地块：事实上，这是雅居乐在三个月内启动的对马来西亚的第二笔投资，两笔投资购地资金总计为 12.85 亿元。记、房屋登记、林地登记、草原登记、海域登记等不动产登记工作的职责。

⑮ 融绿之争——融创 50.6 亿元收购绿城中国 24% 股权：5 月 22 日晚间，融创中国发布公告，50.6 亿元收购绿城中国 24% 股份。如果交易顺利完成，融创中国将与九龙仓并列为绿城中国第一大股东。绿城中国董事会主席宋卫平和副董事长寿柏年的持股比例则分别降至 10.473% 和 8.086%。同时，融创中国董事长孙宏斌将与宋卫平一起担任绿城中国的联席董事长，从明年 3 月 1 日起，宋卫平将改任名誉董事长，孙宏斌则担任董事长。至此，中国最大的房地产并购案出炉。但这一事件随后发生了戏剧性反转。

06 月

⑯ 万达并购英国游艇公司：万达集团宣布以 3.2 亿英镑（约合 4.9 亿美元）并购英国圣汐游艇公司，投资近 7 亿英镑（约合 10.8 亿美元）在伦敦核心区建设超五星级万达酒店。这是继去年并购美国ＡＭＣ影院公司后，万达国际化战略迈出的又一重要步伐。

根据相关新项目表明，万达集团正力推其文化旅游、高级酒店等产业集群走出去。鉴于相关产业历来是中国的软肋，之前鲜有涉足。高端与奢华，是两个新项目的显著特征。被万达并购的圣汐游艇公司是世界顶级奢华游艇品牌，为英国皇室专用品牌；而拟建中的伦敦万达酒店项目则位于旺兹沃斯区黄金地段，建成后将成为"伦敦最好的酒店和城市新地标"。

⑰ 2020 年前海南将打造 100 个风情村：海南省乡村旅游现场会贯彻落实海南省《关于加快发展乡村旅游的意见》，交流总结海南省发展乡村旅游的典型经验，全面部署海南省乡村旅游推进工作。据悉，这也是海南省第一次召开乡村旅游现场会。

据了解，到 2015 年，海南省将培育一批文化突出、特色鲜明、设施配套的乡村旅游产业项目和乡村旅游目的地；到 2020 年，在全省创建 3～5 个全国休闲农业与乡村旅游示范县，50 个特色鲜明的旅游风情小镇、100 个风情村等。为推动乡村旅游更好更快发展，海南省将把乡村旅游工作纳入年度目标考核体系，确保乡村旅游工作落到实处，取得实效。

07月

⑱ **全国各地取消限购**：自 7 月 11 日，住房和城乡建设部部长陈政高召开其上任后的第一场全国住房城乡建设工作座谈会。会议提出，各地可以根据当地实际出台平稳房地产市场的相关政策，其中库存量较大的地方要千方百计消化商品房待售面积，加强房地产结构调整，完善房地产项目周边配套设施，加快行政审批速度等。这意味着中央层面放开对限购等短期行政手段的限制，允许各地按照实际情况调整。

全国仅五个城市未放松限购。继 4 月南宁定向调整、6 月呼和浩特正式发文取消限购，进入三季度后限购调整呈现多米诺效应，多个城市陆续放宽。

截至目前，全国 47 个限购城市中，共有 42 个城市有所放宽，仅北京、上海、广州、深圳、三亚 5 个城市未做调整。

⑲ **皖浙苏沪签署旅游一体化行动纲领**：长三角旅游合作第四次工作会议日前在上海召开，沪苏浙皖四省市旅游部门联合签署了《长三角地区率先实现旅游一体化行动纲领》，新一轮长三角旅游合作发展正式启动，长三角区域内将涌现一系列旅游新业态、新产品。其中，由于高铁发展推动了长三角地区旅游资源的整合。在上海、南京、杭州、合肥等主要城市间的铁路沿线，集聚了长三角丰富的旅游资源。今后，将依托苏浙皖沪高铁网络和站点，推进高铁站点旅游咨询、集散和服务设施建设，推出"高铁＋景区门票"、"高铁＋酒店"的高铁快捷旅游线路和产品。

08月

⑳ 茅台多元化布局，22亿元进军旅游地产：8月13日，茅台集团的度假村项目举行了开工奠基仪式。据悉，该项目预计总投资约22亿元，占地300余亩，建筑面积约10万平方米，这也是茅台在贵阳做产业地产项目之后的又一动作。

资料显示，2012年8月份，茅台集团以9.4亿元竞得三亚市海棠湾C6片区D-3-6地块，成交楼面价为11965元/平方米。

㉑ 中粮置地8.45亿元拿三亚红塘湾度假区15万平土地：中粮置地控股有限公司宣布，其间接附属公司三亚悦晟于8月11日成功投得位于三亚市红塘湾旅游度假区一幅约15万平方米地块的土地使用权，代价约为8.45亿元（约港币10.64亿元），并于8月11日签署成交确认书。该幅用地坐落于三亚市红塘湾旅游度假区，位于天涯海角、南山、大小洞天3个5A级景区之间，区位优势明显，红塘湾旅游度假区是大三亚湾西部旅游组团的核心片区，融合酒店、商业、娱乐、社区为一体的综合型中高端旅游度假区。

09月

㉒ 2020年中国旅游休闲体系建成，或成世界旅游强国：2014年9月，中国旅游研究院发布《中国休闲发展年度报告2013-2014》，报告指出，改革发展的最终目标是使广大人民共享改革发展成果。从一定意义上讲，以现代休闲生活方式为核心内容的休闲时代的形成应是全面建成小康社会发展目标的重要成果之一。 随着我国城乡居民收入增加，居民消费结构升级进一步加快，将推动大众旅游的深入发展，为旅游休闲业持续较快发展提供强大的市场支撑。

㉓ 福建旅游项目加大招商力度，游艇及营地旅游成为发展焦点：9月6~11日，第十届旅博会在厦门举行。本届旅博会上福建省旅游项目纷纷推出创意建设，并加大招商力度，

例如湄洲岛欲增加情景剧区、电子竞技对抗区等，或新建晋江国际游艇社区、冠豸山增加汽车营地等，为福建省自驾游、游艇游游客提供更多去处。

㉔ **武汉成全国旅游标准化示范城市**：经过两年的创建，武汉成功被国家旅游局正式命名为全国旅游标准化示范城市，国家旅游局相关负责人表示，旅游标准化的"武汉模式"值得其他城市来学习。

标准化是旅游产业素质提升的基础。2012年3月，武汉市被批准为全国第二批旅游标准化试点城市，两年来，在市委、市政府对标准化工作的主导推进下，武汉旅游发展环境不断优化，将旅游标准化建设全面覆盖延伸至旅行社、景区、饭店、购物、餐饮、交通、娱乐等10多个业态。在国家旅游局考察中，武汉考核总分名列全国首位，被确认为全国旅游标准化示范城市。

10月

㉕ **雅居乐负面消息不断**：10月10日晚，雅居乐地产公司发布公告称，其非执行董事、公司董事局主席陈卓林配偶陆倩芳在10月1日知会公司"收到昆明市检察院通知"，并于9月30日晚上起，该检察院已经对陈卓林执行了"指定居所居住的措施"。雅居乐地产负面消息不断，从涉嫌虚假宣传到被曝拖欠巨额土地增值税，再从多数网友不认可的差口碑到主席被拘对公司造成的消极影响，其负面新闻所涉猎范围之广不禁让人汗颜。

雅居乐地产12月14日晚间发布公告，此前被昆明检察院执行"指定居所居住"措施的陈卓林将于12月15日恢复公司执行董事、董事会主席及公司总裁的职务。一度"失联"的雅居乐执行董事、副总裁及海南云南区域总裁黄奉潮也于12月15日恢复公司职务。

㉖ **广州获批中国旅游综合改革试点城市**：经中国国家旅游局批复，广州市成为中国旅游综合改革试点城市。广州市将发展旅游业作为建设国家中心城市、推动产业结构调整、转变经济发展方式和宜居城乡"首善之区"的重要举措。希望广州通过旅游改革试点，探索市

场经济发达地区旅游业发展的新模式和新机制；着力深化旅游领导体制和管理体制改革，提高旅游业的综合协调能力；创新旅游产业发展机制，促进旅游产业融合发展；整合各方面政策和资源，增强旅游业发展的合力。

11 月

㉗ **下调金融机构人民币贷款和存款基准利率**：中国人民银行宣布自 11 月 22 日起金融机构一年期贷款基准利率下调 0.4 个百分点至 5.6%；一年期存款基准利率下调 0.25 个百分点至 2.75%，同时结合推进利率市场化改革，将金融机构存款利率浮动区间的上限由存款基准利率的 1.1 倍调整为 1.2 倍。对于购房者来说，此次贷款利率的下调意味着还款负担的降低。

12 月

㉘ **万科换帅**：现任北京万科副总经理肖劲将在明年 1 月调任沈阳万科总经理，近日北京万科总经理毛大庆发表公开信确认升任万科北京区域首席执行官，北京公司总经理将由万科杭州总经理刘肖接任，北京万科人事变局在 2014 年末密集展开。

㉙ **房企在美最大项目开工**：继悉尼、洛杉矶、多伦多之后，绿地集团继续在国际一线城市扩大品牌影响，绿地在美项目也即将迎来新一轮业绩爆发。美国纽约当地时间 12 月 15 日，绿地集团美国公司与 Forest City Ratner Companies 合作投资开发（绿地集团美国公司持 70% 股权）的美国纽约布鲁克林太平洋公园项目正式开工。该项目计划总投资超 50 亿美元，是纽约 30 年来最大规模房地产综合体项目之一，同时也是中国房企迄今为止在美最大投资。加上洛杉矶绿地中心项目，绿地在美项目总投资额达 60 亿美元。

30 **融创与绿城在杭州签署终止协议**：12月18日，融创与绿城在杭州签署协议，终止2014年5月22日签署的收购协议。这意味着，自2014年5月融创对绿城展开的股权收购失败。12月19日上午6点15分，绿城中国（03900.HK）发出公告，有条件终止向融创方面出售股份。至此，宋卫平正式回归，孙宏斌退出绿城。公告显示，宋卫平方面将退还融创附属公司60亿港元，在终止协议签订的五天内（即在12月23日前），将首先偿还5亿元。从当初的情投意合到近期的分道扬镳，地产界两位大腕绿城宋卫平和融创孙宏斌之间的分分合合，以及其间引发的人事管理权益种种纠葛，成了今年地产界最吸人眼球的事件。经过几十天的纠缠，双方最终"和平分手"，并最终两败俱伤。

31 **万达商业地产在港上市，市值最高的开发商**：万达商业地产于12月10日上午在香港公开发售，并于12月23日在香港联交所主板挂牌交易，其股份代号为03699。

据悉，万达商业地产本次共发行6亿新股，其中5.7亿股为国际配售，公开发售则约3000万股，指定发售价范围介于每股H股41.80港元至49.60港元。集资250.8亿～297.6亿港元，算上15%超额配股权可增至288.42亿～342.24亿港元，有望创下港交所最近三年最大规模的IPO。